船坞水力学理论及应用

徐海珏　白玉川　张效先　等 著

海洋出版社

2021年·北京

图书在版编目（CIP）数据

船坞水力学理论及应用/徐海珏等著. --北京：
海洋出版社，2021.6
ISBN 978-7-5210-0783-1

Ⅰ.①船…　Ⅱ.①徐…　Ⅲ.①船坞-水力学-研究
Ⅳ.①U673.33

中国版本图书馆 CIP 数据核字（2021）第 111692 号

责任编辑：张　荣　赵　娟
责任印制：安　淼
海洋出版社　出版发行

http：//www.oceanpress.com.cn
北京市海淀区大慧寺路 8 号　邮编：100081
鸿博昊天科技有限公司印刷　　新华书店发行所经销
2021 年 6 月第 1 版　2021 年 6 月北京第 1 次印刷
开本：787mm×1092mm　1/16　印张：12.5
字数：300 千字　定价：118.00 元
发行部：62100090　邮购部：62100072　总编室：62100034

《船坞水力学理论及应用》
著作者名单

徐海珏　白玉川　张效先

杨浩俊　高国瑜　慎　辰　黄　勍

前 言

从20世纪90年代开始，国家船舶制造业逐步走向繁荣，作为船舶造修基地的干船坞建设如火如荼，干船坞设计中技术和理论日臻完善。通过本书作者以及技术研究团队的努力，对干船坞坞门设计及运行技术、船坞灌水设计及运行技术进行20多年的探索，建立船坞水力学完善的理论知识体系和创新的实用技术，这些成果先后应用于全国20多个修造船基地的30多个船坞坞门和30多个船坞流道设计及运行过程。

通过天津大学与中船第九设计研究院工程有限公司的合作攻关，总结了国内几大修造船基地（山海关、葫芦岛、大连、青岛、广州龙穴、深圳孖洲、浙江舟山、福建泉州等）设计及运行实践经验，撰写成书。

全书内容分成两大部分：大型船坞气控式坞门设计运行的水力学理论；大型船坞灌水流道设计和运行的水力学理论。同时，作为船坞水力学相关创新内容的拓展和提升，书中还撰写了船闸水力学理论的相关章节。书中，大型船坞气控式坞门设计运行的水力学理论，涵盖第2章、第3章、第4章、第5章和第6章内容；大型船坞灌水流道设计和运行的水力学理论，涵盖第7章、第8章、第9章、第11章、第12章和第13章内容；船闸水力学拓展理论，涵盖第10章。在研究和书中内容成熟过程中，特别感谢天津大学多位教师多年的研究工作，如：王常生、赵耀南、刁和忠、曹志先、高学平、姜乃申等，以及多位研究生辛苦劳动，如：徐慎奇、杨建民、马金辉、赵鹏、陈宝清、白迎、张丽、黄涛、王宇等，以及中船第九设计研究院工程有限公司刘国学、蒋明、唐秀芳、徐灏、徐永春、程培颖等工程师的不懈努力。同时，在书稿成果形成过程和撰写过程中，还参阅了一些同行的文献，由于篇幅所限书后未一一标注，在此也特别加以鸣谢。

本书内容可供土木、水利、海船专业本科生及研究生作为学习参考用书，也可为相关专业技术人员的设计和高校研究人员的研究提供参考。

作者于天津大学北洋园校区

2021年6月

目　录

第1章　绪论

1.1　研究背景

船舶工业是我们国家的重型工业，为水上交通、海洋开发和国防建设等行业提供技术装备，是现代劳动力、资金、技术等的密集型、服务型产业，对机电、钢铁、化工、航运和海洋资源勘采等上、下游产业发展具有较强带动作用，对促进劳动力就业、发展进出口贸易和保障海防安全意义重大。

我国劳动力资源丰富，工业和科研体系健全，产业发展基础稳固，拥有适宜造船的漫长海岸线，发展船舶工业具有较强的比较优势。同时，我国“一带一路”倡议为对外贸易的迅速增长和船舶工业提供了良好的发展机遇，绿色制造、绿色航运又对船舶工业发展带来了新的挑战。从20世纪90年代末至21世纪的前十年，全球船舶制造业重心向中国转移趋势明显，从2001年到2006年，我国造船产量以年均30%以上的速度增长，到2010年中国造船能力超越2 100万载重吨，造船产量占世界市场份额的25%以上。发展船舶工业也是我国加快振兴装备制造业、推进关键领域重大技术装备自主制造，从而加快经济调整的重要内容。目前，船舶工业已经成为我国装备制造业的一个重要产业。

船舶工业的发展离不开船舶建修设施的发展与设计建设创新，本书所述就是在此背景下，通过校企合作和校院合作的形式，联合攻关，解决的诸多船坞设计中的重要问题。书中部分内容也获得了中国造船学会科技进步一等奖。在成书过程中，围绕国家发改委和国防科工委联合发布的《船舶工业中长期发展规划（2006—2015）》中的规划内容，服务于我国新建和扩建的30万吨级以上船坞为代表的大型造船设施，研究成果先后应用于以大连、葫芦岛、青岛为主的环渤海湾地区，以上海、南通为主的长江口地区和以广州为主的珠江口地区的大型造船基地。

1.2　船坞建设历程

船坞作为船舶建修设施的重要组成部分，决定了修造船企业的生产能力和工艺水平，在船舶工业的发展中占有重要地位。20世纪60年代以前，大吨位船舶的主要建造场地是船台，干船坞则主要用于船舶修理。随着船舶尺寸和吨位的增大，船体在倾斜船台上分段装配和下水操作工艺较为复杂，倾斜船台的使用受到限制，而干船坞因为拥有诸多优点，诸如能够保证船舶安全下水，能够使用大分段装配和船体总段装配等先进造船工艺，逐渐成为造船设施的主要形式。同时，随着海洋工程的开放，船舶设施中的一些海洋平台和风电基础结构的制造或建造，也需要在船坞中进行，大型船坞的用途越来越广泛。在造船行业内，一般将供载重量 30 万~100 万吨级船舶使用的船坞称为超级船坞。

在 1998 年前，我国仅在大连造船新厂、山海关船厂和青岛造船厂建有 3 座 30 万吨干船坞，后来随着船舶工业的发展，先后建设了多座 30 万吨级干船坞工程，如大连船舶重工集团有限公司 30 万吨造船坞、大连新船重工有限公司（大连新船重工）30 万吨船坞和渤海船舶重工 30 万吨级船坞、广州中船龙穴造船有限公司（广船龙穴造船基地）等工程（表 1-1）。目前国内最大的干船坞是中国海运江苏造船基地二期 3 号百万吨级干船坞（2008 年 3 月开工建设）。

表 1-1　我国部分新建/在建 30 万吨级船坞

修造船企业名称	船坞类型	用途	状态	坞室尺寸/m
青岛北海船舶重工有限责任公司（青岛北海船厂）	30 万吨干船坞	修船	已建	—
大连船舶重工集团有限公司（大连船舶重工）	30 万吨干船坞	修船	已建	400×96×13
大连中远船务工程有限公司（大连中远船务）	30 万吨浮船坞	修船	已建	350×66×27
大连船舶重工	30 万吨干船坞	造船	已建	550×80×12.7
招商局重工（深圳）有限公司	30 万吨干船坞	修船	已建	—
渤海船舶重工有限责任公司（渤海船舶重工）	30 万吨干船坞	造船	已建	480×107×12.7
舟山中远船务工程有限公司（舟山中远船务）	30 万吨干船坞	修船	已建	410×68×14.3
	50 万吨干船坞	修船	已建	410×108×14.5
中海工业（江苏）有限公司	30 万吨浮船坞	修船	已建	—
江苏新扬子造船有限公司	30 万吨干船坞	造船	已建	440×96×10.9
福建华东船厂有限公司	30 万吨干船坞	修船	已建	—
广州中船龙穴造船有限公司（广船龙穴造船基地）	30 万吨干船坞	修船	已建	360×65×13.3
大连大洋船舶工程有限公司	30 万吨干船坞	修船	已建	—
太平洋海洋工程（舟山）有限公司	30 万吨干船坞	造船	已建	—

作为本书作者主要研究成果的“虹吸灌水流道”和“气控式坞门”，在建设这些大型修造船坞过程中得到了广泛应用，两者作为干船坞灌水和坞门的重要形式，在缩短船坞灌水时间、保障船坞干燥、方便船舶进出坞等方面起到了重要作用，是决定着船坞运行安全和效率的重要设施。

船坞灌水系统的灌水时间、坞室内的泊稳条件和廊道、阀门及其启闭机械设备工作的安全可靠性，是评价船坞技术水平的重要指标，这些指标的研究和确定过程，也正是本书所撰写的内容。相关内容通过物理模型实验和数学模型及水力学理论推导确定，为船坞灌水系统设计提供了理论和技术支持，见第 7～13 章，其中第 13 章，作为本书研究的依据穿插了与船舶水力学相关和相近的船闸水力学内容。

船坞坞门安全的各种因素涉及：坞门运动特性、坞门撞击特性、坞门支撑特性等，这些都是坞门设计中所必须考虑的，本书对此进行了详细阐述，见第 2～6 章。气控式坞门动力特性不佳，会造成坞门在起卧过程中的振动和摇摆，进而造成局部内应力及损伤，影响坞门安全性。此外，对坞门的抗撞击特性、内部结构失稳特性等考虑不周，也会造成重大损失和事故。如阿联酋迪拜一船坞坞门 2002 年 3 月 27 日突然断裂，海水涌进船坞，导致 22 人死亡（图 1-1）。

图 1-1　阿联酋的迪拜船坞事故现场

因此，在船坞设计过程中对其灌水系统的研究与优化设计、对坞门选型及新型坞门的研制，二者至关重要。作者先后专门针对虹吸灌水流道和气控式坞门的设计方案进行了实验研制和优化设计，进行了结构设计的理论分析、模型试验和数值模拟研究。通过模型实验、实船坞调试实验，不断提出改进和优化措施。虹吸灌水系统的研制成功，先后应用于山海关船坞、青岛海西湾船坞、龙穴船坞等，节省了灌水系统的灌水时间，提高了修船坞的工作效率。气控式坞门研制和性能的提高，也为大型坞门的制造、安装及安全运行提供了工程措施，提高了国内各大型船坞坞门的安全性，延长了工程使用寿命；推动和保障了 2010 年和 2015 年前后的大型船坞建设；新增了造修船生产能力分别为 1 300 万载重吨和 500 万载重吨。在渤海湾、长江下游、闽浙沿海、珠江口、北部湾地区，配合大型港口码头建设，促进了这些区域大型修船坞的改扩建或新建，扩大了船舶修理和改装能力，提高了船舶的修建技术水平。

1.2.1 虹吸流道应用

虹吸廊道灌水是利用虹吸原理向坞室输水的一种灌水型式，虹吸廊道顶部底高程高于海面最高水位，因此不需设置阀门（图 1-2）。当开始灌水时，使用真空泵抽气造成虹吸；停止灌水时，开启设置在虹吸段顶部的空气阀，虹吸作用即因空气进入而中断。与短廊道灌水和阀门灌水相比，虹吸廊道灌水具有结构简单、断流迅速、运行管理方便可靠等优点。虹吸廊道灌水方案排水则用泵站在与灌水系统连通的集水井进行。

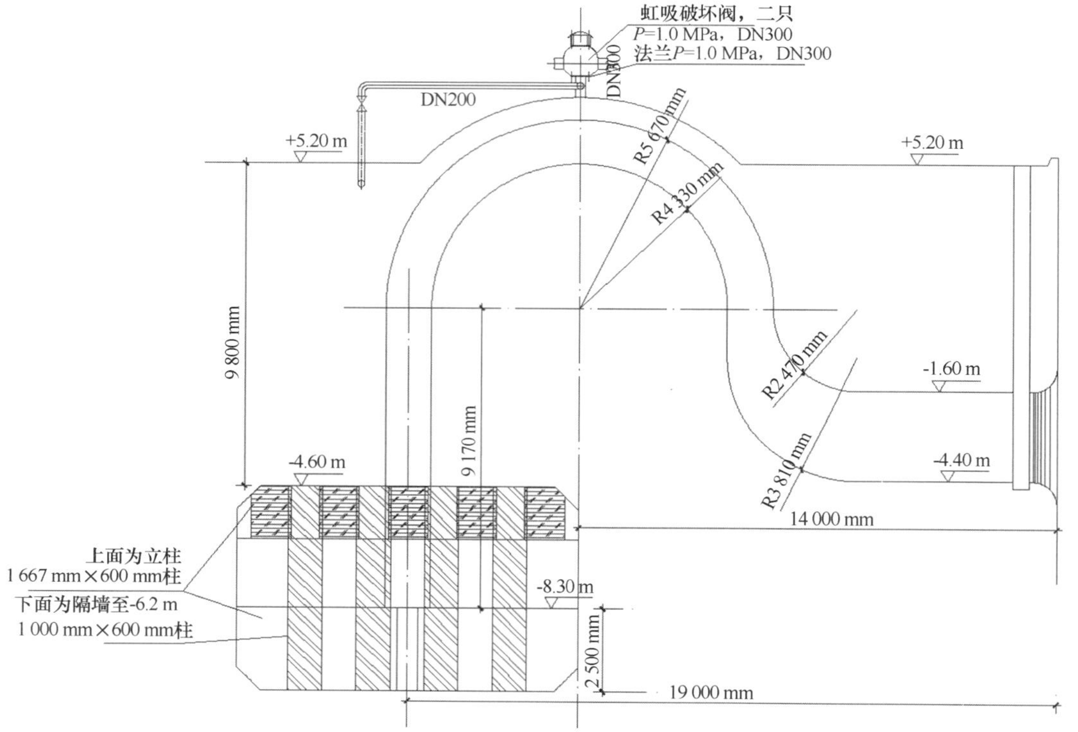

图 1-2　龙穴 1 号修船坞虹吸灌水廊道正视图

虹吸廊道灌水系统的输水廊道有单侧和双侧两种布置方式。双侧廊道布置可以有效缩短灌水时间，并且可以对冲消能。当一侧廊道检修时，另外一侧也可工作。

天津大学与交通部第一航务工程勘察设计院，于 1977 年在山海关船厂 1.5 万吨级1 号坞修建了一条试验性的虹吸灌水廊道。后于 1997 年，天津大学课题组与中船第九设计研究院在该船厂 10 万吨级 3 号坞研究设计中采用了该种灌水方式，但改进了消能设施，促进了坞室进水平稳。由于虹吸流道具有结构简单、断流迅速和运行管理方便可靠等优点，在我国船舶工业迅速发展的背景下，虹吸廊道灌水系统在之后几年建设的大型修、造船坞中得到了广泛使用（表 1-2）。

表 1-2　近年新建船坞虹吸廊道灌水使用情况

修造船企业名称	船坞类型
山海关船舶重工有限责任公司（山海关船厂）	15 万吨修船坞 1 座
青岛北海船舶重工有限责任公司（青岛北海船厂）	15 万吨、30 万吨修船坞各 1 座
招商局重工（深圳）有限公司	20 万吨、30 万吨修船坞各 1 座
广州中船龙穴造船有限公司	20 万吨、30 万吨修船坞各 1 座
大连大洋船舶工程有限公司	10 万吨、30 万吨修船坞各 1 座
太平洋海洋工程（舟山）有限公司	30 万吨、50 万吨修船坞各 1 座
大连船舶重工有限公司（大连船舶重工）	20 万吨、30 万吨修船坞各 1 座

船坞虹吸廊道灌水系统的两个主要技术指标为驼峰断面负压和灌水时间，即灌水廊道驼峰处压强及空化指数符合规范要求，灌水时间满足厂方的工作时间要求。由于灌水廊道、取水口和坞室组成的灌水系统水流条件复杂，灌水系统初步设计后通常须进行水力模型试验，以验证系统是否满足技术指标要求。

1.2.2　气控式坞门应用

气控式坞门是船坞坞门的一种形式，在 1978 年前后，天津大学提出概念性方案，之后经过天津大学几代人的研制，于 1997 年后与中船第九设计研究院成功应用于各大型和特大型船坞运行中。在气控式坞门的研制过程中，参与的学生获得了 2004 年学生创新的天津市挑战杯一等奖；理论及应用的部分成果也获得了 2017 年中国造船学会科技进步一等奖和 2017 年上海市科技进步三等奖。

气控式坞门是使用压缩空气控制卧倒门起卧，在卧倒门门体底部装有与门墩相连的水平转轴，转轴轴线平行于水面，门铰采用闭口或开口两种形式。早期多采用闭口铰，门轴安装需潜水完成，很不方便。后期通过物理模型试验增加坞门配重，改闭口铰为开口铰，并保证坞门在任何情况下都不脱铰，包括船舶快速进出坞或遇大浪等情况。开口铰的使用，使得坞门安装极为方便，简化了坞门安装和调试的工序。卧倒门门体在空气浮舱浮力调节作用下绕转轴转动，实现卧倒门的开启与闭合。

气控式卧倒门不同于由卷扬机牵引的卧倒门，它是在门体内适当的位置设置固定浮舱和压载水舱以及空气操作舱（图 1-3）。通过调节压缩空气的出入，调节空气操作舱内海水的体积，改变卧倒门所受到的浮力矩与倾倒力矩，来实现卧倒门的起卧，所以这种型式的卧倒门具有水动力性能要求高、舱位分配复杂，但操作方便的特点。操作时，关闭通向空气操作舱的进气阀，打开放气阀，空气操作舱充水，当充水至一定量时，作用在卧倒门上的重力矩大于浮力矩，卧倒门就会自动向海侧倾倒，绕转轴转动直至卧于门坑内，这是卧倒门的开启过程。当需要将卧倒门关闭时，只要关闭出气阀，打开进气阀，把具有一定压力和流量的压缩空气充入空气操作舱，排出一定量的海水，卧倒门浮力增加，作用在卧倒门上的浮力矩大于重力矩，卧倒门就会由平卧位置绕转轴转动至垂直，贴于门墩上，卧倒门关闭。

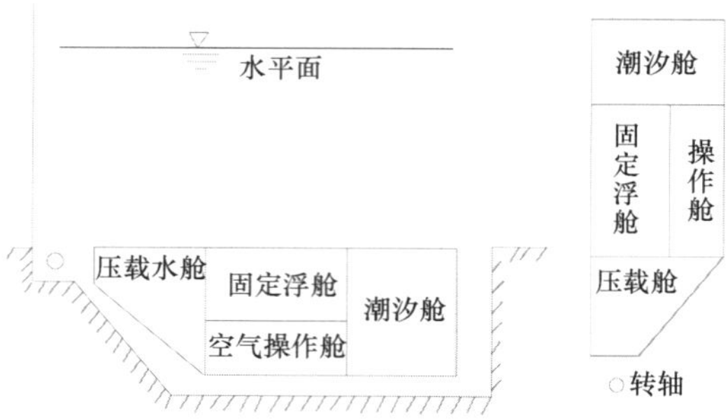

图 1-3　卧倒门剖面结构示意图

气控式卧倒门具有结构简单、操作方便、关闭速度快等优点。但是，由于卧倒门在水中的运动状态较为复杂，不仅坞门门体的重量、重心位置、固定浮舱、操作舱及压载水舱的位置对卧倒门运动有重要影响；而且在操作过程中，空气操作舱的进排气的速度也对卧倒门的运动状态影响较大；此外还有潮位、风浪、水流阻力及舱室内水和空气的相互作用等变化因素的影响，对气控卧倒门的动态特性往往要进行理论分析、模型试验和现场调试研究。近年新建船坞气控式坞门使用情况见表 1-3。

表 1-3　近年新建船坞气控式坞门使用情况

修造船企业名称	船坞类型
山海关船舶重工有限责任公司	15 万吨修船坞 1 座
青岛北海船舶重工有限责任公司	15 万吨、30 万吨修船坞各 1 座
招商局重工（深圳）有限公司	20 万吨、30 万吨修船坞各 1 座
广州中船龙穴造船有限公司	20 万吨、30 万吨修船坞各 1 座
大连大洋船舶工程有限公司	10 万吨、30 万吨修船坞各 1 座
泉州斗尾大型船舶修造厂	40 万吨修船坞 2 座、30 万吨修造船坞 1 座

1.3　本书研究目的及技术方法

1.3.1　研究目的

本书内容紧密结合国民经济需求，支撑本书撰写的课题主要结合国家海洋工程发展战略的实施，针对 1997—2019 年建设 30 万吨级及其以上特大型船坞工程中所遇到的关键性水力学问题：大型船坞坞门设计及船坞灌泄水流道设计中的水力学问题开展项目研究的。为保证研究成果达到最终的研究目的，采用了理论分析、模型试验、数值模拟等多种手段，对上述水力学问题进行综合分析研究。具体方法和关键技术点如下。

1.3.2　技术方法

1）理论分析

建立虹吸灌水流道的水动力学理论模型，作为流道的设计及优化的基础。针对气控式坞门的动力特性，建立气控式坞门在水中运动和坞门舱室内水气交换的理论模型。

2）模型试验

使用模型试验验证灌水流道和气控式坞门设计方案的可行性及其相关理论分析结果，对两者的基本结构与尺寸设计进行优化。

3）数值模拟

建立气控式坞门和虹吸灌水流道相关水力特性的数学模型，获得水流流速、压强和湍流动能等变量的三维分布，通过分析为优化设计方案及改进两者水力特性提供支持。

4）现场调试

包括坞门起卧调试和流道灌水调试。在坞门制作完成以后，清理坞底，注入一定的水量，漂浮坞门到门坑位置，定位，使坞门落入门坑，门轴落入开口铰内。然后，接着向坞室内注水，水位达到坞门开关的正常水位，进行调试验证坞门的起卧及运行。调试完坞门后，再进行虹吸流道的灌水调试，验证其灌水特性，包括：灌水时间、驼峰压强、坞室水流情况等。

在这一过程中，也对与船坞水力学类似的船闸系统进行了研究，详细内容见本书第 10 章。

1.4　本书主要内容

本书主要内容分 3 部分。

第一部分为大型船坞气控式坞门设计运行的水力学理论研究，包括：①船坞气控式坞门动态设计理论体系及关键技术的建立与开发；②气控式坞门操作舱水气交换理论模型的建立；③气控式坞门物理模型试验方法的建立；④“特大型船坞气控式坞门智能化设计系统”的开发；⑤气控式坞门支铰结构型式的改进。

第二部分为大型船坞灌水流道设计和运行的水力学理论研究，包括：①虹吸灌水流道水动力学理论模型的建立及驼峰合理转弯半径的确定；②虹吸灌水流道体型及结构的优化；③竖井闸阀灌水系统水动力特性理论计算模型的建立及水力指标的优化；④虹吸灌水流道水动力特性数学模型的建立；⑤“大型船坞灌水过程泊稳数学模型”的建立。

第三部分为船闸水力学研究，包括：船闸输水系统（短廊道输水、门下输水、分散式输水）输水的理论模型和水力计算。

各部分具体内容如下：

1）大型船坞气控式坞门设计运行的水力学理论研究

建立了特大型船坞气控式坞门动态设计理论体系，使静态设计控制坞门关闭时能正常卧倒和卧倒时能正常起浮，对设计进行动态验证。通过在设计中既考虑坞门静态设计指标，更多地考虑坞门的运动状态，可提高坞门运行的平稳度，避免内应力的产生；减小坞门的关门撞击力和卧倒冲击力，增加了坞门运行的稳定性。

建立了气控式坞门操作舱水气交换理论模型，确定了坞门运行过程中操作舱内的水气含量。通过建立水气交换数学模型和进行水气交换物理模型实验，分析了操作舱进气出水和进水出气的水气交换过程，为坞门设计中操作舱含水量的正确估计提供了科学依据。

建立了完整的气控式坞门物理模型模拟的方法，成功地将理论成果转化为实际坞门的辅助设计技术，并应用于多个大型船坞气控式坞门设计，得到了实际工程运行的检验。

开发了“特大型船坞气控式坞门智能化设计系统”，软件使用 Visual Basic 6.0 编程对其运动特性理论公式求解，从而得到坞门起卧特性曲线；另一方面使 Visual Basic 6.0 与 AutoCAD 结合，制作程序界面，实现卧倒门相关数据的输入、坞门舱室状态的设置、起卧曲线的绘制和动态模拟。

改进了气控式坞门支铰结构型式，使坞门闭合铰变为开口铰，增加了坞门安装的方便性，避免了坞门运行出现异常从而拉坏门铰基础的事故。该成果已获发明专利《卧倒式坞门的铰支座》（专利权人：中船第九设计研究院工程有限公司）。

2）大型船坞灌水流道设计和运行的水力学理论研究

建立了虹吸灌水流道水动力学理论模型，针对我国沿海潮位特点及特大型船坞底标高要求等因素，通过理论分析确定了虹吸灌水流道设计的关键参数——驼峰转弯半径的取值，其合理取值应在 5.6 m 左右。在这个范围内可以充分利用水流离心力，减小驼峰负压，放宽流速限制，减小灌水时间，从而提高修船坞的工作效率。

理论分析与模型试验相结合，给出了虹吸流道驼峰前反弧段的合理转弯半径范围，在此范围内可减小驼峰前流道阻力。提出了驼峰后流道出口段的多项增阻措施，这些措施与峰前合理转弯半径综合作用，既能提高虹吸流道的工作效率，又能减小或避免空化空蚀的发生，提高虹吸流道运行的安全度。

针对特大型船坞的另一种灌水方式竖井闸阀灌水系统，建立了相应的水动力特性理论计算模式。通过结合模型试验，给出了竖井吸气漩涡生成和溃灭条件和阀门前后负压的控制指标。

建立了虹吸灌水流道水力特性的数学模型，使水流流速、压强和湍流动能等变量的三维分布容易获得，通过分析流速等在流道内如消能段的分布，为优化设计方案及改进流道水力特性提供支持。

开发了“大型船坞灌水过程泊稳数学模型”，可真实模拟确定不同流量下坞室的泊稳特性和坞室表面的波动情况，预测坞室坞墩冲倒情况，使所修船舶安全落墩，为保证灌水过程中坞内船舶安全提出技术支持。

3）船闸水力学理论研究

建立了与船坞水力学密切关联的船闸输水过程的理论模型，并分别介绍了 3 种输水系统：短廊道输水、门下输水和分散式输水的计算算例，预测输水各阶段的流量和水位，为船坞灌水时间的控制，提供了重要的理论基础和技术支持。

第2章　气控式坞门静力学设计理论

卧倒门静力设计主要针对坞门的舱格设计，卧倒门舱格设计是卧倒门设计的主要内容。舱格设计得是否合理，直接影响着卧倒门的起卧性能和应力分布状态，也决定着坞门的可靠性。

坞门工艺设计既要保证坞门的正常起卧，又要保证起卧过程中良好的运动状态。而对于运动状态的判断有4条标准：①冲击力要小；②静平衡力矩要适中；③运动状态要平稳；④全程时间要短。这4条标准中第一条是关键，在第一条满足的情况下，其余3条可基本满足，而决定第一条的主要因素是固定浮舱的容积。因此合理确定浮舱容积是坞门工艺设计的关键。

2.1　固定浮舱容积的确定

2.1.1　固定浮舱净容积的计算

坞门运动的主要作用因素是重力矩（倾倒力矩）和浮力矩（起浮力矩），坞门的工艺设计就是要确定这二者之间的关系，具体地说就是要解决舱格布置及确定固定浮舱和操作舱合理容积的问题，其中合理确定固定浮舱是问题的关键。操作舱虽然对坞门的起卧起决定作用，但对运动状态的影响，特别是对冲击力的控制作用不如固定浮舱重要。

水上安装坞门时，为确保坞门的可沉性，固定浮舱的极限净容积可以按式（2-1）计算：

$$V_{bl} = W\frac{\gamma_2 - \gamma_1}{\gamma_1\gamma_2} \tag{2-1}$$

式中，V_{bl}为固定浮舱内壁的空间体积减去舱内结构架钢材的体积，m^3；W为门体在空气中的总重量，N；γ_1为水的容重，N/m^3；γ_2为门体结构钢的比重，N/m^3。

当$\gamma_1 = 1.025\ kN/m^3$，$\gamma_2 = 7.85\ kN/m^3$时，$V_{bl} = 0.87\dfrac{W}{\gamma_1}$为理论推导结果，即当固定浮舱充满水的重量为门重的0.87倍时，坞门的水下重量与浮力平衡。但实际安装坞门时，为保证坞门能够顺利下沉和平稳，需要一定的重量。因此设计时一般采用：

$$V_{bl} = (0.71 \sim 0.8)\frac{W}{\gamma_1} \tag{2-2}$$

2.1.2　门坑内坞门稳定性对固定浮舱舱容积的影响

按坞门可沉性计算后，结合实际工程经验初步选定静舱容后，考虑坞门结构中心位置、固定浮舱浮心的位置，尚需进行以下计算，确保船舶在进出船坞时，门坑内的坞门不至于被掀起：

$$V_{pb}=\frac{W\left(1-\dfrac{\gamma_1}{\gamma_2}\right)y_w-1.5pAm}{\gamma_1 l_{pb}} \tag{2-3}$$

式中，y_w为坞门重心的纵坐标值（对转轴中心），m；l_{pb}为坞门固定浮舱舱心的纵坐标值，m；p为进出坞时船舶对门的吸力，1.5 为安全系数，在没有实测资料时，可按 21 N/m^{2}估算；A为坞门面积，m^2；m为坞门面积中心到转轴中心距离，m。

2.1.3　坞门内外水头差对坞门开启的影响

在潮差变化比较大的地区，涨潮速度比较快，其潮位升高（或降低）可达到 1.7×10^{-4} m/s 以上。虽然在落潮时开门最为有利，但也不可避免在涨潮时需开门进船。当坞室采用短廊道输水时，坞内坞外总存在微小的水头差，设计必须考虑水头差对坞门产生的阻力矩，计算时一般可考虑 2~5 cm 的水头差（图 2-1）。固定浮舱的容积 V_{pb}应满足下式：

$$W\left(1-\frac{\gamma_1}{\gamma_2}\right)x_w-V_{pb}\gamma_1 x_{pb}\geqslant\frac{1}{6}\gamma_1 L\left[h_1^2(h_1+3a)-h_2^2(h_2+3a)\right] \tag{2-4}$$

$$V_{pb}\leqslant W\frac{(\gamma_2-\gamma_1)x_w}{\gamma_1\gamma_2 x_{pb}}-\frac{L}{6x_{pb}}\left[h_1^2(h_1+3a)-h_2^2(h_2+3a)\right] \tag{2-5}$$

式中，h_1为海侧水位到门坎底板中心距离，m；h_2为坞内水位到门坎底板中心距离，m；a为转轴高度，m；L为坞门的宽度（两侧板的中心距离），m。

2.2　操作舱容积的确定

操作舱容积对坞门的起卧性能影响比较大，尤其是坞门从起浮到直立关闭的动态过程有决定性的作用。操作舱有以下两种布置形式：①操作舱偏向海侧布置以获得较大的偏心力矩；②操作舱位于固定浮舱的两侧或中间，舱格布置简单，但偏心力矩小，要求的舱容比较大。一般情况下操作舱的顶标高不应高于船舶进出坞的最低设计水位，舱容应该满足在该水位时，舱内水体排空后门体能自行关闭。确定舱容的计算如下。

1）坞门平卧开始起浮的最小舱容

供给操作舱压缩空气，将舱内水体排出，使平卧于门坑的坞门开始起浮的最小舱容为

$$V_{ob}=\frac{W\left(1-\dfrac{\gamma_1}{\gamma_2}\right)y_w-V_{pb}\gamma_1 l_{pb}}{\gamma_1 l_{ob}} \tag{2-6}$$

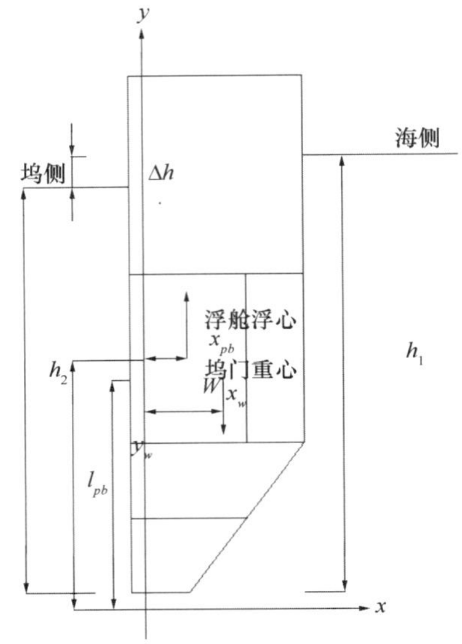

图 2-1　固定浮舱静力分析图

式中，V_{ob} 为操作舱所需的最小容积，m^3；l_{ob} 为操作舱排空时的浮心到转轴中心距离，m。

2）坞门直立关闭的最小舱容

计算公式为

$$V_{ob}=\frac{W\left(1-\dfrac{\gamma_1}{\gamma_2}\right)x_w-V_{pb}\gamma_1x_{pb}}{\gamma_1x_{ob}} \tag{2-7}$$

式中，V_{ob}为操作舱所需的最小容积，m^3；x_w为坞门关闭最低设计水位时坞门的重心位置，m；x_{pb}为固定浮舱的浮心位置，m；x_{ob}为操作舱排空后的浮心位置，m。

设计时一般采用：

$$V_{cz}=(1.5\sim2.0)V_{ob} \tag{2-8}$$

式中，V_{cz}为操作舱的设计容积。在操作舱的设计中还要考虑坞门露出水面后潮汐舱内水位与海平面存在一定高差，坞门即将关闭时坞内水位也会发生变化。另外需考虑的因素还有门重的增加（如门的锈蚀、海生物的附着和设计外的附加重量等）；门坑内淤泥对坞门的吸着力等。因此实际设计中操作舱容积比计算值大 2~3 倍。

2.3　压载舱的确定

固定压载应该确保坞门在任何操作状态下稳定，固定压载由固定最小吃水深度和最小稳定性确定。固定压载水舱设计的一般准则是：在极限高水位时，即当海侧水位触及卧倒门顶部时，依然能够满足卧倒门的稳定性要求。

2.4　坞门上拔力的计算

上拔力是指卧倒门处于直立位置时，在空气操作舱未注水的情况下，卧倒门所受浮力。考虑卧倒门门轴强度，上拔力不应太大。在计算上拔力时应考虑卧倒门所处的最不利水位。当卧倒门为开口铰座时，上拔力应为负值。

取卧倒门没顶水位计算：

$$F_b = \gamma \sum (V_f + V_k) - \left(1 - \frac{\gamma}{\gamma'}\right) G \tag{2-9}$$

式中，γ 为海水重度，N/m³；γ'为卧倒门钢材重度，N/m³；V_f为固定浮舱净容积，m³；V_k为空气操作舱净容积，m³；$\sum$ 表示当舱室不止一个时，应取累加。

2.5　舱格设计的其他原则

一是舱格布置应对称于门体中截面；二是上层设潮汐舱，中层设固定浮舱、操作舱和调节舱，底层设压载水舱。中层的固定浮舱、操作舱和调节舱的顶面应低于进出坞设计水位；三是坞外水位高于坞内水位 3~5 cm 时，坞门能关闭；四是根据使用要求在较低水位时，坞门能关闭；五是起卧时间一般控制在 5~7 min。

2.6　卧倒门运动的一般规律

气控式卧倒门的起卧，不是直接用机械方式来实现的，而是用压缩空气来控制。固定浮舱的作用是减小坞门在水中的重量，欲使坞门在平卧位置浮起，只需要将压缩空气经通气管压入操作舱将其中的水排出，使坞门内部的浮力增大，以使起浮力矩大于卧倒力矩，坞门便会浮起，称此为坞门的起浮过程。反之，欲使直立位置的坞门卧倒，只需将卧倒门内操作舱内空气排出，使得倾倒力矩大于浮力矩，坞门即会在自重作用下卧倒，这个过程称为卧倒过程。坞门的起、卧过程可以用坞门倾角 φ 与时间 t 的关系曲线表示。图 2-2 表示坞门任意位置时的倾角 φ，坐标 x、y 随坞门一起转动，坞门直立时 $\varphi = 90°$，由此可以用 $\varphi-t$ 曲线表示坞门的起卧过程。$\varphi-t$ 曲线又叫作坞门的起卧过程线。

2.6.1　坞门卧倒过程的规律

坞门卧倒过程是坞门倾角从 0°到 90°的变化过程，综合若干双面板卧倒门的实验资料，卧倒时 $\varphi-t$ 曲线具有如图 2-3 所示的形式，它代表坞门卧倒过程的一般规律，分析该曲线可以看出：

（1）坞门在水面上时，$\varphi-t$ 曲线平缓且很长，说明转动角速度小；坞门门顶进入水面

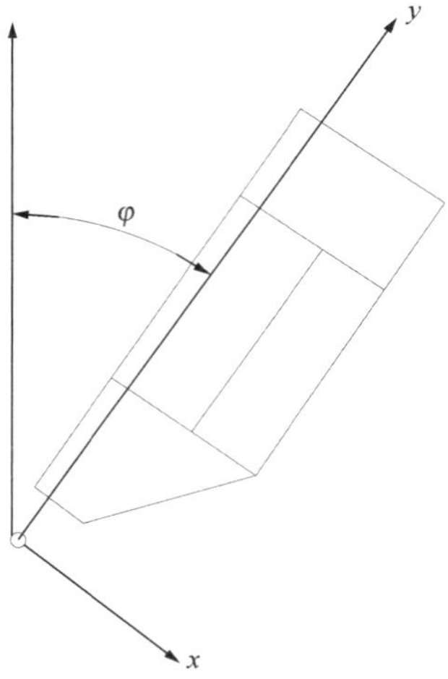

图 2-2　坞门起卧位置

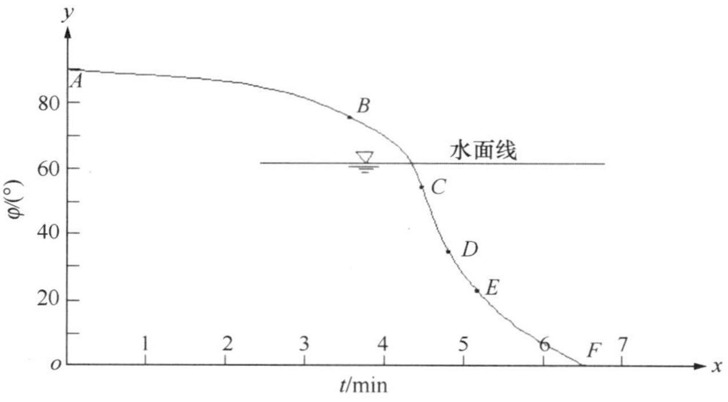

图 2-3　坞门靠海一侧测点卧倒过程线

以下，曲线突然变陡，角速度很大，整个卧倒所需时间，水面以上占绝大部分；

（2）φ-t 曲线可以分成图 2-3 所示的 5 段。

AB 段——卧倒初始阶段，该段曲线最长，近似于直线，因此可视为等角速度段；

BC 段——坞门门顶靠海一侧入水至靠坞一侧入水前后的过渡段，曲率大，为变角速度段，角速度由小变大；

CD 段——也可近似看成直线，是坞门入水后的等角速度段，在整个曲线中该段最陡，为最大角速度段；

DE 段——坞门进入门坑前后的过渡段，也是变角速度段，角速度由大变小；

EF 段——坞门进入门坑至坞门平卧状态前的时段，也可近似看成直线，是等角速度段，通常说的卧倒末角速度（或落底角速度、落墩角速度）就是这段曲线的角速度。

2.6.2　坞门起浮过程的规律

起浮过程是坞门倾角 φ 从 90°到 0°的变化过程，其 φ-t 曲线一般像图 2-4 那样，与卧倒曲线相似，整个曲线的水下部分陡，角速度大，水上部分平缓，角速度小，该曲线同样分成 5 段：

AB 段——坞门起浮的起始段，是坞门在门坑内的运动段；

BC 段——坞门出门坑前后的过渡段；

CD 段——坞门出门坑后、出水面前的等角速度段，起浮过程在此段达到最大值；

DE 段——坞门门顶出水前后的过渡段曲率大，角速度由大变小；

EF 段——该段曲线最长，很平缓，也可近似看成直线，是坞门关闭前的等角速度段，其角度值就是起浮末角速度（关门角速度）。

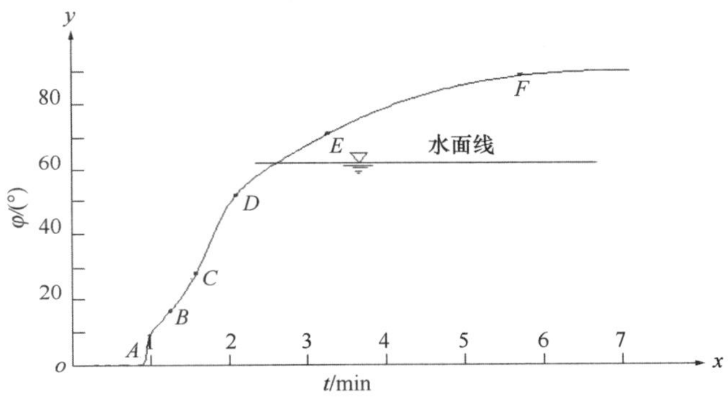

图 2-4　坞门靠海一侧测点起浮过程线

2.7　小结

气控式坞门设计的静态设计指标为：坞门在关闭情况下，能正常卧倒；在卧倒情况下，能正常起浮。卧倒门的舱格设计是卧倒门静态设计的主要内容。它从极限上影响着卧倒门的整体起卧性能和起卧状态，并直接决定着坞门可靠性。本章建立了气控式坞门的静力学设计理论。

第 3 章　气控式坞门动力学设计理论

气控式坞门的起卧过程是通过调控空气操作舱的进出气流量而实现的。调节操作舱的进出气流量，以改变空气操作舱内海水体积，进而改变坞门所受到的浮力矩，达到气控式坞门的起卧。在坞门的起卧过程中，除了本身状态的变化外，还受到其他方面因素的影响，比如潮汐舱水位的变化、门坑的水垫作用、充气管阻力的影响等，然而在静力学分析中无法考虑这些变化的因素，故在气控式坞门的设计过程中，需要考虑动力因素，确定卧倒门起卧性能状态，以保证卧倒门启闭过程中的平稳性、安全性和工程要求。

3.1　卧倒门运动的一般方程

卧倒门连同门内水体在海水中的运动，可以看作是一刚体绕定轴在 90°范围内的转动。根据理论力学的知识，刚体绕定轴转动的一般方程为

$$J\frac{\mathrm{d}^2\varphi}{\mathrm{d}t^2}=\sum M \tag{3-1}$$

式中，J 为转动物体的转动惯量，$\mathrm{N\cdot m^2}$；φ 为物体的转角，(°)；$\sum M$ 指作用在物体上的合力矩，$\mathrm{N\cdot m}$。

对于卧倒门来说，在转动过程中，无论是转动惯量 J 还是合力矩 $\sum M$ 都是变化的。在不同的转角 φ，J 的值及 $\sum M$ 的值不相同，它们都是转角 φ 的函数。

卧倒门在水中转动，将带动周围的部分水体随它一起运动。这时就需要考虑卧倒门带动周围水体产生的转动惯量。在计算中的解决办法是将转动惯量乘以一附加转动惯量系数 C_J，得到卧倒门在水中转动的微分方程：

$$C_J J\frac{\mathrm{d}^2\varphi}{\mathrm{d}t^2}=\sum M \tag{3-2}$$

由流体力学的知识可以知道，附加转动惯量系数 C_J 与物体的运动状态无关，只与物体形状有关，当物体形状固定时，C_J 可以看作一常数。根据《干船坞设计规范》，C_J 可取值 5.0。

3.2　卧倒门转动惯量和力矩的计算

卧倒门的转动惯量由卧倒门钢材以及卧倒门压载水舱内水体、潮汐舱内水体、空气操

作舱内水体产生的。在卧倒门的转动过程中，卧倒门的钢材质量是固定不变的。一般情况下，压载水舱也保持满水状态，所以卧倒门钢材以及固定水舱内水体所产生的转动惯量也是固定不变的。在卧倒门的运转过程中，潮汐舱内水体、空气操作舱内水体在卧倒门的不同运转阶段产生的转动惯量是不一样的。根据转动惯量的迭加性原理，可以把卧倒门的转动惯量分别进行计算，然后再把各部分进行叠加。

3.2.1　卧倒门钢材及固定压载水舱

自重偏心力矩是指由卧倒门钢材自重产生的力矩与固定浮舱所产生的浮力矩之差，上浮过程与卧倒过程中卧倒门的自重偏心力矩是相等的，大小只与转动的转角有关。卧倒门自重偏心力矩对运动状态影响很大。

$$M_w = \left(1 - \frac{V_x}{V}\right) G(y_G \sin\varphi + x_G \cos\varphi) - \gamma \sum V_f (y_f \sin\varphi + x_f \cos\varphi) \tag{3-3}$$

式中，V_x为卧倒门转动过程中，水下部分体积，m^3；V为卧倒门钢材总体积，m^3；G为卧倒门钢材自重，N；x_G，y_G为坐标系$x'oy'$下卧倒门重心坐标；γ为海水重度，N/m^3；V_f为固定浮舱的净容积，m^3；x_f，y_f为坐标系$x'oy'$下，固定浮舱的形心坐标。

由转动惯量计算的定义，在计算卧倒门钢材的转动惯量时，假设组成卧倒门门体的各块钢材绕其质心的转动惯量为j_i，根据转动惯量的移轴公式，卧倒门钢材的总的转动惯量可表示为

$$J_w = \sum_{i=1}^{n} [j_i + m_i(x_i^2 + y_i^2)] \tag{3-4}$$

式中，n为组成卧倒门的钢板总数；m_i为每一块钢板的质量。

在卧倒门的正常运作过程中，压载水舱内的水体质量也是固定不变的，压载水舱内的水体产生的转动惯量（图 3-1）：

$$J_g = \frac{1}{12}M_{ABCD}(\overline{AD}^2 + \overline{AB}^2) + M_{ABCD}(x_{ABCD}^2 + y_{ABCD}^2) - \frac{1}{18}M_{EFC}(\overline{CE}^2 + \overline{CF}^2) - M_{EFC}(x_{EFC}^2 + y_{EFC}^2) \tag{3-5}$$

式中，M_{ABCD}、M_{EFC}为截面为$ABCD$、EFC的空间所包含水体的质量；x_{ABCD}、y_{ABCD}为截面$ABCD$所代表体的形心坐标；x_{EFC}、y_{EFC}为截面EFC所代表体的形心坐标。

3.2.2　潮汐舱内水体的转动惯量

卧倒门在水上运动过程中，潮汐舱内海水体积是不断变化的，与此相应舱内海水所产生的转动惯量也不断发生变化。当海水完全淹没卧倒门时，转动惯量变为一常量。

如图 3-2 所示，当海水淹没至潮汐舱AB舱壁时，潮汐舱内的海水截面为$MDAP$，则

$$S_{MDAQ} = \left(\frac{H}{\cos\varphi} - R_c - W_1 \mathrm{tg}\varphi\right) W \tag{3-6}$$

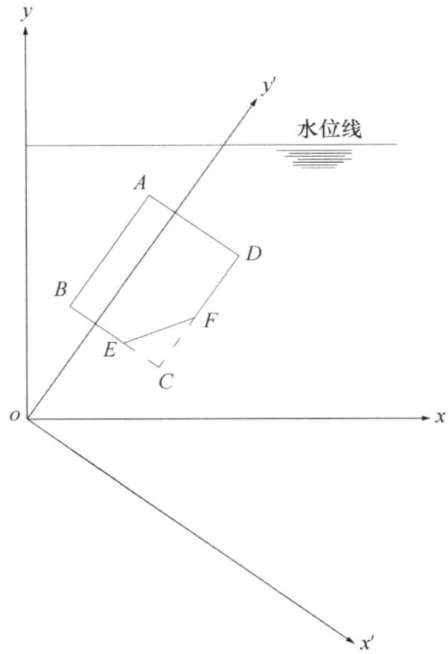

图 3-1　载水舱剖面示意图

$$S_{MQP} = \frac{1}{2}W^2\text{tg}\varphi \tag{3-7}$$

式中，S_{MDAQ}为潮汐舱内的海水截面 MDAP 的截面面积，m^2。S_{MQP}的定义就是表达式。

潮汐舱内增加的海水体积：

$$\Delta V = \Delta V_{MDAQ} + \Delta V_{MQP} = (S_{MDAQ} + S_{MQP})L \tag{3-8}$$

式中，R_c为潮汐舱底距转轴距离，m；L 为潮汐舱长度，m；H 为海平面距转轴的距离，m。

令截面 $MDAQ$、截面 MQP 在 $x'oy'$系下的形心坐标分别为（x_1，y_1）、（x_2，y_2），推导出：

$$x_1 = \frac{W}{2} - W_1 \tag{3-9}$$

$$y_1 = \frac{1}{2}\left(\frac{H}{\cos\varphi} + R_c - W_1\text{tg}\varphi\right) \tag{3-10}$$

$$x_2 = \frac{2W}{3} - W_1 \tag{3-11}$$

$$y_2 = \frac{H}{\cos\varphi} - W_1\text{tg}\varphi + \frac{1}{3}W\text{tg}\varphi \tag{3-12}$$

增加的水体绕其质心转动的转动惯量：

$$j_{c1} = \frac{1}{12}\rho\Delta V_{MDAQ}\left[W^2 + \left(\frac{H}{\cos\varphi} - R_c - W_1\text{tg}\varphi\right)^2\right] + \frac{1}{18}\rho\Delta V_{MQP}(W^2 + W^2\text{tg}^2\varphi) \tag{3-13}$$

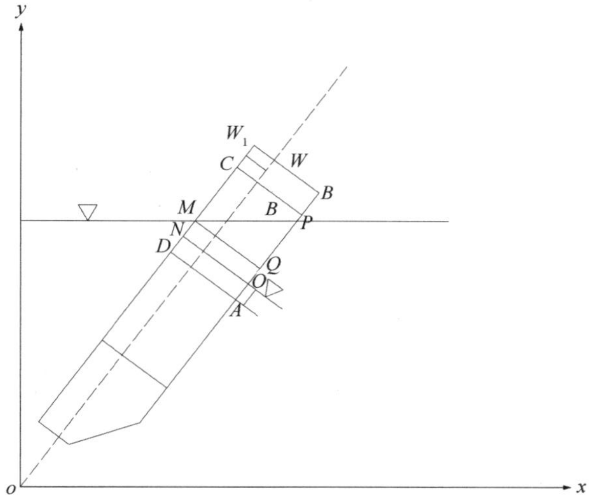

图 3-2　潮汐舱计算示意图（1）

移轴转动惯量：

$$j_{c2}=\rho WL\cdot\left(\frac{H}{\cos\varphi}-W_1\mathrm{tg}\varphi-H\right)\cdot(x_1^2+y_1^2)+\frac{1}{2}\rho W^2L\,\mathrm{tg}\varphi(x_2^2+y_2^2)\tag{3-14}$$

潮汐舱内水体产生的转动惯量：

$$J_c=j_{c1}+j_{c2}\tag{3-15}$$

如图 3-2 所示，当海水淹没 AB 舱段时，式（3-15）适用。当水位恰好淹没 B 点时为一临界状态。此时临界角为

$$\theta_1=\arccos\frac{H}{\sqrt{(W-W_1)^2+R^2}}-\mathrm{arctg}\frac{W-W_1}{R}\tag{3-16}$$

式中，R 为卧倒门门顶至转轴距离，m；W_1 为卧倒门潮汐舱坞侧舱壁至转轴距离，m。

当海面没过 B 点，与门顶相交时，潮汐舱内尚有截面 ΔABC 空间未被海水充满，如图 3-3 所示。

$$\Delta V=S_{\Delta ABC}\cdot L=\frac{(W_1\sin\varphi+R\cos\varphi-H)^2}{\sin2\varphi}L\tag{3-17}$$

式中，H 为水面与转轴距离，m。

令 ΔABC 在 $x'oy'$ 系下的形心坐标为（x，y），由图 3-3 可推出：

$$x=\frac{W_1\sin\varphi+R\cos\varphi-H}{3\sin\varphi}-W_1\tag{3-18}$$

$$y=R-\frac{W_1\sin\varphi+R\cos\varphi-H}{3\cos\varphi}\tag{3-19}$$

截面 ABC 空间若充满海水则所产生的转动惯量为

$$j_{c1}=\frac{1}{18}\rho\,\Delta V\frac{(W_1\sin\varphi+R\cos\varphi-H)^2}{\sin^2\varphi\cos^2\varphi}+\rho\Delta V(x^2+y^2)\tag{3-20}$$

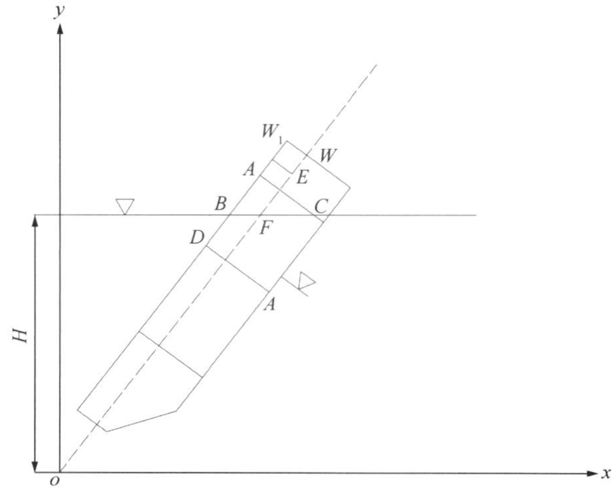

图 3-3　潮汐舱计算示意图（2）

潮汐舱完全被海水充满时产生的转动惯量：

$$j_{c2}=\rho V_c(x_c^2+y_c^2)+\frac{1}{12}\rho V_c(W^2+H_c^2) \qquad (3-21)$$

式中，ρ 为海水密度，kg/m^3；V_c为潮汐舱净容积，m^3；x_c，y_c为潮汐舱形心坐标；H_c为潮汐舱高度。

此时潮汐舱内海水实际所产生的转动的惯量：

$$J_c=j_{c2}-j_{c1} \qquad (3-22)$$

当卧倒门恰好没入水中时，角度为一临界值。由图 3-3 推出临界角：

$$\theta_2=\text{arctg}\frac{W_1}{R}+\arccos\frac{H}{\sqrt{W_1{}^2+R^2}} \qquad (3-23)$$

当潮汐舱完全没入海面以下时舱内被海水完全充满。转动惯量为一常量，即

$$J_c=\rho V_c(x_c^2+y_c^2)+\frac{1}{12}\rho V_c(W^2+H_c^2) \qquad (3-24)$$

3.2.3　卧倒门运动阻力矩的计算

由于卧倒门结构沿航道中心线布置，且卧倒门运行时转速相对较低，所以可把卧倒门转动的近似视为一刚体平动。卧倒门转动时受到的海水阻力可以当作物体平动时的阻力来计算，其阻力的公式为

$$M_z=C_\mu\rho A\omega^2H^3 \qquad (3-25)$$

式中，A 为运动物体迎水面面积，m^3；ω 为卧倒门转动的角速度，rad/s；H 为门顶至转轴的距离；C_μ 为阻力系数。

根据阻力系数的一般规律，C_μ 应该与卧倒门外形有关，同时，又因卧倒门在门槽内运

行，C_{μ} 也应与门槽水下面积有关。对于双面板卧倒门，一般都具有图 1-3 所示的外形，各个船坞卧倒门外形相差不大。在分析卧倒门在水中运动的阻力系数时，可把卧倒门外形看成是变化不大的固定形状。理论和试验都证明，卧倒门门坑越小阻力系数 C_{μ} 越大，设卧倒门的面板面积为 A，$A=LR$，其中 L、R 分别为门长和门高。门坑面积用 A_0 表示，A/A_0 表示门坑的相对大小，$A=A_0$ 时，$A/A_0=1$，门坑最小；A_0 无穷大时，A/A_0 趋向于 0，所以 C_{μ} 应与 A/A_0 有关，根据几个船坞双面板卧倒门的试验资料整理，C_{μ} 可用下面的经验公式确定：

$$C_{\mu} = 2.8 + 260\left(\frac{A}{A_0}\right)^{15} \tag{3-26}$$

由式（3-26）可知，当无门坑时，$C_{\mu}=2.8$ 为最小；$A=A_0$ 时，考虑到门场与水体交换的影响，C_{μ} 应趋于无穷，式（3-26）给出的 C_{μ} 值很大。式（3-26）是卧倒门下卧时的 C_{μ} 的计算公式，当卧倒门上浮时，C_{μ} 计算同样可以应用式（3-26），只不过需要用门槽水下面积代替门坑面积。

3.3　潮汐舱水孔气孔对卧倒门运动的影响

在卧倒门的水上运动过程中，潮汐舱内水体通过气孔、水孔与舱外海水保持连通。水孔面积的大小对卧倒门水上运动状态影响较大，但当潮汐舱的水孔气孔面积不足时，卧倒门将会产生起浮停摆和水上运动时间过长的现象。

由于水孔、气孔的存在，卧倒门在其水上运动过程中潮汐舱内水面并不与海平面保持水平，而是存在一定的水位差。这就对卧倒门的转动惯量和倾倒力矩产生影响，从而影响到卧倒门的水上运动状态。

3.3.1　起浮过程

在卧倒门的水上运动过程中（图 3-4），潮汐舱内的排水进气是一个动态的过程。由于卧倒门的转动，将使舱内水面相对海平面升高一定高度 h，从而使得舱内水体通过水孔排出舱外；同时由于水体的排出，使得舱内空间容积增大，舱内气压减小，低于大气压，舱内外存在一压差 ΔP，压差的存在使得舱外气体由气孔流入舱内。由此看来潮汐舱的进气与排水是相互制约的，是一个十分复杂的过程。

在一很短的时间段内由于卧倒门的转动，潮汐舱内高于海平面的水体截面为一梯形，在计算时考虑到卧倒门转速较小（在卧倒门水上运动时，ω 一般为 0.2°~0.3°）并且 Δt 值比较小时，可以近似把这一截面看成平行四边形。

为求解这一截面水体做准备，先推导出气体由舱外流入舱内的流量公式。

假设舱外气压为 P_0，空气密度为 ρ_0，舱内气压为 P_1，空气密度为 ρ_1，由气体能量方程：

$$P_1 + \frac{1}{2}\rho_1 v_1^2 = P_0 + \frac{1}{2}\rho_0 v_0^2 \tag{3-27}$$

式中，v_1为气体通过气孔的流速；v_0为舱外气体流速，有 $v_0=0$，则：

$$v_1 = \sqrt{\frac{2}{\rho_1}(P_0 - P_1)} \tag{3-28}$$

令气孔面积为 S_g，则空气体积流量：

$$Q_g = \mu_g S_g \sqrt{\frac{2}{\rho_1}(P_0 - P_1)} \tag{3-29}$$

式中，μ_g为气孔孔口流量系数，取 0.62；S_g为气孔面积，m^2。

由气体的状态方程 $p=\rho RT$，对于等温过程有：

$$\frac{P_0}{P_1} = \frac{\rho_0}{\rho_1} \tag{3-30}$$

又由于$\rho_0=\gamma_g/g$，γ_g为空气在大气压下的重度，所以气体流量：

$$Q_g = \mu_g S_g \sqrt{\frac{2g}{\gamma_g}(P_0 - P_1)\frac{P_0}{P_1}} \tag{3-31}$$

则在时间段 Δt 内，流入到舱内的空气体积为 $Q_g\Delta t$。

在卧倒门水上运动的某一时刻，在一小时间段 Δt 内，由于卧倒门的转动而使舱内水面上升 h，有：

$$h = H\left[\frac{\cos(\alpha - \omega \cdot \Delta t)}{\cos\alpha} - 1\right] \tag{3-32}$$

式中，H 为海平面至转轴的距离，m；α 为卧倒门的转角，卧倒门位于水平位置时 α 为 $\pi/2$。由于 Δt 较小，舱内的气压 Δt 时间内可以看作恒压，设为 P_x。

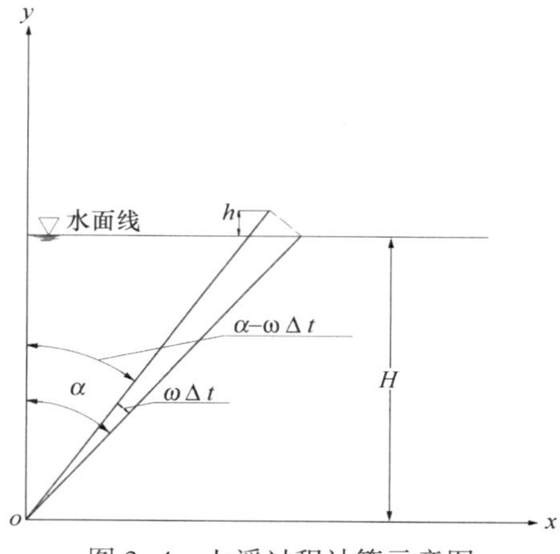

图 3-4　上浮过程计算示意图

在水头 h 舱内外压力差 P_0-P_x的共同作用下，舱内水体通过水孔排出舱外。

由孔口出流公式，通过水孔排出海水的体积流量：

$$Q_w = \mu S \sqrt{2g\left(h - \frac{P_0 - P_x}{\gamma_w}\right)} \tag{3-33}$$

式中，μ 为水孔孔口流量系数，取 0.62；S 为水孔面积，m^2。

Δt 时间内，舱内水体通过水孔流出潮汐舱的体积为 $Q_w\Delta t$。

在某一瞬时，排出舱外的海水体积 $Q_w\Delta t$ 与流入舱内的空气体积 $Q_g\Delta t$ 相等。

$$\mu S\sqrt{2g\left(h-\frac{P_0-P_x}{\gamma_w}\right)}=\mu_g S_g\sqrt{\frac{2g}{\gamma_g}(P_0-P_x)\frac{P_0}{P_x}} \tag{3-34}$$

展开上式，并令

$$a=\mu^2S^2\gamma_g \tag{3-35}$$

$$c=-\mu_h S_g P_0^2\gamma_w \tag{3-36}$$

$$b=\mu_g^2S_g^2\gamma_w P_0+\mu^2S^2\gamma_w\gamma_g h-\mu^2S^2\gamma_g P_0 \tag{3-37}$$

由 $aP_x{}^2+bP_x+c=0$ 可以解出，

$$P_x=\frac{-b+\sqrt{b^2-4ac}}{2a} \tag{3-38}$$

将 P_x 代入式（3-33），可以计算出 Q_w。

所以 Δt 时间内由水孔、气孔的共同作用，潮汐舱内高于海平面的海水体积为：

$$\Delta v=Ah-Q_w\Delta t \tag{3-39}$$

式中，A 为潮汐舱舱内水面面积。

则卧倒门潮汐舱内实际增加海水的高度：

$$h_0=\frac{\Delta v}{A} \tag{3-40}$$

$$A=\frac{WL}{\cos\alpha} \tag{3-41}$$

式中，W 为潮汐舱宽度，m；L 为潮汐舱长度，m。

图 3-5 为上浮过程中 Δh 计算的示意图。Δh 为潮汐引起的水位差。

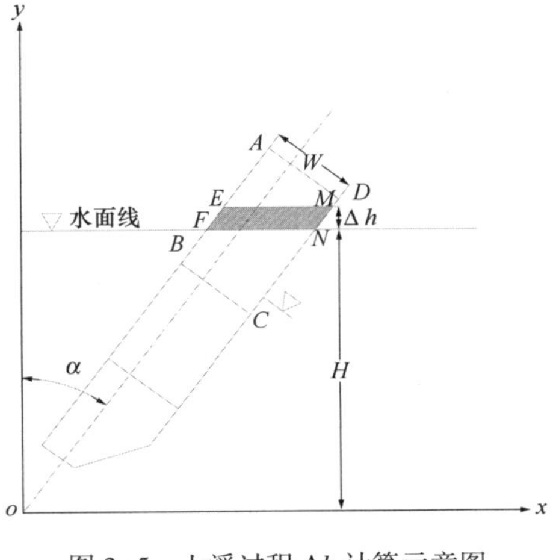

图 3-5　上浮过程 Δh 计算示意图

3.3.2 卧倒过程

卧倒过程与上浮过程相似（图 3-6）。在卧倒过程的水上运动部分，由于卧倒门的转动，使得舱内水面低于海平面，舱外海水在水位差的作用下由舱外流入舱内，由于海水的流入，舱内气压高于大气压，迫使舱内空气流出。先推导出气体的出流公式。

令潮汐舱外气压为 P_0，空气密度为 ρ_0，容积内部气压为 P_1，空气密度为 ρ_1，由气体能量方程：

$$P_1 + \frac{1}{2}\rho_1 v_1^2 = P_0 + \frac{1}{2}\rho_0 v_0^2 \tag{3-42}$$

其中，v_0为气体通过气孔的流速；v_1为容器内部气体流速，$v_1=0$，则：

$$v_0 = \sqrt{\frac{2}{\rho_0}(P_1 - P_0)} \tag{3-43}$$

气体流量计算式为

$$Q_g = \mu_g S_g \sqrt{\frac{2}{\rho_0}(P_1 - P_0)} \tag{3-44}$$

式中参数含义同式（3-29）。又由于 $\rho_0=\gamma_g/g$，所以气体流量为

$$Q_g = \mu_g S_g \sqrt{\frac{2g}{\gamma_g}(P_1 - P_0)} \tag{3-45}$$

则在时间段 Δt 内，流入到舱外的空气体积为 $Q_g\Delta t$，在舱内气压 P_1作用下，其体积为 $Q_g\Delta t\,\dfrac{P_0}{P_1}$。在卧倒门水上运动的某一时刻，在一小时间段 Δt 内，由于卧倒门的转动而使舱内水面上升 h，则：

$$h = H\left(\frac{\cos\alpha}{\cos(\alpha + \omega\Delta t)} - 1\right) \tag{3-46}$$

式中，α 为卧倒门转角，卧倒门关闭时 α 为 0；ω 为转动角速度。H 为海平面至转轴的距离，m。

由于 Δt 较小，舱内的气压在 Δt 时间内可以看作恒压，设为 P_x。

在水头 h 及舱内外压力差 $P_x - P_0$的共同作用下，舱外水体通过水孔流入舱内。

由孔口出流公式，通过水孔的海水流量

$$Q_w = \mu S\sqrt{2g\left(h - \frac{P_x - P_0}{\gamma_w}\right)} \tag{3-47}$$

在其一瞬时，$Q_w\Delta t$ 应与 $Q_g\Delta t\ P_0/\ P_x$相等，即：

$$\mu_g S_g \sqrt{\frac{2g}{\gamma_g}(P_x - P_0)}\ \frac{P_0}{P_x} = \mu S\sqrt{2g\left(h - \frac{P_x - P_0}{\gamma_w}\right)} \tag{3-48}$$

将上式展开，并令 $p= P_x- P_0$，得迭代公式：

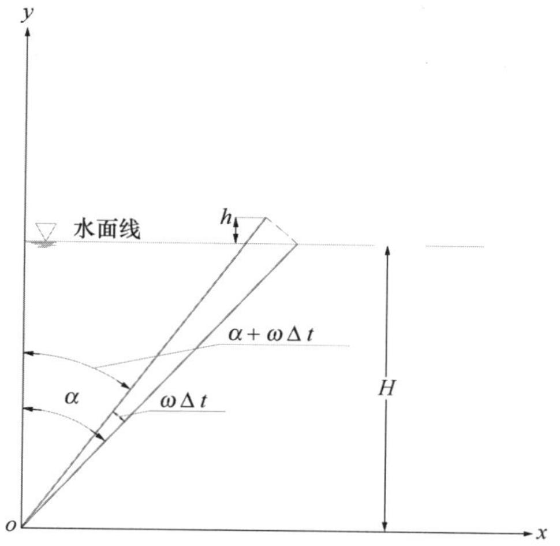

图 3-6　卧倒过程计算示意图

$$p=\frac{\mu^2S^2\left(h-\frac{p}{\gamma_w}\right)(P_0+p)^2\gamma_g}{\mu_g^2S_g^2P_0^2} \tag{3-49}$$

此迭代公式是收敛的。

$$Q_w=\mu S\sqrt{2g\left(h-\frac{p}{\gamma_w}\right)} \tag{3-50}$$

Δt 时间内由于水孔、气孔的共同作用，潮汐舱内低于海平面部分空间体积，

$$\Delta v=Ah-Q_w\Delta t \tag{3-51}$$

卧倒门潮汐舱内水面实际低于海平面高度：

$$h_0=\frac{\Delta v}{A} \tag{3-52}$$

式中，A 为潮汐舱舱内水面面积，m^2，$A=WL/\cos\alpha$；W 为潮汐舱宽度，m；L 为潮汐舱长度，m。

3.4　空气操作舱充排水流量对卧倒门运动的影响

空气操作舱的充排水速度对卧倒门运动状态具有直接影响，可以通过合理地控制操作舱的充排水速度来控制卧倒门的运动，使卧倒门运动平稳。

3.4.1　充排水流量对卧倒过程的影响

卧倒门的卧倒过程伴随着空气操作舱的充水排气。舱内的充水排气是一个同时进行而又相互制约的复杂过程。当操作舱充水时，舱内空气被压缩产生气压 ΔP。ΔP 迫使舱内空气通过输气管路流到大气中去。出气流量 Q_g 和进水流量 Q_w 的变化是两者趋于相等，达到平衡。实际上随着卧倒门的转动，以及空气操作舱内水体的变化，使得 Q_g 和 Q_w 也在不断地发生变化。因此这过程可看作是一个动态平衡，即，可认为在某一瞬时，Q_g 与 Q_w 相等。要使空气操作舱内的空气经由输气管路流出，舱内外必须存在有一压力差，用于抵消空气流过管道的各种压力损失。

管路压降损失公式：

$$h_x = \frac{v^2}{2g} \cdot \frac{\gamma_g}{\gamma_w}\left(1 + \sum \zeta\right) \tag{3-53}$$

式中，h_x 为毫米水柱；γ_g 为空气重度，N/m³；$\sum\zeta$ 为各种阻力系数的总和；v 为空气流速，m/s，$v = \dfrac{Q_g}{\frac{1}{4}\pi d^2}$。

空气操作舱进水量：

$$Q_w = \mu S\sqrt{2g(h - 0.001h_x)} \tag{3-54}$$

式中，μ 为孔口流量系数，取 0.62；S 为出水口有效面积，m²；h 为空气操作舱内水面与海平面之间的距离，m。

由式（3-53）和式（3-54）组成迭代公式，在不同的时刻可以计算出相应的 Q_w。

在实际的充水过程中，随充水时间的长短、充水量的多少，以及卧倒门转角的不同，空气操作舱内的水面将有以下几种情形：

情形一：空气操作舱内水面分别与 AB、CD 舱壁相交，如图 3-7 所示。

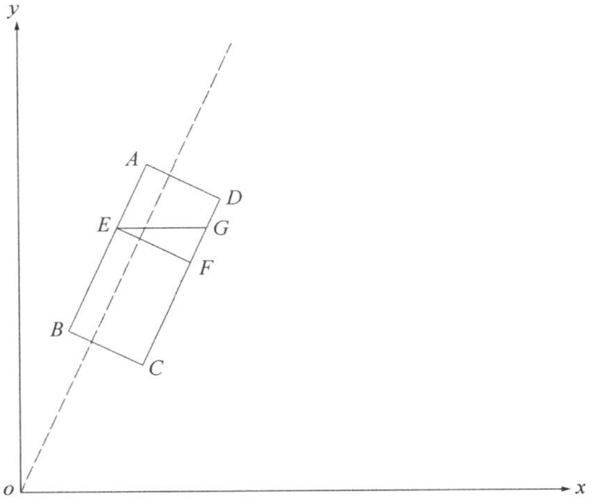

图 3-7　操作舱计算示意图

假定此时卧倒门转角为 φ，操作舱内海水体积为 V，

$$h = H - R_k\cos\varphi - \frac{V}{WL}\cos\varphi + \frac{1}{2}W\sin\varphi + W_1\sin\varphi \tag{3-55}$$

式中，R_k为空气操作舱与转轴的距离。

$$S_{\Delta EFG} = \frac{1}{2}W^2\text{tg}\varphi \tag{3-56}$$

截面 $BCFE$ 在 $x'oy'$下的形心坐标：

$$x_1 = \frac{W}{2} - W_1 \tag{3-57}$$

$$y_1 = R_k + 0.5\frac{V}{WL} - 0.25W\text{tg}\varphi \tag{3-58}$$

截面 EFG 在 $x'oy'$下的形心坐标：

$$x_2 = \frac{2W}{3} - W_1 \tag{3-59}$$

$$y_2 = R_k + \frac{V}{WL} - \frac{1}{6}W\text{tg}\varphi \tag{3-60}$$

操作舱内海水绕其质心的转动惯量：

$$j_{k1} = \frac{1}{12}\rho(V - S_{\Delta EFG}L)\left[W^2 + \left(\frac{V}{WL} - \frac{S_{\triangle EFG}}{W}\right)^2\right] + \frac{1}{18}\rho W^2 S_{\triangle EFG}L(1 + \text{tg}^2\varphi) \tag{3-61}$$

操作舱内海水移轴所产生的惯性矩：

$$j_{k2} = \rho S_{\triangle EFG}L(x_2^2 + y_2^2) + \rho(V - S_{\triangle EFG}L)(x_1^2 + y_1^2) \tag{3-62}$$

操作舱内海水对卧倒门转轴产生的惯性矩：

$$J_k = j_{k1} + j_{k2} \tag{3-63}$$

操作舱内海水对卧倒门转轴产生的倾倒力矩：

$$M_k = \gamma_w S_{\triangle EFG}L(y_2\sin\varphi + x_2\cos\varphi) + \gamma_w(V - S_{\triangle EFG}L)(y_1\sin\varphi + x_1\cos\varphi) \tag{3-64}$$

情形二：空气操作舱内水面线与 BC、CD 舱壁相交，如图 3-8 所示。

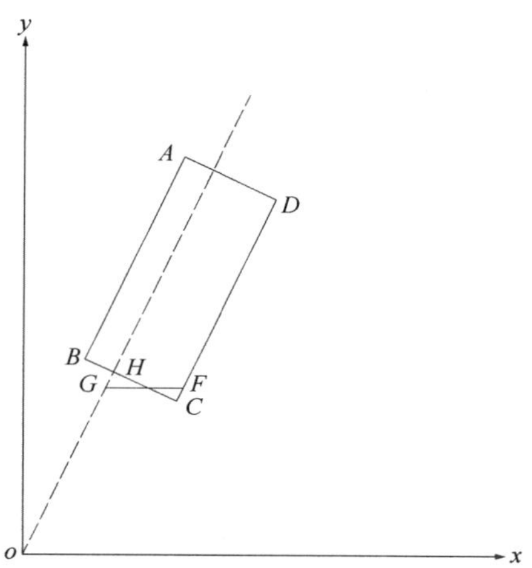

图 3-8　操作舱计算示意图

$$h = H - R_k\cos\varphi + W\sin\varphi - W_1\sin\varphi - \sqrt{V\sin2\varphi/L_k} \tag{3-65}$$

截面 ECF 在 $x'oy'$ 下的形心坐标：

$$x = W - W_1 - \frac{1}{3}\sqrt{\frac{2V}{L_k\mathrm{tg}\varphi}} \tag{3-66}$$

$$y = R_k + \frac{1}{3}\sqrt{2V\mathrm{tg}\varphi/L_k} \tag{3-67}$$

此时卧倒门操作舱内海水绕其质心的转动惯量：

$$j_{k1} = \frac{1}{9}\rho V^2(\mathrm{tg}\varphi + \mathrm{ctg}\varphi) \tag{3-68}$$

卧倒门操作舱内海水绕转轴的转动惯量：

$$J_k = j_{k1} + \rho V(x^2 + y^2) \tag{3-69}$$

操作舱内海水绕转轴的倾倒力矩：

$$M_k = \gamma_w V(y\sin\varphi + x\cos\varphi) \tag{3-70}$$

情形三：海水淹没线与 AB、AD 舱壁相交，如图 3-9 所示。

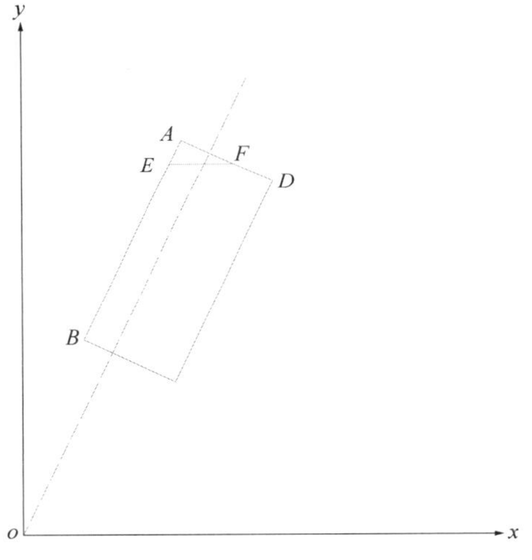

图 3-9　操作舱计算示意图

令空气操作舱高度为 H_k，则：

$$h = H - (R_k + H_k)\cos\varphi + \sqrt{(V_k - V)\sin2\varphi/L_k} - W_1\sin\varphi \tag{3-71}$$

截面 AEF 在 $x'oy'$ 系下的形心坐标：

$$x = \frac{1}{3}\sqrt{\frac{2(V_k - V)}{L_k\mathrm{tg}\varphi}} - W_1 \tag{3-72}$$

$$y = H_k + R_k - \frac{1}{3}\sqrt{2(V_k - V)\mathrm{tg}\varphi/L_k} \tag{3-73}$$

此时若截面为 AEF 的一段水体充满海水时对转轴的转动惯量：

$$j_{k1} = \frac{1}{9}\rho\,(V_k - V)^2(\mathrm{tg}\varphi + \mathrm{ctg}\varphi) + \rho(V_k - V)(x^2 + y^2) \tag{3-74}$$

操作舱完全被海水充满时对转轴的转动惯量：

$$j_{k2} = \frac{1}{12}\rho V_k(W^2 + H_k^2) + \rho V_k(x_k^2 + y_k^2) \tag{3-75}$$

操作舱内水体转轴的转动惯量：

$$J_k = j_{k2} - j_{k1} \tag{3-76}$$

操作舱内水体对转轴的倾倒力矩：

$$M_k = \gamma_w V_k(y_k\sin\varphi + x_k\cos\varphi) - \gamma_w(V_k - V)(y\sin\varphi + x\cos\varphi) \tag{3-77}$$

式中，x_k、y_k为空气操作舱的形心坐标；V_k为空气操作舱的容积。

情形四：海水淹没线与 BC、AD 舱壁相交，如图 3-10 所示。

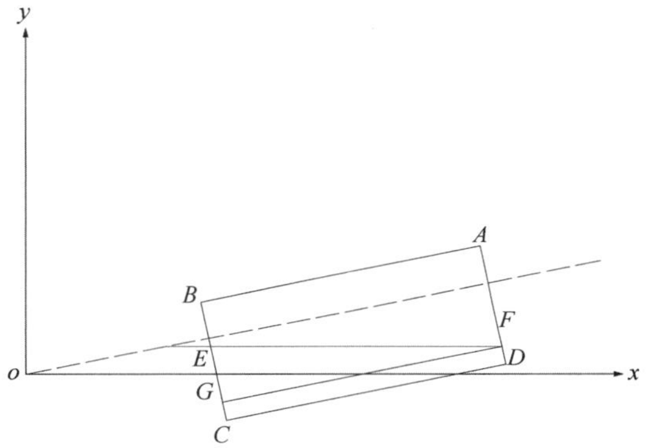

图 3-10　操作舱计算示意图

$$h = H - R_k\cos\varphi + (W - W_1)\sin\varphi - \frac{V}{H_k L}\sin\varphi - \frac{H_k}{2}\cos\varphi \tag{3-78}$$

截面 EFG 在 $x'oy'$ 系下的形心坐标：

$$x_1 = W - W_1 - \frac{V}{H_k L} + \frac{H_k}{6\mathrm{tg}\varphi} \tag{3-79}$$

$$y_1 = \frac{H_k}{3} + R_k \tag{3-80}$$

截面 $GCDF$ 在 $x'oy'$ 下的形心坐标：

$$x_2 = W - W_1 - \frac{V}{2H_k L} + \frac{H_k}{4\mathrm{tg}\varphi} \tag{3-81}$$

$$y_2 = R_k + \frac{1}{2}H_k \tag{3-82}$$

此时，空气操作舱内海水绕其质心的转动惯量：

$$j_{k1} = \frac{1}{12}\rho\left(V - \frac{H_k^2 L}{2\mathrm{tg}\varphi}\right)\left[\left(\frac{V}{H_k L} - \frac{H_k}{2\mathrm{tg}\varphi}\right)^2 + H_k^2\right] + \rho\frac{H_k^4 L}{36\mathrm{tg}\varphi}(1 + \mathrm{ctg}^2\varphi) \tag{3-83}$$

海水绕轴偏心转动惯量：

$$j_{k2} = \rho\left(V - \frac{H_k^2 L}{2\mathrm{tg}\varphi}\right)(x_2^2 + y_2^2) + \frac{1}{2}\rho\frac{H_k^2 L}{\mathrm{tg}\varphi}(x_1^2 + y_1^2) \tag{3-84}$$

所以，海水绕轴的转动惯量：

$$J_k = j_{k1} + j_{k2} \tag{3-85}$$

空气操作舱内海水产生的倾倒力矩：

$$M_k = \gamma_w\left(V - \frac{H_k^2 L}{2\mathrm{tg}\varphi}\right)(y_2\sin\varphi + x_2\cos\varphi) + \frac{1}{2}\rho\frac{H_k^2 L}{\mathrm{tg}\varphi}(y_1\sin\varphi + x_1\cos\varphi) \tag{3-86}$$

空气操作舱内的水面具体是哪种情形，是由当时舱内海水体积以及转角所决定的。但自始至终，舱内水面线与 $x'oy'$ 的夹角（锐角）是不断减小的。

在充水过程中，具体的转变条件：

情形一到情形二：$V < \frac{1}{2}W^2 L\mathrm{tg}\varphi$；

情形一到情形三：$V > V_k - \frac{1}{2}W^2 L\mathrm{tg}\varphi$；

情形二到情形一：$V > \frac{1}{2}W^2 L\mathrm{tg}\varphi$；

情形二到情形四：$V > \frac{H_k^2 L}{2\mathrm{tg}\varphi}$；

情形三到情形四：$V > V_k - \frac{H_k^2 L}{2\mathrm{tg}\varphi}$；

情形四到情形三：$V < V_k - \frac{H_k^2 L}{2\mathrm{tg}\varphi}$；

空气操作舱在情形三或情形四时被充满。

对于空气操作舱内的海水体积 V 来说：

$$V = \int_0^t Q_w \mathrm{d}t \tag{3-87}$$

式中，t 为空气操作舱的充水时间；在计算时可取一小的常量 Δt，上式可表示为

$$V = \Delta t \sum Q_w \tag{3-88}$$

3.4.2 充排水对上浮过程的影响

上浮过程是由压缩机产生的压缩空气，并将压缩空气压入空气操作舱将舱内海水排出，当海水排出达到一定数量之后，卧倒门所受到的浮力矩大于倾倒力矩，卧倒门将上浮，直至关闭。

首先求某一时刻的海水排出舱外的体积流量。

由压缩机产生的海水压头为 h_0，压缩空气通过输气管路到达空气操作舱的压降损失：

$$h_x = \frac{v^2}{2g} \cdot \frac{\gamma_g}{\gamma_w}\left(1 + \sum \zeta\right) \tag{3-89}$$

式中，h_x为毫米水柱；γ_g为压缩空气的重度，其余符号的物理意义见上浮过程的叙述。

$$h_x = \frac{\left(\dfrac{Q_g}{\dfrac{1}{4}\pi d^2}\right)^2}{2g} \cdot \frac{\gamma'_g}{\gamma_w}\left(1 + \sum \zeta\right) \tag{3-90}$$

进水流量：

$$Q_w = \mu S \sqrt{2g(h_0 - 0.001h_x - h)} \tag{3-91}$$

式中，h 为舱内海水水面与海平面之间的距离。

采用与上浮过程相似的方法，可以求出某一瞬时的排水流量 Q_w。

与上浮中类似，舱内水面与舱壁相交同样有 4 种情形。在这 4 种情形中，需要注意的是角度 φ 是卧倒门与垂直方向的夹角，V 是空气操作舱内剩余的海水体积，

$$V = V_k - \int_0^t Q_w \mathrm{d}t \tag{3-92}$$

各种情形中的 h 的计算见上浮过程。

卧倒过程中计算转动惯量 J_k、倾倒力矩 M_k的公式在上浮过程中同样适用。但是空气操作舱内水面淹没线的变化与卧倒过程是相反的。

具体来说：情形四可转变为情形三或情形二；情形三可转变为情形一或情形四；情形二可转变为情形一；情形一可转变为情形二。空气操作舱在情形一时被排空。

具体的转变条件如下。

情形二到情形一：$V_k - V > \dfrac{1}{2}W^2 L\mathrm{tg}\varphi$；

情形三到情形一：$V > \dfrac{1}{2}W^2 L\mathrm{tg}\varphi$；

情形一到情形二：$V_k - V < \dfrac{1}{2}W^2 L\mathrm{tg}\varphi$；

情形四到情形二：$V_k - V < \dfrac{H_k^2 L}{2\mathrm{tg}\varphi}$；

情形四到情形三：$V > \dfrac{H_k^2 L}{2\mathrm{tg}\varphi}$；

情形三到情形四：$V < \dfrac{H_k^2 L}{2\mathrm{tg}\varphi}$；

3.5 调节舱对于卧倒门起卧性能的影响

卧倒门在设计时，对于其运行状态的优良性无法确定，需要物理模型试验进一步优化，在不影响坞门正常的运行状态下，达到一个最适合的起卧时间和平稳状态。因此，设计时在卧倒门两侧布置了调节水舱和调节浮舱，以便在试验中确定其舱室状态，即确定调节水舱，调节浮舱的大小，达到卧倒门优化的目的。在软件开发和程序编汇过程中有必要对这部分做实际的分析，考虑其不同的舱室状态对卧倒门起卧性能的影响。同时综合考虑到卧倒门设计的日趋成熟、结构形式越来越合理化和固定性，在卧倒门设计的过程中，对于调节舱的布置位置、大小也不会有太大的变化。因此在推导公式时，就综合考虑这几年的卧倒门发展状况和各种因素，得出调节舱一般计算公式。

在调节水舱（图 3-11）中，所有舱室的倾倒力矩和转动惯量：

$$M_j = N \times \sum V_j \times \gamma(y_j \sin\varphi + x_j \cos\varphi) - N \times \gamma \sum V_{tf}(y_{tf} \sin\varphi + x_{tf} \cos\varphi) \quad (3-93)$$

$$J_j = N \times \sum V_j \times \rho(y_j^2 + x_j^2) \quad (3-94)$$

式中，M_j为调节水舱的总倾倒力矩；J_j为调节水舱的总转动惯量；V_j为调节水舱中各个水舱的体积；x_j，y_j为各个水舱的形心坐标；N为各个水舱的个数；V_{tf}为各个浮舱的形心坐标；x_{tf}，y_{tf}为各个浮舱的形心坐标。同时上式对于调节浮舱也适用，因此不再做相关公式推导。

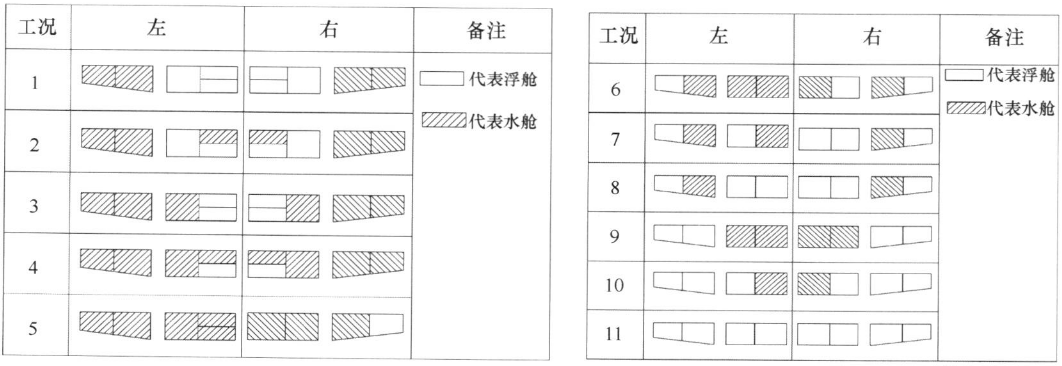

图 3-11　调节水舱调节浮舱布置

3.6 小结

针对气控式坞门的动力特性，本章通过对坞门进行受力分析，求出了卧倒门各部分的转动惯量和卧倒门在不同角度的倾倒力矩，卧倒门的总转动惯量由卧倒门钢材的转动惯量J_w，压载水舱内水体产生的转动惯量J_g，潮汐舱内海水实际所产生的转动惯量J_c，操作舱内水体绕转轴的转动惯量 J_k 和调节水舱的总转动惯量 J_j 五部分组成。

$$J = J_w + J_g + J_c + J_k + J_j \tag{3-95}$$

倾倒力矩为

$$\sum M = M_w + M_z + \Delta M + M_k - M_{kf} + M_j \tag{3-96}$$

$$M_{kf} = \gamma_w V_k (y_k \sin\varphi + x_k \cos\varphi) \tag{3-97}$$

$$\Delta M = \gamma_w \Delta v \ (y\cos\alpha + x\sin\alpha) \tag{3-98}$$

式中，ΔM 为舱内水体所产生的附加倾倒力矩；Δv 为潮汐舱内高于海平面的海水体积。

卧倒门总的倾倒力矩由卧倒门自重偏心力矩、阻力矩、潮汐舱内水头产生的力矩减去固定浮舱以及空气操作舱空舱产生的浮力矩所构成。潮汐舱水头产生的力矩无论在上浮过程中还是在卧倒过程中都是阻碍卧倒门运动的，应取负值。在总转动惯量与总倾倒力矩都得出以后，可以根据式（3-1）解出卧倒门在转动的不同时刻的转角 φ 和转速 ω。

第4章　气控式坞门模型设计方法及试验研究

由于卧倒门在水中的运动状态较为复杂，不仅坞门门体的重量、重心位置、固定浮舱、操作舱及压载水舱的位置对卧倒门运动有重要影响，而且在操作过程中，空气操作舱的进排气的速度也对卧倒门的运动状态影响较大；此外还有潮位、风浪、水流阻力及舱室内水和空气的相互作用等变化因素的影响，所以至今还没有能用来计算气控卧倒门动力学特性的公式，对气控卧倒门的动态特性了解往往需要进行模型试验研究。

4.1　模型律和比尺选择

由于卧倒门起卧的主要作用力为重力，所以模型卧倒门根据重力相似准则进行设计，模型卧倒门和原型卧倒门的相似条件为：①几何相似；②重量及重心位置相似；③转动惯量相似。

模型卧倒门在满足上述3个相似条件下，卧倒门的内部结构须进行必要的简化。在几何相似方面，应保持其外形、容积和格舱布置的相似。坞门的模型均用2.0~3.0 mm的钢板焊接而成。一般选用几何比尺 $\lambda_L=12$ 或16，其他单位的比尺如下。

（1）时间比尺：$\lambda_t=(\lambda_L)^{0.5}$；

（2）体积比尺：$\lambda_V=(\lambda_L)^3$；

（3）力的比尺：$\lambda_F=\lambda_\gamma(\lambda_L)^3$；

（4）功率比尺：$\lambda_N=\lambda_\rho(\lambda_L)^{3.5}$；

（5）试验介质为淡水，密度比尺：$\lambda_\rho\approx 1.0$。

4.2　模型坞室布置

模型试验水池水工建筑物包括坞首、门坑、坞室和坞门前海域。门坑和坞首中影响坞门起卧水力特性的部位按原型水工设计图纸布置。坞门前后水域范围以不影响坞门起卧水动力特性为原则。

4.3　模型门设计及试验组次

4.3.1　模型门结构

模型门内部结构进行必要的简化后，如图 4-1 所示。

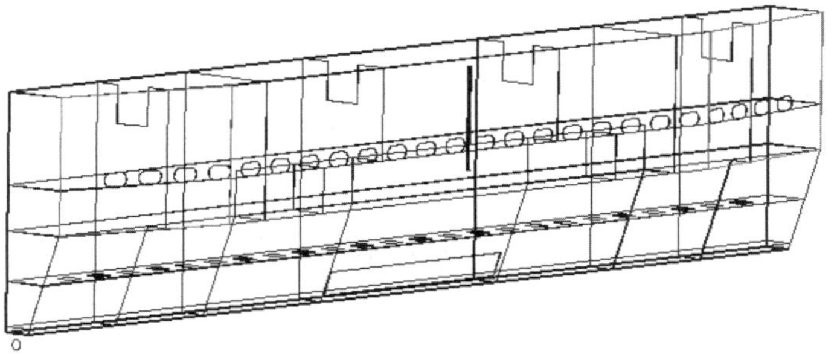

图 4-1　模型坞门结构图

4.3.2　模型门的重量、重心位置和转动惯量

在原型坞门加工过程中，由于钢材往往亏量，如板材周边尺寸合格，中心偏薄，所以原型坞门的重量往往偏轻。为了充分模拟坞门的起卧性能，模型门按重量负偏差设计，通过配重的方法，模拟原型坞门可能出现的重量偏差，配重的前提条件是，模型门的重心、浮心位置和转动惯量与原型门满足相似的条件。以福建泉州斗尾大型船舶修造厂 2#修船坞气控式卧倒门为例，模型门的重量、重心位置和转动惯量与原型相应各值列表比较如表 4-1 所示。

表 4-1　2#模型门与原型门各相似值比较

数　据	坞门重量 G	坞门重心位置/mm（坞门轴为坐标原点）		坞门自重力矩	
		X	Y	GX	GY
原型数据	1 470.00 t	1 596.70	7 344.93	2 347.15（t·m）	10 797.04（t·m）
由原型数据换算为模型目标数据	358.89 kg	99.79	459.06	35 814.67（kg·mm）	164 749.76（kg·mm）
模型门设计值	355.02 kg	105.09	453.25	37 308.29（kg·mm）	60 912.18（kg·mm）
模型门实测值（重量偏差-5.10%）	340.60 kg	105.13	454.75	35 805.58（kg·mm）	154 887.90（kg·mm）
L 组试验（重量校正后偏差-1.38%）	353.92 kg	99.21	463.06	35 114.43（kg·mm）	163 889.38（kg·mm）

4.3.3 坞门起卧的气控装置

气控装置见图 4-2。利用小型空气压缩机给坞门提供压缩空气，最大气压为 12 个标准大气压（1 标准大气压＝101 325 Pa），输气管径采用 10 mm，输气管路长为 3 m，坞门起卧操作如下所述。

（1）起浮（关门）操作：开气阀 1，关气阀 2，压缩空气进入操作舱，舱内水体由水孔排出，操作舱充气，坞门起浮，直至关闭位置。

（2）卧倒（开门）操作：关气阀 1，开气阀 2，舱外水体流入操作舱，舱内空气由气孔排出，操作舱充水，坞门下卧，直至全开位置。

（3）压缩空气分别采用 2.0、1.5 和 1.0 个标准大气压。

（4）舱的水孔位置要放在操作舱下游面的最低处，气孔位置要放在操作舱上游面的最高处，以保证水、气可以排净。

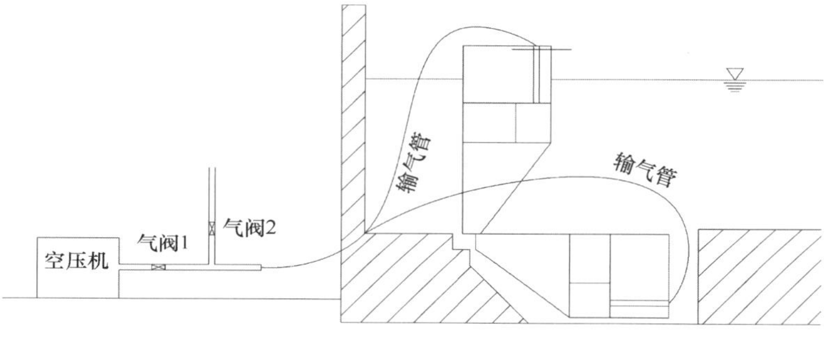

图 4-2　气控装置

4.3.4 重量偏差校正

根据试验要求和试验内容，对模型坞门加工可能出现的偏差，可通过在模型门体两侧加挂配重的方法进行校正，配重后保证模型门的重心位置不变。

4.3.5 调节舱状态及试验组次

为了试验时操作的方便，在卧倒门模型中设置了可调节的舱容部分，并预置了 4 个泡沫长方体，用来模拟调节水舱与调节浮舱的容积变化。放入泡沫长方体将使得调节浮舱的容积增大，反之将使调节水舱的容积增大。

根据水位分级和调节舱可能的状态进行组合试验，参照表 4-2，工况可简化为 3 种：（Ⅰ）全浮舱；（Ⅱ）1/2 浮舱；（Ⅲ）全水舱。

试验组次分为：水位分为 12 级，调节舱 3 种组合，起卧各 1 次。

表 4-2　调节舱状态

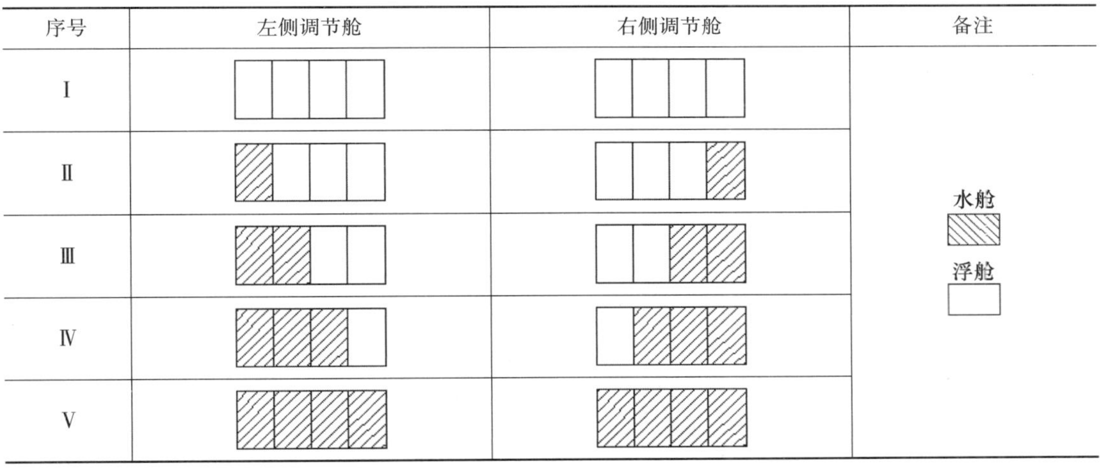

4.4　测量仪器

模型试验压强的测量采用中国水利水电科学研究院水力学所开发的 SG200 水工试验数据测量系统完成；关门撞击力由山度公司手持式拉压测力计 SN-200 测量；卧倒冲击力则由峰值测力仪 GGD-331 配合 BHR-4 型电阻应变荷重传感器测量，见图 4-3。

4.5　测量方法

4.5.1　坞门起卧运动状态

坞门起卧过程的测量采用如下方法：通过压力传感器，测定卧倒门上某一点在起卧过程中的压力变化，换算成坞门上该点高程的变化，进而得到坞门的转动过程。压强的测量采用中国水利水电科学研究院水力学所开发的 SG-200 水工试验数据测量系统中的压力传感器来完成。由压力传感器测得的是该点的动水压力，根据水动力学原理，流体中任意一点的动水压强与表面压强、位置和速度有关，对于坞门工况（坞门与海水处于相对运动状态），表面为大气压强。速度水头的影响可由表达式 $v^2/(2g)$ 计算得到，其中 v 表示测点随坞门运动的速度，在本模型试验条件下 $v^2/(2g)$ 影响很小，可以忽略。因此可以认为传感器测得该点的压力即为静水压力 $p=\gamma_w h$，其中 h 表示该点在所测时刻的淹没深度，γ_w 表示水的比重。测得每一时刻坞门上一点的位置，即可描绘出坞门的整个运动过程。

4.5.2　坞门落墩冲击力

模型坞门落墩冲击力采用 BHR-4 型电阻应变荷重传感器及动态峰值仪量测冲击力。

峰值测力仪GGD-331

荷重传感器BHR-8M

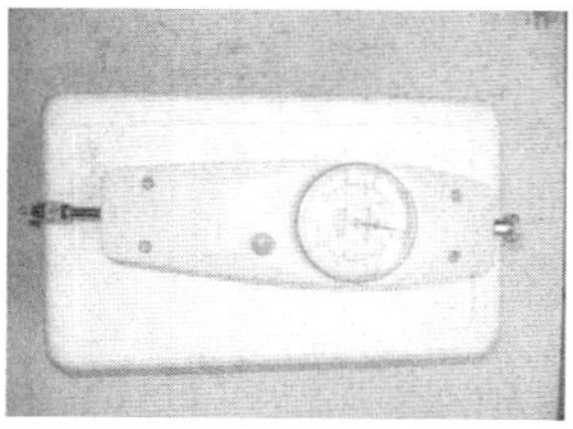

手持式拉压测力计SN-200

自制测力杠杆

SG-200压力传感器

空气压缩机

图 4-3　测试仪器

该系统性能稳定，量测误差不超过 1%。采用动态采样分析，可随时分析量测结果，保证了试验资料的可靠。

4.5.3　坞门关闭撞击力

在模型坞墙上预留测力传感器口，采用山度公司手持式拉压测力计 SN-200 测量。

4.5.4　坞门起卧过程中门铰受力

测定门铰受力的目的是判断坞门运转过程中是否存在上浮力，以确定门铰采用开口铰座的可行性。试验中的方法有两种。

（1）在门铰处坞门背面上设置压力传感器，此处压力随坞门的转动，有一平稳的过程线。如果此处压力没有大的波动，符合该平稳压力过程线，则可说明门轴没有脱离门铰，否则有脱铰现象。

（2）采用在门轴上延引一刚性测针，然后与一钢丝连接，钢丝穿过定滑轮后再衔接一测力器，由此测出坞门的上拔力。同时在坞门的两个门铰处各安装一个压力传感器，它们可随门铰运动，于是可以通过门铰处水压强的变化监测门铰在起卧过程中是否发生上浮和测定门铰处的受力，具体测力的方法见图 4-4 和图 4-5。

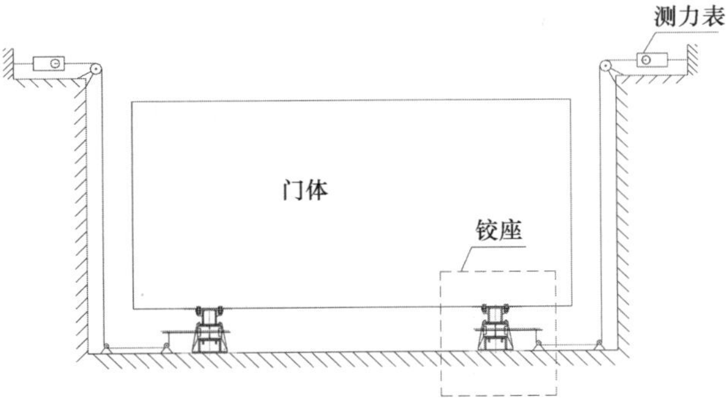

图 4-4　上拔力测试装置

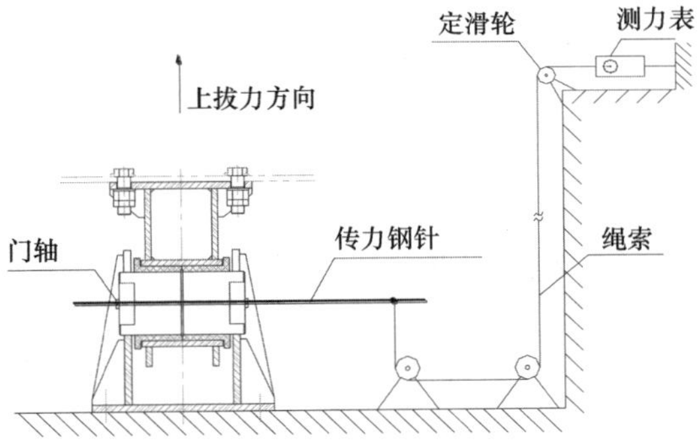

图 4-5　铰座上拔力测试装置

4.6　坞门起卧过程描述及特征量

4.6.1　坞门起卧过程描述

为了表述的方便，充分展示坞门的起卧性能，以坞门卧倒时定义，上甲板先入水的一侧为门顶前缘线，坞门上甲板后入水的一侧定义为门顶后缘线。将坞门的关闭、开启各分为 3 个阶段。

（1）坞门关闭过程（图 4-6）：起动前的充气阶段不计入起浮时间段，从坞门开始起浮至坞门门顶前缘线离开门坑为第一阶段（出坑阶段）；从坞门出坑至门顶前缘线露出水面为第二阶段（水下运行阶段）；从门顶前缘线露出水面至坞门靠墩为第三阶段（关闭阶段）。

（2）坞门卧倒过程（图 4-7）：卧倒前的放气阶段不计入坞门卧倒时间段，从坞门开始倾倒至门顶后缘线淹没为第一阶段（入水前阶段）；从门顶后缘线淹没至门顶前缘线入门坑为第二阶段（水下运行阶段）；从门顶前缘线入门坑至坞门落墩为第三阶段（入坑阶段）。

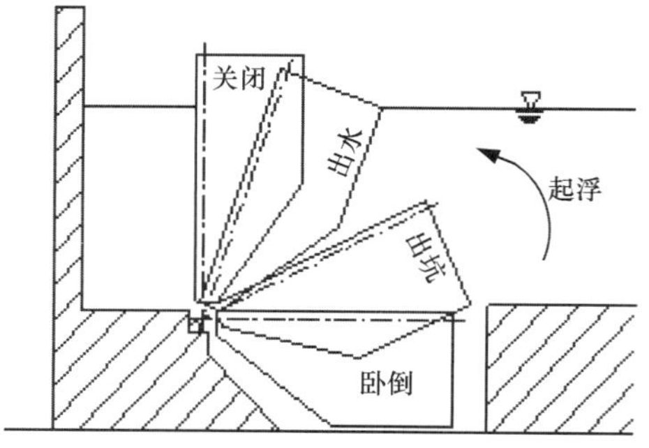

图 4-6　坞门起浮

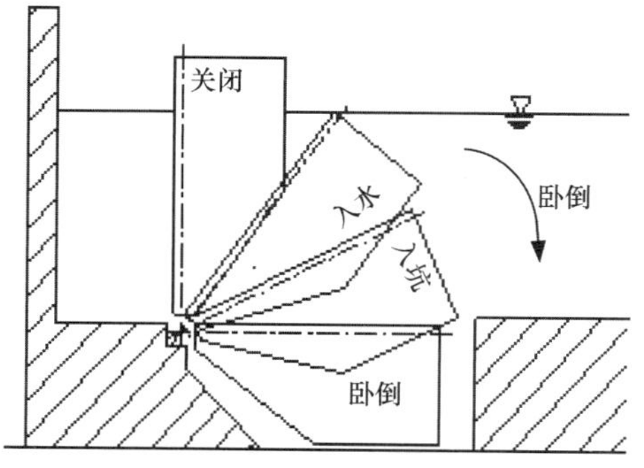

图 4-7　坞门卧倒

4.6.2　坞门起卧过程特征量

为准确描述坞门运行状态，把坞门起浮（出坑、出水、关门）及卧倒（入水、入坑、卧倒）各阶段的方位按图 4-6 和图 4-7 定义，各阶段过程的相应门位角见表 4-3。

表 4-3　坞门起卧各阶段门位角

水位/m	卧倒门方位角/（°）				起浮门方位角/（°）			
	关门	入水	入坑	卧倒	卧倒	出坑	出水	关门
5.0	90	78.45	20.38	0	0	20.38	85.39	90
4.5	90	72.40	20.38	0	0	20.38	81.46	90
4.0	90	67.68	20.38	0	0	20.38	77.98	90
3.5	90	63.65	20.38	0	0	20.38	74.79	90
3.0	90	60.05	20.38	0	0	20.38	71.84	90
2.5	90	56.77	20.38	0	0	20.38	69.07	90
2.0	90	53.73	20.38	0	0	20.38	66.45	90
1.5	90	50.86	20.38	0	0	20.38	63.94	90
1.0	90	48.15	20.38	0	0	20.38	61.53	90
0.5	90	45.55	20.38	0	0	20.38	59.21	90
0.0	90	43.06	20.38	0	0	20.38	56.96	90

4.7　坞门起卧特性模拟方法

4.7.1　重量偏差模拟

在模型门的设计时已考虑到原型坞门加工后会出现重量偏差现象，可通过在模型门体两侧加挂配重的方法进行校正，如 2#坞门实测重量偏差为-5.10%，L 组重量校正后，重量偏差为-1.38%。

4.7.2　调节舱的水舱与浮舱的转换

为了能充分了解卧倒门在实际中的起卧特性，并对原型坞门调试过程中提供相关数据，对调节舱的水舱与浮舱排列组合，设计了表 4-2 中坞门调节舱状态。表 4-2 中工况Ⅲ相当于坞门的设计运动状态；工况Ⅰ相当于原型坞门实际运行过程中调节舱为全浮舱；工况Ⅴ相当于原型坞门调节舱为全水舱。

4.7.3　角速度的量测

为了测试坞门的起卧特性，对表 4-2 的各种状态在各个水位下（0.0~5.5 m）均进行了角速度的测量。其方法是：在坞门的固定点（2 个测点，记下其坐标）安装压力传感器，坞门起卧运动时测点淹没深度将发生变化，记录下测点压力值，通过转换可得到角度随时间的变化过程。从而得到坞门在各级水位下的起卧时间，角度过程线、角速度过程线、角加速度过程线。

4.8　小结

卧倒门在水中的运动状态较为复杂，一般须进行水力模型试验验证原设计方案。课题组建立了一套完整的气控式坞门物理模型模拟的方法，成功地将理论成果转化为实际坞门的设计技术，并应用于多个大型船坞气控式坞门设计中，得到了实际工程运行的检验。

第 5 章　气控式卧倒门智能化设计软件开发

本章通过对现有气控式卧倒门水力模型试验成果的研究以及其理论公式的理解和完善，运用 Visual Basic 6.0（简称 VB 6.0）计算机语言编程对其理论公式求解，其中包括系数的选择和程序调试，从而可以得到卧倒门起卧曲线；另一方面使 VB 6.0 与 AutoCAD 结合，设置卧倒门相关参数，制作程序界面，实现卧倒门相关数据的输入、卧倒门舱室状态的设置、起卧曲线的绘制和动态效果的模拟，最后再根据理论结果和物理实验数据结果比较，对其软件进行测评，证实其工程可用性。这套软件是来实现对卧倒门的相关动力学设计，并为其设计提出建设性意见，辅助以物理模型试验。程序设计主要包括卧倒门软件界面的开发，卧倒门参数的设置、理论公式的编程及调试、起卧曲线绘制和动态模拟等相关设计。

5.1　软件开发的过程

卧倒门动态性能模拟软件的开发是为了解决初步设计中难以同步对卧倒门起卧性能进行评价，而仅使用模型试验结果验证设计的问题，整个软件制作过程主要包括以下几个部分。

1）需求分析和定义

目前，卧倒门的水力模型试验主要是确定起卧时间、坞墩撞击力、卧倒冲击力和卧倒门调节舱最佳状态并对门体结构进行优化。因此，本软件的设计目的是使用计算机模拟卧倒门起卧的全过程，确定以上须模型试验测定的参数，即实现整个过程的智能化。

2）系统设计

系统设计阶段仅仅是描述系统的外观和功能，不涉及系统内部的具体实现。充分沟通，了解坞门各部分参数，并迅速构建系统。

3）程序设计

如何实现最终目标，程序设计是很核心的部分。在这部分要对系统设计进行分解和细化。针对每个程序模块进行设计。本软件的程序模块包括理论公式求解、基本参数、卧倒门转动惯量求解、起卧曲线绘图、动态模拟。

4）编写设计

对于上一步骤来说，编写设计就是采用何种的程序设计语言和环境。这一部分详见

5.2节。

5）软件测试

在卧倒门动态性能模拟软件设计中难免会出现各种错误缺陷或故障，这些缺陷主要是由于交流不够，软件本身的复杂性以及程序设计的缺陷等。测试的目的是尽可能找出更多的缺陷。软件测试包括单元测试、集成测试、系统测试、验收测试、安装测试。

6）系统交付和维护

在卧倒门动态性能模拟软件投入使用之后，要进行维护。其中包括修复可能存在的软件缺陷、针对软件的运行环境进行适应性的修改，为满足用户需求的变化而对软件的修改和增强。

5.2　程序开发的原则

程序的开发是为了更多的用户使用该软件，因此在实际中不但要满足VB程序的要求，还要满足人们日常使用习惯。因而VB在其开发中需要把握以下原则，将使程序更加便于运行和可读。

1）工程化原则

按照软件工程学的方法和步骤进行，突出工程化的思想。首先对所要解决的问题进行详细定义分析（由软件开发人员与用户讨论决定），并加以确切地描述，确定软件技术目标和功能目标，编写软件需求说明书、确定测试计划和数据要求说明书等，然后根据需求说明书的要求，设计建立相应软件系统的体系结构，编写软件概要设计和详细设计说明书、数据库或数据结构设计说明书、组装测试计划，从而保证软件的可靠性、有效性和可维护性。

2）模块化原则

模块化原则要贯穿VB开发的全过程，它是将整个系统分解成若干个子系统或模块，定义子系统或模块间的接口关系。模块化可以使开发人员同时进行不同模块的开发，缩短软件开发周期；在软件需要维护和修改时，也仅对相关模块进行修改即可，避免了对整个程序的修改；在扩展时，只要把独立的功能模块集成即可运行。最后通过菜单调用把它们集成起来，与原系统组成一个有机的整体。

3）继承性和动态性原则

继承性原则指的是程序面向对象设计的重点是类的设计，需要正确地设计基类及其派生类，并设立一些使用规则。

相对于在绝大多数情况下，程序的功能是在编译的时候就确定下来的静态特性，动态行原则指的是程序的功能是在运行时刻才确定下来的。

4）简单性原则

软件的开发是为了解决实际中的问题和困难，在一定程度上是要简化实际工程中的问题，然后建立模型，开发软件，得到广大用户的需要，因此它要便于人们操作，输入数据不能太多，界面不可以复杂，程序可用性强。

除了以上的基本原则外，对于 VB 6.0 的程序和界面开发都有一定的原则，比如程序的可用性强，界面符合人们的操作习惯等。在此不做赘述。

5.3 卧倒门软件开发的过程模型

按照工程化原则，卧倒门开发的一般过程如图 5-1 所示，基本上可概括为界面设计、程序编写、系统测试、程序优化五个阶段。

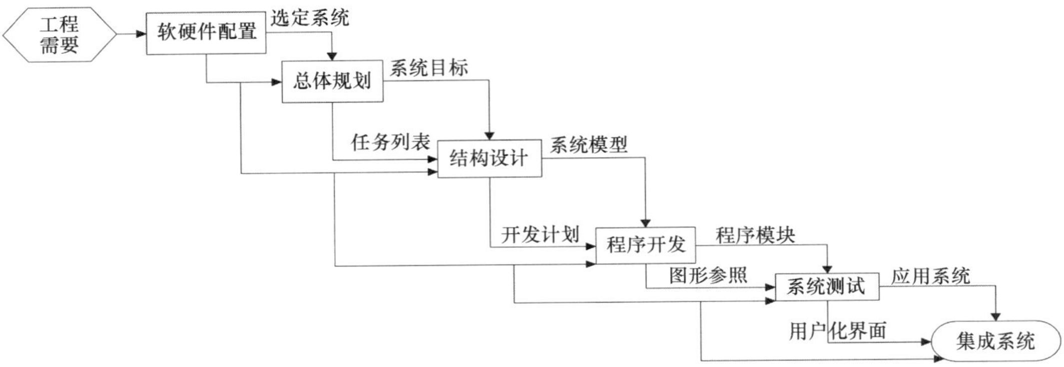

图 5-1　卧倒门软件开发过程模型

1）界面设计

主要任务是根据程序需要，设计不同功能的界面，不同的参数，以及界面之间的串联等。

2）动态理论公式求值

主要任务是分析理论公式，查阅相关书籍和资料，寻找适合该问题的非线性微分方程求解方法。判断其收敛性和收敛条件，以及解的稳定性。

3）程序编写

包括界面程序设计（完成模块说明书）、计算程序编写、图形数据库、数据库管理系统。

4）系统测试

可分为 3 步进行，模块测试、综合测试和验收测试。

5）程序优化

进一步优化程序，使其更容易操作，参数最优化，界面最优化，程序最优化。

5.4　程序模块结构设计

系统分析完成后，建立了新系统的逻辑模型，即定义了新系统的功能，接下来的任务就是考虑如何实现这些功能，解决“怎么做”的问题，即建立新系统的物理模型。物理模型定义组成新系统的模块及模块间的接口。系统设计分总体设计和详细设计两个阶段，总体设计就是系统模块结构图的设计，而详细设计则是每个模块内部的算法的设计。

所谓模块是指：具有输入、输出、物理功能、运行程序和内部数据等属性的程序段。输入、输出和物理功能是模块的外部属性，运行程序和内部数据是模块的内部属性。系统由模块组成，所以系统的质量就决定于模块的质量和模块间关系的质量。衡量模块的质量及模块间关系质量的标准是模块独立性原则。模块独立性有两个定性的标准：块内联系（亦称为内聚）和块间联系（亦称耦合）。为了得到良好的模块结构，理想的情况是内聚度尽量大，耦合度尽量小。

通过对卧倒门起卧机理的分析和对于辅助设计的了解研究，以及在开发过程中所要面临的主要问题提出了如下的模块构造。

1）数据总控模块

通过对于初始值的设定，使得各个流程得以运行，并通过各个模块实现功能。它所主要考虑的因素有卧倒门的具体基本设计，如资料、设计水深、设计高潮位、坞门初始设定值和细部参数。

2）设计计算模块

设计计算模块是本软件的核心部分，它包括卧倒门自身的惯性矩和转动惯量计算，潮汐舱动态转动惯量计算，操作舱动态浮力矩、重力矩、转动惯量计算，调节舱布置不同水位不同的动态浮力矩、重力矩、转动惯量计算，阻力矩计算。

由于卧倒门设计的日趋成熟，主要是指在结构形式和舱位的布置越来越合理，造成卧倒门的结构设计统一化，例如甲板形式单一，肋板变化样式不多等。因此在计算卧倒门各部分的转动惯量时，就采用了格式化的程序处理。

3）数据传输及储存模块

此模块主要将计算过程中的各计算参数和计算结果以 txt 格式文件的形式储存，并和相应的对话框和程序对接，以便在计算过程中保持数据的稳定性，也可以由此数据监视程序运行的正确性。

4）绘图模块

本模块是本系统的又一主要模块，通过界面输入参数，开始 VB 程序运行，将得到卧倒门的卧倒及起浮时间与角度数据调用，准确绘制 $\varphi-t$ 曲线和水位线。

5）动态模拟模块

根据得到时间与角度数据和曲线，运行动态模拟软件，真实模拟卧倒门起卧状态，得到相关运行时间。

5.5 VB 程序语言的介绍和设计

实现软件功能的方法很多，可以选择的编程语言和工具也不少。根据 Garvin 的人与产品之间关系理论可以将质量分为 5 类：用户质量观、以产品为中心的质量观、生产者的质量观、给予产品价值的质量观以及理想的质量观。那么对于一个好的语言或工具的选择应该满足以下标准：①能够工作，满足用户的使用要求；②可靠性高；③使用方便；④简单、容易理解；⑤易于维护和修改；⑥高效率。

Visual Basic 6.0（简称 VB 6.0）从以上角度来分析，无论是对于用户、编程人员还是功能和技术实现等问题，都可以方便地解决。VB 6.0 是一个功能强大的可视化开发工具，语法简单、编程结构化明显、容易理解和掌握，因此应用非常广泛。从整个的发展过程来看，它是从原有 BASIC 语言的基础上发展起来的，是 Windows 环境下的 BASIC。然而对于 VB 6.0 来说，其又增加了好多功能，例如使用部件编程，大大地提高了其应用价值和广度，完全可以满足程序需要。它具有丰富的库函数和 API。同时，VB 是面向对象开发的一种程序设计语言。这种方式给程序设计带来更多的好处：符合人们的常规思维，易于按照现实世界中处理实体的方法处理对象，对于软件开发者可以很方便地与问题提出者交流；易于软件的维护和增减；可重用性好，极大地提高了软件的开发效率；与可视化结合，改变了工作界面。

5.6 卧倒门软件操作流程

在图 5-2 中绘制了如何操作该软件，即该软件的操作程序，就相当于一个软件使用说明，以方便不熟悉软件的用户更方便地了解软件运行过程。

5.7 程序对话框说明

对话框的设计是程序中的重要部分，是实现人机交互活动的媒介。本软件中的对话框编制所使用的 VB 对话框控制语言。现对以下界面做介绍，卧倒门软件程序开始界面（图 5-3 和图 5-4）旨在告诉用户此软件的用处和目的。

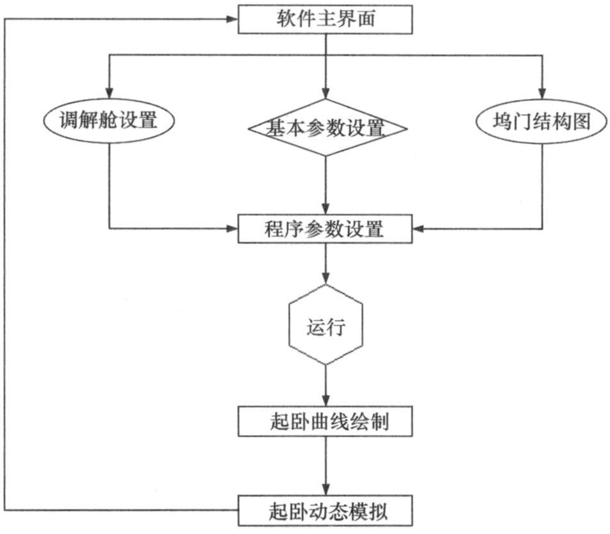

图 5-2　卧倒门 VB 软件操作流程

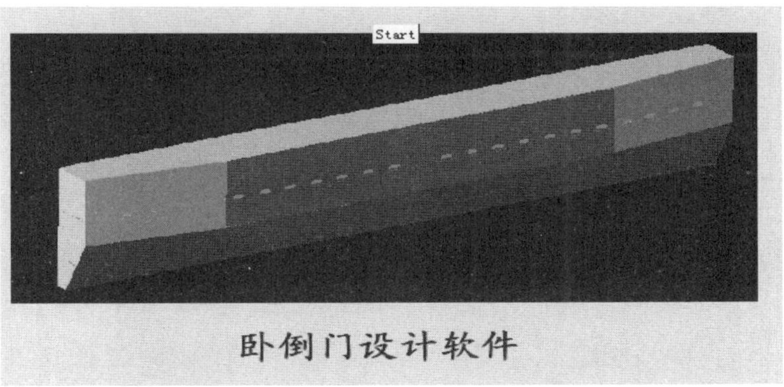

图 5-3　卧倒门软件程序开始界面

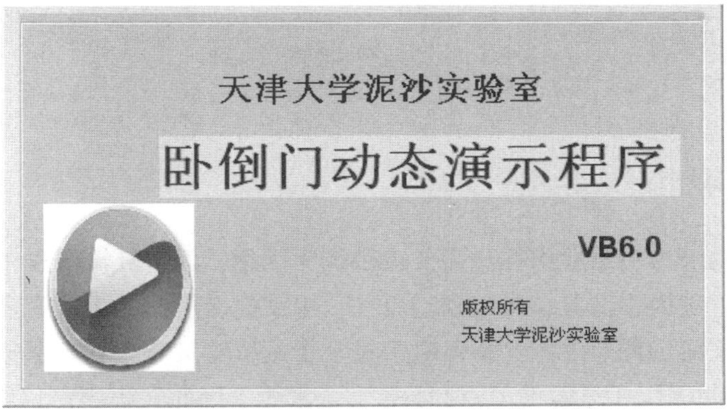

图 5-4　卧倒门软件产品说明界面

5.7.1 主对话和绘图对话框

主对话框界面主要功能以其为依托完成各种其他界面的调用，包括以下的基本参数设置对话框，坞门结构对话框，程序运行参数设置对话框，动态模拟对话框等，以实现各个参数的设置，和卧倒门自身的转动惯量的求解，以及程序运行结果以曲线形式的显示和动态效果显示。特别介绍曲线绘图程序，它不同于其他曲线绘图软件，它可以绘制卧倒门运行时的水位，可以直观地看到坞门曲线变化点，分析它的状态。由于此软件是以模型门设计为对象进行模拟，需要与原型门做转换。

5.7.2 卧倒门基本参数设置对话框

卧倒门参数设置对话框包括卧倒门基本参数设置对话框，坞门结构图对话框（图 5-5、图 5-6）。基本参数设置对话框主要提供坞门基本参数，如长宽高、门铰位置、潮汐舱概况等等；坞门结构图对话框主要是计算卧倒门各部分的转动惯量和质量。

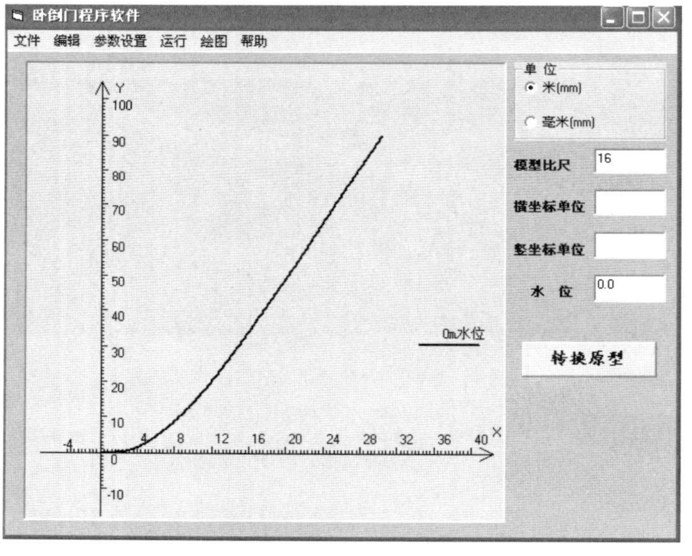

图 5-5 主对话和绘图对话框

5.7.3 卧倒门调节舱对话框

由于在实际物理模型试验中往往需要对卧倒门优化，而空气调节舱的尺寸等参数的确定需要充分参考物理模型试验结果数据。目前，根据很多坞门的设计来看，调节舱大概有两种状况：调节水舱和调节浮舱。然而对于每一个调节舱又有其各种状态，如调节水舱分为 4 个状态：1/4 水舱、1/2 水舱、3/4 水舱、全水舱，因此在程序中也增加了对这部分的考虑，以达到真实模拟卧倒门状态的目的。调节舱设置对话框见图 5-7 所示。

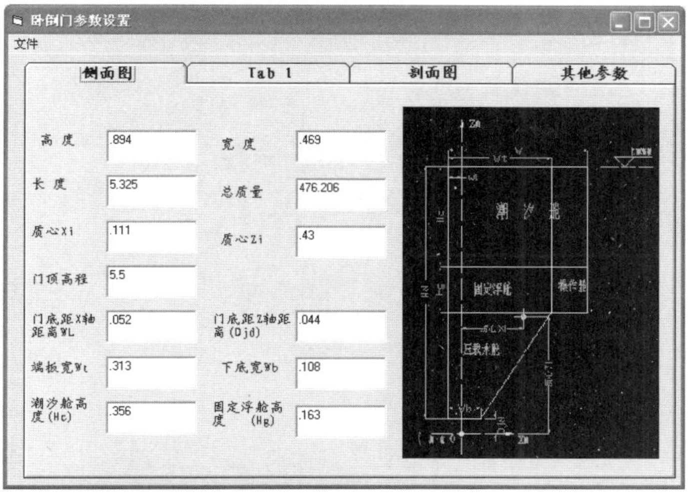

图 5-6　卧倒门基本参数设置对话框

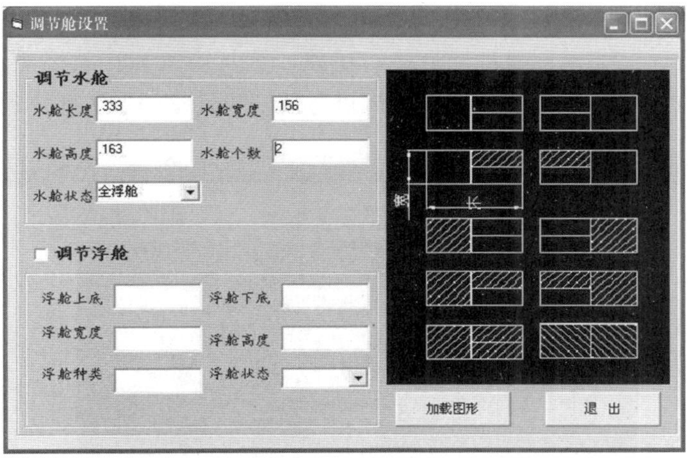

图 5-7　卧倒门调节舱对话框

5.7.4　卧倒门程序运行参数设置对话框

卧倒门压缩机的选择也是影响其运动快慢、平缓的重要因素之一；还有是否考虑管道的沿程阻力和局部阻力损失，可以这么说，此软件综合考虑了其影响卧倒门的大部分因素，可以方便改变其参数和状态（图 5-8）。

5.7.5　卧倒门结构图对话框

在整个程序计算中最难以确定的是卧倒门结构本身的转动惯量，需要大量的计算。针

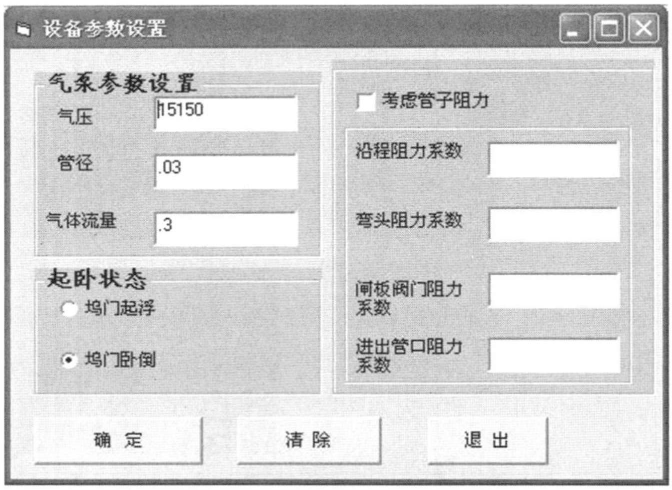

图 5-8　卧倒门程序运行参数设置对话框

对卧倒门各个结构相对单调，它包括上、中、下甲板，各种板类（面板、底板、舱壁）、肋板（端板和肋板）、压载。可对每个结构单独计算其质量和转动惯量，最后进行合算。因此只需在下面对话框中输入一定参数，即可方便解决转动惯量求解（图 5-9）。

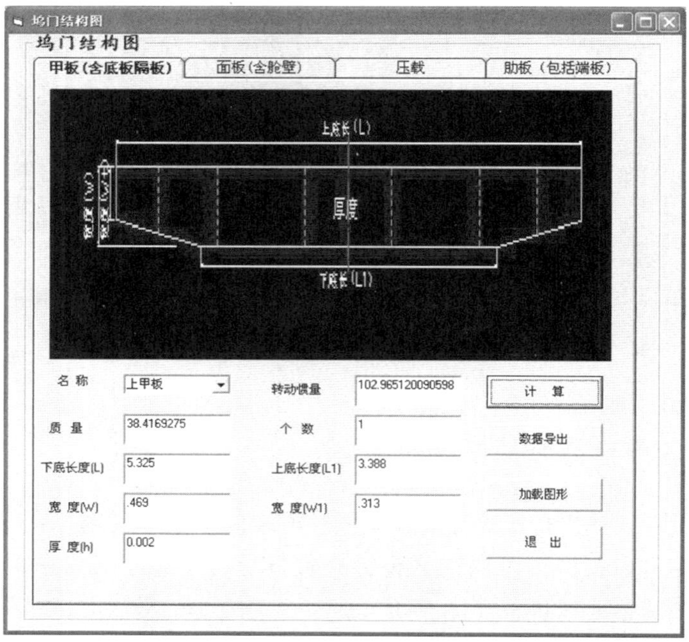

图 5-9　卧倒门结构图对话框

5.7.6　绘图或动态演示对话框

图 5-10 所示对话框中有两个按钮和一个文本框。其中的两个命令按钮是用来控制卧倒门起卧状态的，当按动数据读取按钮时会加载起卧数据以备卧倒门动态模拟；当按动动态模拟按钮时，卧倒门开始运动，而其会在文本框中显示卧倒门运行的时间。

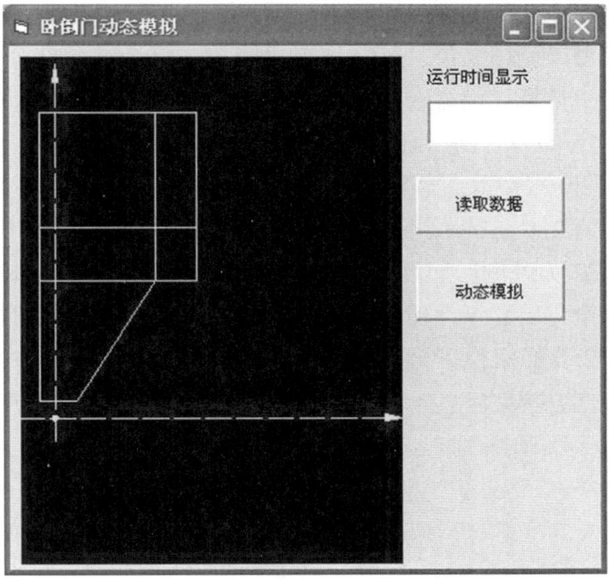

图 5-10　绘图或动态演示对话框

5.8　卧倒门软件的应用

深圳孖洲岛友联船厂船坞模型试验中应用了卧倒门软件，具体情况如下。

5.8.1　工程概况

深圳孖洲岛友联船厂的 35 万吨级 1 #修船坞采用气控式卧倒门形式。校核高潮位 4.21 m，设计高潮位 2.91 m，船舶进出坞正常潮位 1.76 m，设计低潮位 0.41 m，校核低潮位 -0.29 m，最低开关门水位 0.50 m。大坞（1 #坞）坞室长 400 m，宽 83 m，坞深 13.5 m，有效水深 10 m，船坞空坞灌水量约 33.7×10^4 m^3。坞室设有横坡与纵坡，自坞门向后纵坡为1/400，船坞底中心线在坞艏处（坞口处）标高-8.5 m，坞艉处为-7.5 m。灌水流道采用单侧短廊道灌水方式。卧倒门形状为楔形体，高度 14.3 m，长度 85.2 m，重量 1 950.5 t。本软件主要数据取自此项工程的模型实验。实验是在一个封闭水池内进行的，水池分海域和坞室两部分，卧倒门模型安装于坞室首部。模型比尺为 1 : 16。由于卧倒门起卧的主要作用力为重力，所以模型卧倒门可以根据重力相似准则进行设计。

5.8.2 实验数据对比

本软件的测试是根据深圳孖洲岛友联船厂模型卧倒门的设计数据的软件计算结果进行分析。这主要是由于原型卧倒门结构复杂、结构形体不规则，利用计算机还是难以识别和计算，例如原型卧倒门中肋板的加工形状不规则，因此本软件在这方面的功能还有很大的局限性。然而对于模型卧倒门来说，其结构组成简单，每个结构部分（或者称为结构片）都是比较规则，有利于计算，而且在一定程度上简化了实际工程中的复杂性。

图 5-11 至图 5-16 即为卧倒门卧倒试验数据和软件计算数据图，其中图 5-11 至图 5-13 分别为 0.0 m 水位下全浮舱、半浮舱和全水舱卧倒门卧倒时的角度时间过程线，而图 5-14 至图 5-16 分别为 2.0 m 水位下全浮舱、半浮舱和全水舱卧倒门卧倒时的角度过程线。图 5-17 至图 5-22 为卧倒门起浮试验数据和软件计算数据图，其中图 5-17 至图 5-19 分别为 0.0 m 水位下全浮舱、半浮舱和全水舱卧倒门起浮时的角度时间过程线，而图 5-20 至图 5-22 分别为 2.0 m 水位下全浮舱、半浮舱和全水舱卧倒门起浮时的角度过程线。

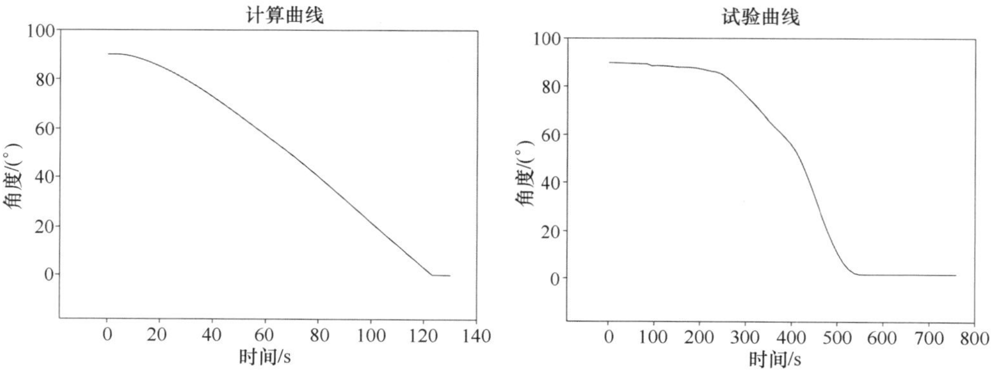

图 5-11　0.0 m 水位全浮舱卧倒曲线

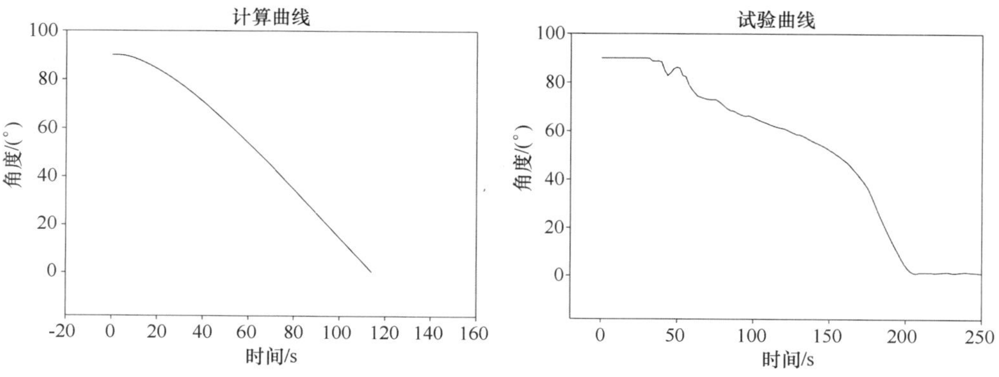

图 5-12　0.0 m 水位半浮舱卧倒曲线

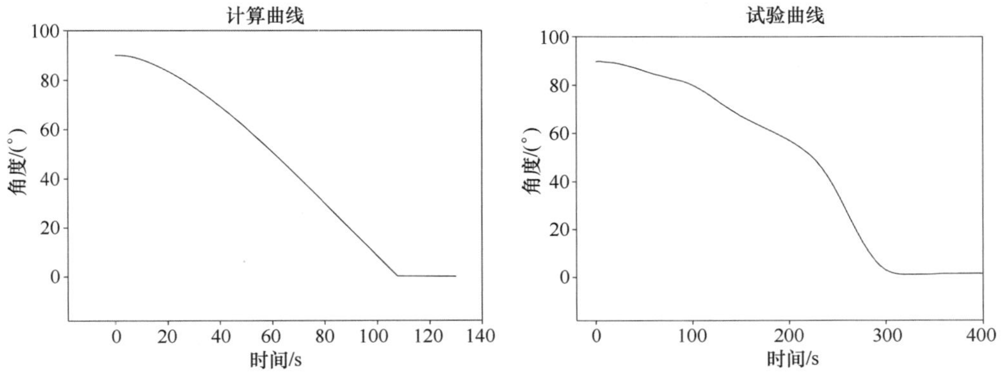

图 5-13　0.0 m 水位全水舱卧倒曲线

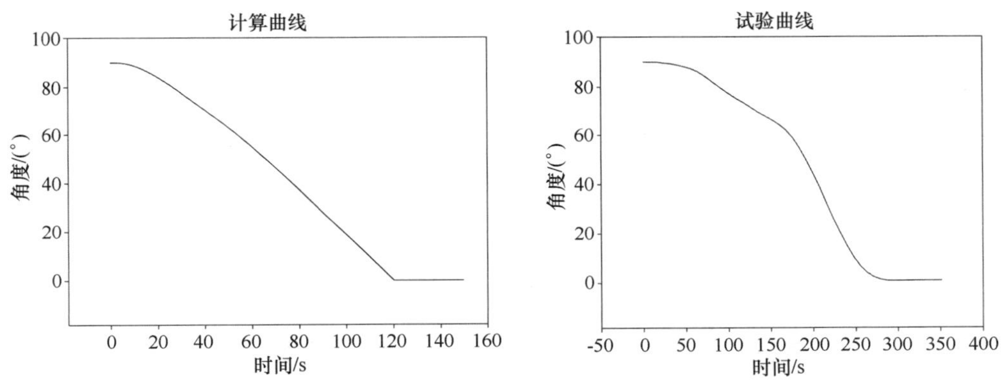

图 5-14　2.0 m 水位全浮舱卧倒曲线

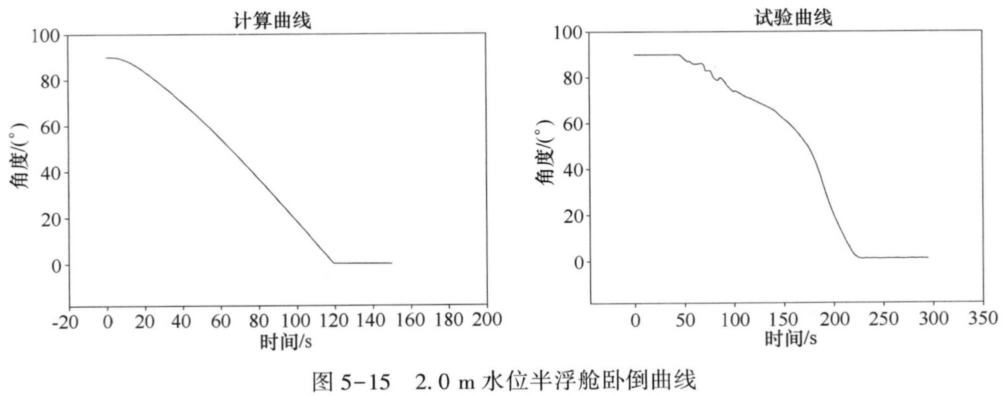

图 5-15　2.0 m 水位半浮舱卧倒曲线

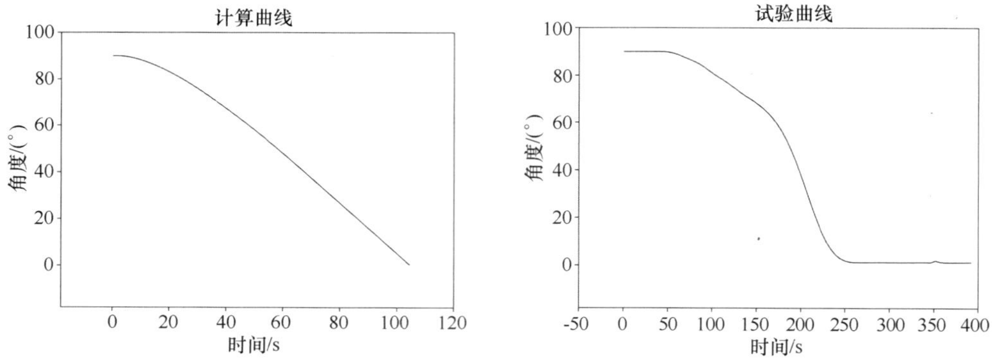

图 5-16　2.0 m 水位全水舱卧倒曲线

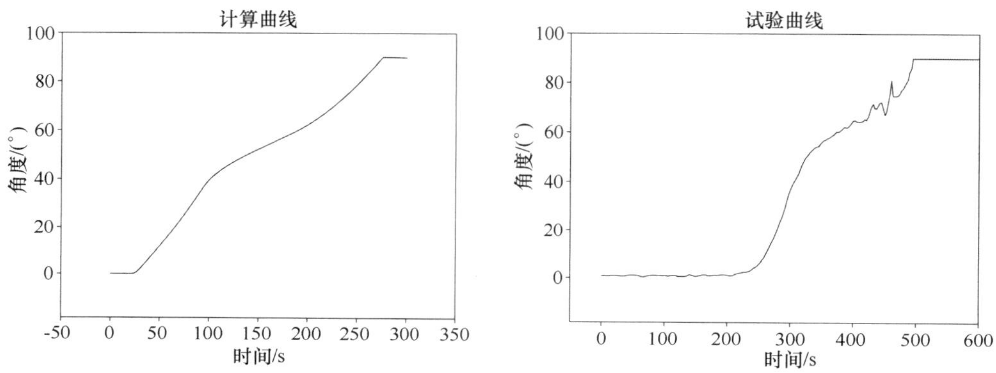

图 5-17　0.0 m 水位全浮舱起浮曲线

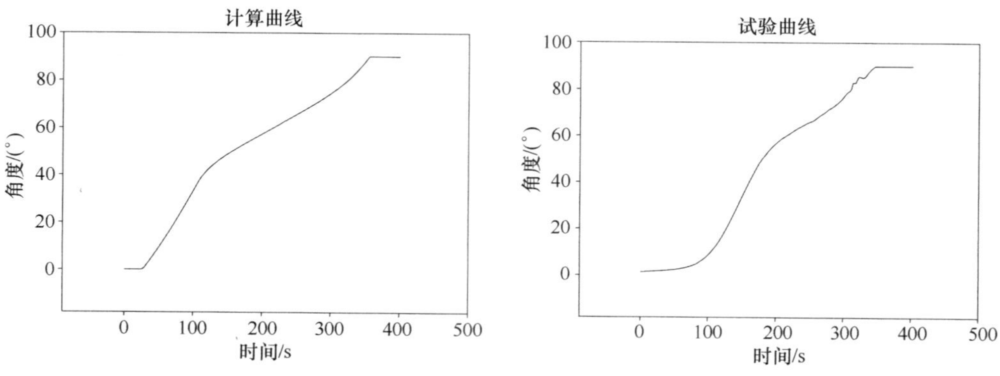

图 5-18　0.0 m 水位半浮舱起浮曲线

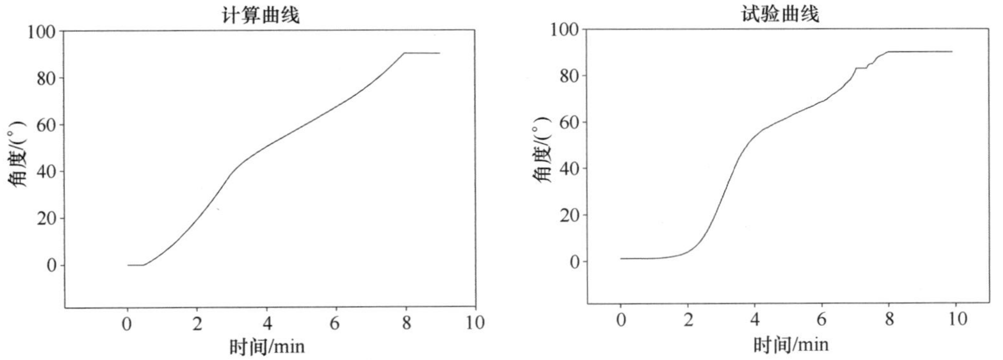

图 5-19　0.0 m 水位全水舱起浮曲线

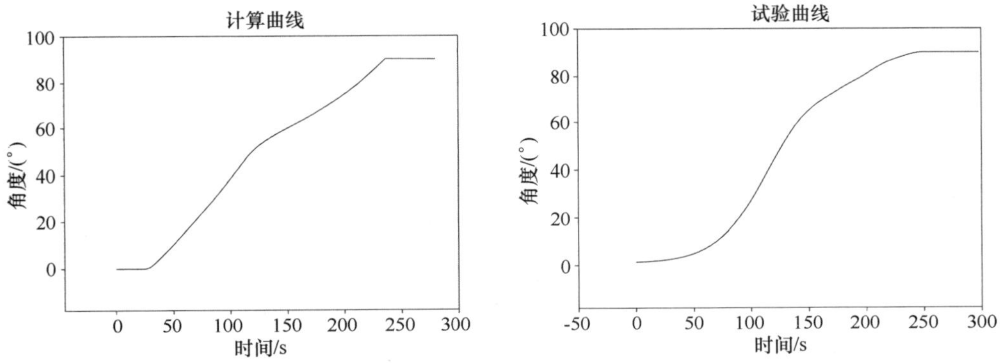

图 5-20　2.0 m 水位全浮舱起浮曲线

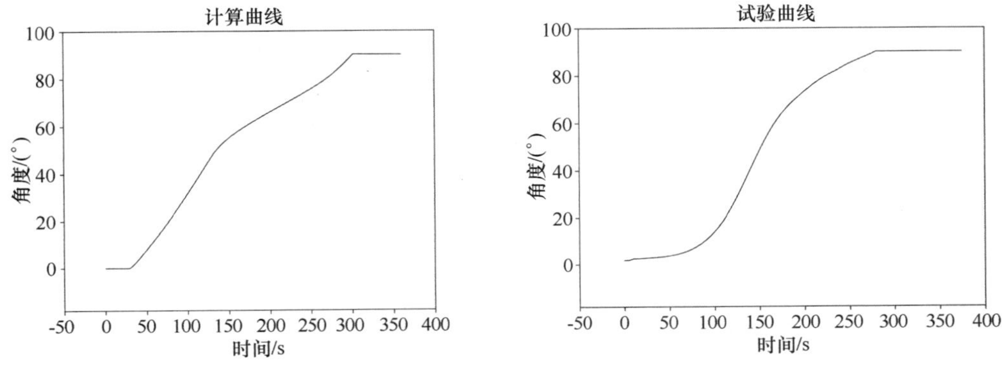

图 5-21　2.0 m 水位半浮舱起浮曲线

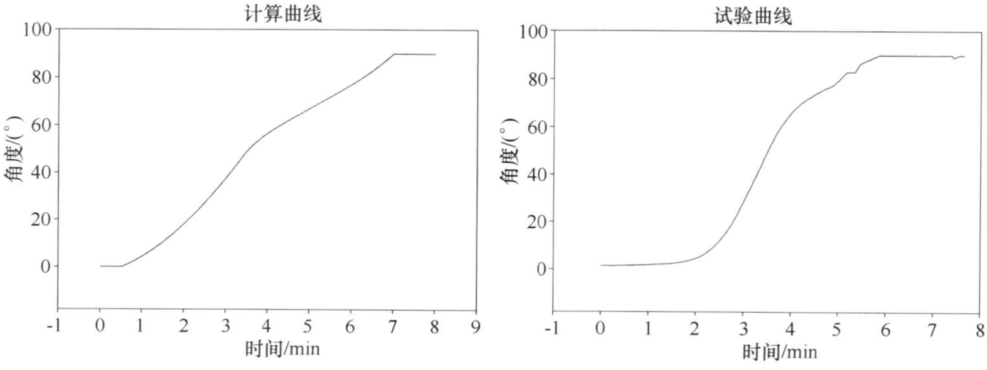

图 5-22　2.0 m 水位全水舱起浮曲线

从图中可以看出，软件可以完美呈现卧倒门卧倒和起浮过程的角度过程，且计算结果可信。同时为进行进一步分析，如坞门起卧的撞击性能分析，还可以导出坞门的角速度和角加速度的计算数据作为分析基础。

5.9　小结

卧倒门动态模拟软件的设计使气控式卧倒门的动力特性有了直观描述，能更好地为卧倒门的设计提供理论支撑，为卧倒门的安全性和可靠性提供有力保障。本软件的测试是根据深圳孖洲岛友联船厂模型卧倒门的设计数据进行的，软件计算结果与模型坞门起卧过程的特性曲线相比较，两者吻合较好，这表明采用上述计算软件研究干船坞气控卧倒坞门系统的动态特性是完全可行的。

第 6 章　气控式坞门支铰结构型式的改进

气控式坞门门铰使用固定铰座，使坞门安装比较复杂，往往需要潜水员在水下穿销轴或在围堰内干地安装。中船第九设计研究院工程有限公司设计人员变传统的穿销轴式固定铰座为跌落式开口铰座，坞门直接靠自身重力卧于门轴座内，这就给坞门安装就位带来了极大的方便，但同时也对坞门的起卧运动状态提出了更严格的要求，既要保证坞门顺利起卧，又不能有过大的上拔力使门体从铰座中脱离出来。这种坞门结构形式与以往坞门有所不同，一些穿销轴式固定铰座坞门工艺设计原则不再适用于开口铰座坞门。本章通过试验对各部分舱格特别是固定浮舱和操作舱容积提出了限制，为这种新型坞门的工艺设计和使用提供了试验依据，验证了新型开口铰座的可行性，该成果《卧倒式坞门的铰支座》已获发明专利。

6.1　模型试验方法

6.1.1　模型门设计

山海关船舶重工有限责任公司（山海关船厂）的 15 万吨级修船坞气控式坞门原型坞门为 P 型结构，理论尺度长为 66 m，高 12.5 m，顶部平面形状为梯形，中间宽 5.8 m，端部宽 3.86 m。采用重力相似准则，选择模型与原型之间几何比尺为 1 ∶ 16。模型坞门与原型坞门之间要满足几何形体相似、重量和重心位置相似。因此模型门尺寸长×宽×高为 4.13 m×0.784 m×0.367 m，总重量为 0.238 t，结构布置见图 6-1 所示。模型门用低碳钢板焊接而成。模型门有关参数换算成原型门参数后，相应各值比较见表 6-1 所示，两者误差小于 1%。

表 6-1　模型门与原型门各参数比较

类型	重量/t	重心 y/m	重心 z/m	浮舱净容积/m^3	操作舱净容积/m^3
模型	975	1.74	7.48	745.06	77.43
原型	970	1.75	7.46	750.97	78.17
误差	+0.5%	+0.5%	+0.3%	−0.8%	−0.9%

在坞门的固定点安装压力传感器，坞门起卧运动时测点淹没深度将发生变化，记录下

图 6-1　模型坞门结构布置图

1. 浮舱；2. 调节水舱；3. 调节浮舱；4. 操作舱

测点压力值，通过转换可得到角度随时间的变化过程，从而得到坞门在各级水位下的起卧时间、角度过程线、角速度过程线、角加速度过程线。

6.1.2　坞门运动控制条件

坞门运动是靠重力矩与浮力矩之间的相互转换来完成的。气动卧倒坞门起浮的动力是操作舱全部排空后的浮力矩，因此坞门起浮运动基本参数浮力矩与水下自重力矩的比值，是能否起浮的控制条件。坞门水下自重力矩为

$$M_G = W(1 - \gamma_1/\gamma_2) \times l_G - V_1 \times \gamma_1 \times l_1 \quad (6-1)$$

操作舱浮力矩为

$$M_f = V_f \times \gamma_1 \times l_f \quad (6-2)$$

式中，W 为坞门在空气中的重量，$W=0.238$ t；γ_1为水的比重，$\gamma_1=1.0\times10^3$ kg/m^3；γ_2为坞门材料的比重，$\gamma_2=7.85\times10^3$ kg/m^3；V_1为固定浮舱净容积，$V_1=0.081\ 9$ m^3；V_f为操作舱的净容积，$V_f=0.081\ 9$ m^3；l_G、l_1、l_f分别为坞门重心、浮舱形心、操作舱形心到门轴 z 方向的距离，$l_G=0.466$ m，$l_1=0.492$ m，$l_f=0.492$ m。

坞门直立位置时，当操作舱进气排水完成后，若不考虑坞侧与海侧的水位差，并假设坞门全部没入水中，此时倾倒力矩可表示如下：

$$M_D = W(1 - \gamma_1/\gamma_2) \times l'_G - V_1 \times \gamma_1 \times l'_1 \quad (6-3)$$

式中，l'_G为坞门重心到门轴 y 方向的距离；l'_1为浮舱形心到门轴 y 方向的距离。

由于坞门的重心和浮舱的浮心都与门轴不在同一条垂直线上，所以产生坞门自重力矩 M'_f和浮舱的浮力矩 M'_f。式（6-3）右边第一项表示坞门自重力矩 M'_G，第二项表示浮舱产生的浮力矩 M'_f。要保证坞门能顺利下卧，则 M_D必须大于 0，即 M'_G与 M'_f的比值大于 1。本模型坞门中，l'_G和 l'_1分别为 0.108 m、0.123 m，代入式（6-3），得 $M'_G/M'_f=1.002$。

已有的几座卧倒坞门模型试验和实际起卧经验表明，只有当操作舱产生的浮力矩与坞门水下自重力矩的比值在 2～4 之间时，才能保证坞门的正常工作。要求浮力矩超过自重力矩 1 倍以上，主要是坞门起浮时需要有足够的浮力以克服坞门在水中的附加质量以及门坑对坞门的吸力等附加阻力。本模型坞门在淡水中，$M_f/M_G=1.28$，低于上述要求，并且通过试验也证实了模型坞门在淡水中无法起浮。坞门实际工作环境为海水，海水增加了坞

门的浮力，如果考虑模型坞门在海水中的运动，即 $\gamma_1=1.025\times10^3\ kg/m^3$，则 $M_f/M_G=2.03$，达到了坞门正常起浮的要求。在以往的试验中，特别是在坞门起浮时，忽略这种重度差，实际上是把其作为坞门起浮可靠性的安全储备来处理。但因为本试验坞门采用了开口铰座，要求在保证有良好的起浮状况基础上，任何状态下不能有上拔力，所以在实验中应准确模拟海水、淡水比重差的影响。

6.1.3　海水与淡水比重差的处理

考虑海水和淡水时，M_f/M_G分别为 2.03 和 1.28。可适当增加浮舱容积，利用模型坞门在淡水中的运动规律模拟实际坞门在海水中的特性。在计算 M_G和 M_f的式（6-1）和式（6-2）中，如果只改变固定浮舱净容积 V_1，而其他参数不变，即可达到调整 M_f/M_G的目的。这种方法在实际操作中简单易行。计算表明当 $V_1=0.1874\ m^3$时，M_f/M_G可以达到 2.03，于是通过增大浮舱净容积，模拟了坞门在海水中的运动状态。

6.2　模型坞门在海水中的起卧分析

图 6-2 至图 6-5 为坞门在水深为-0.5 m 和+1.8 m 时的起卧情况。图中有关数值已换算成原型尺寸。可以看出：随着水位的增高，坞门起浮和卧倒的全程时间和净时间均相应缩短。坞门起浮时，出水后速度减慢，但没有停顿和摆动，最后以一个较小速度靠上门墩。坞门卧倒时，在开始阶段因倾倒力矩较小，所以角速度较低。当门体入水后角速度加大，在门顶接近门坑时，角速度开始降低，但这一减速过程并不持续发展坞门入坑，因倾倒力矩的加大，速度仍有所增加，直到坞门靠近缓冲器时，才迅速减速，停止运动。

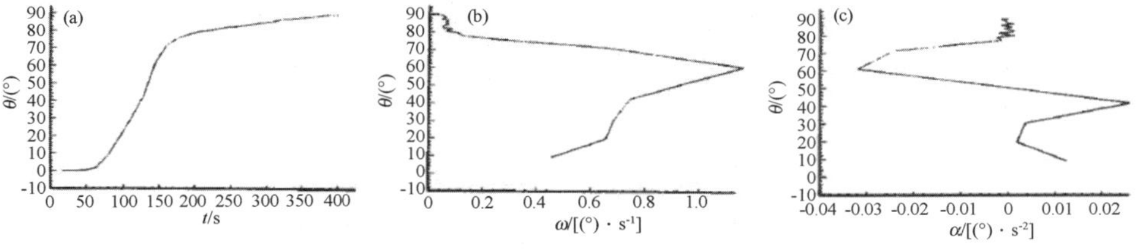

图 6-2　坞门起浮特性（水深 $D=-0.5$ m）

（a）卧侧曲线；（b）角速度曲线；（c）角加速度曲线

如果继续增大浮舱净容积，则 M_f/M_G将随之增大，这一方面有可能造成因浮力过大使得门体从开口铰座中脱离出来，另一方面也可能使门体在直立位置时因倾倒力矩过小而不能正常下卧。因此必须对浮舱净容积的最大值有所限制。当增大浮舱净容积，使之为 $0.1885\ m^3$时，$M'_G/M'_f=0.95$，虽然小于 1.0，但应该看到，计算自重力矩时假设坞门全部没入水中，而实际上水位并没有这样高，因此实际的自重力矩比计算值要大一些。试验也证明了坞门在这种条件下仍可正常下卧。但如果进一步增大浮舱净容积，而不改变坞门

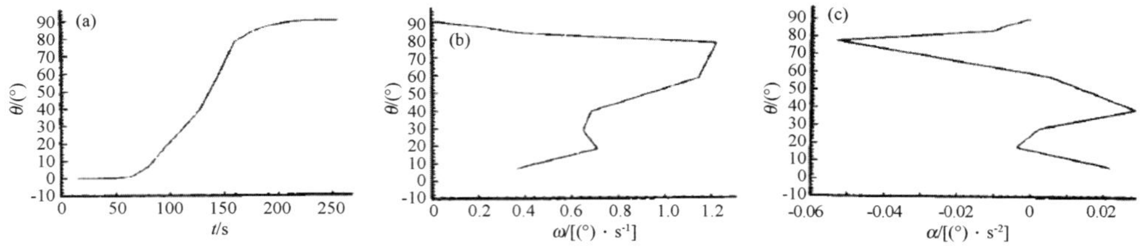

图 6-3　坞门卧倒特性（水深 D=−0.5 m）

（a）卧侧曲线；（b）角速度曲线；（c）角加速度曲线

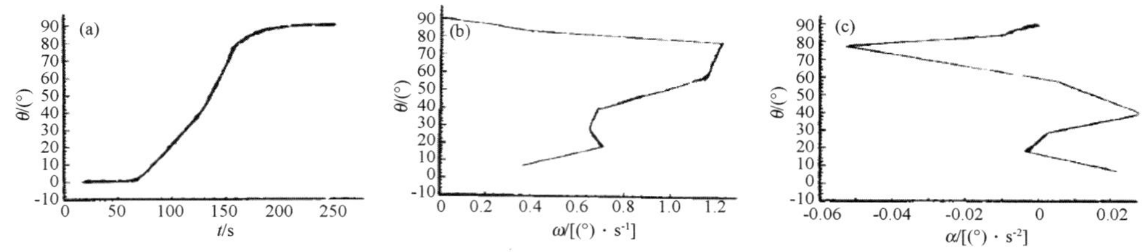

图 6-4　坞门起浮特性（水深 D=+1.8 m）

（a）卧侧曲线；（b）角速度曲线；（c）角加速度曲线

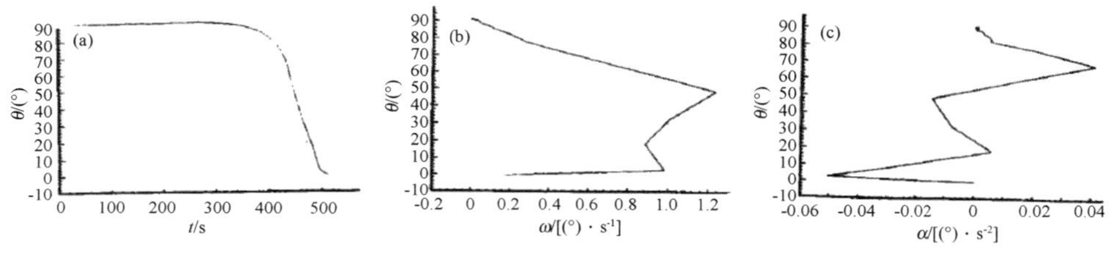

图 6-5　坞门卧倒特性（水深 D=+1.8 m）

（a）卧侧曲线；（b）角速度曲线；（c）角加速度曲线

其他参数，坞门将无法下卧。此时对应的坞门起浮运动参数 $M_f/M_G=1.90$。因此可以把由式（6-3）计算出的 $M'_G/M'_f=0.95$ 作为坞门在海水中正常下卧的临界状态。

6.3　小结

由于开口铰座坞门起浮的特殊要求，模型试验中必须考虑海水和淡水之间的比重差。试验中采用增大浮舱净容积的方法以增大坞门的运动参数 M_f/M_G，进而模拟坞门在海水中的运动状态。对于固定铰座坞门，起浮运动参数 M_f/M_G 为 2~4 的要求将不再适用。

在本试验条件控制下，门体均未发生脱离开口铰座的现象。这证明通过控制坞门浮舱净容积，也就是控制在起浮和卧倒状态下重力矩和浮力矩之间的关系，既可以保证坞门正常起卧，又可以保证采用这种新型开口铰座的安全。

第 7 章　虹吸灌水流道设计的水力学理论

灌水廊道虹吸段由上行段、下行段和驼峰段及安装其上的真空破坏阀组成，虹吸段一般为矩形截面。由于大型修造船坞对灌水时间有严格的控制，因此虹吸廊道必须能够提供足够大的流量，而廊道虹吸段受到船坞布置空间的限制，驼峰曲率半径较小，因此离心力的影响不可忽略。为了避免廊道壁面遭受空蚀破坏，虹吸段的负压值应限制在安全值的范围之内，干船坞设计规范中规定虹吸驼峰处的最大允许负压值为 68.6~78.4 kPa，超过时应采取降低负压的措施。根据灌水流量适当地选择驼峰曲率半径，就能合理地利用离心力，使驼峰断面压强分布趋于均匀，避免空化现象的发生。

7.1　理论模型及求解

对灌水廊道驼峰断面压强特性进行理论分析的基础是 Navier-Stokes 方程（简称 N-S 方程）及其边界条件，如果引入合理的简化和假设，即可求得驼峰断面压强的解析表达式。图 7-1 为虹吸灌水流道的示意图。

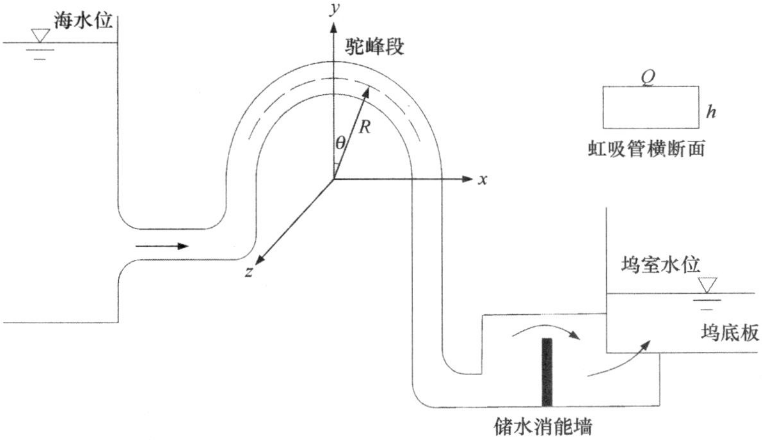

图 7-1　虹吸灌水流道示意图

7.1.1　控制方程

柱坐标系下不可压缩粘性流体运动的控制方程：

（1）连续性方程：

$$\frac{1}{r}\frac{\partial(rV_r)}{\partial r}+\frac{1}{r}\frac{\partial V_\theta}{\partial\theta}+\frac{\partial V_z}{\partial z}=0 \tag{7-1}$$

（2）动量方程：

$$\frac{\partial V_r}{\partial t}+V_r\frac{\partial V_r}{\partial r}+\frac{V_\theta}{r}\frac{\partial V_r}{\partial\theta}+V_z\frac{\partial V_r}{\partial z}-\frac{V_\theta^2}{r}=-\frac{1}{\rho}\frac{\partial p}{\partial r}+f_r+\nu\left(\nabla^2V_r-\frac{V_r}{r^2}-\frac{2}{r^2}\frac{\partial V_\theta}{\partial\theta}\right) \tag{7-2}$$

$$\frac{\partial V_\theta}{\partial t}+V_r\frac{\partial V_\theta}{\partial r}+\frac{V_\theta}{r}\frac{\partial V_\theta}{\partial\theta}+V_z\frac{\partial V_\theta}{\partial z}+\frac{V_rV_\theta}{r}=-\frac{1}{\rho r}\frac{\partial p}{\partial\theta}+f_\theta+\nu\left(\nabla^2V_\theta-\frac{V_\theta}{r^2}+\frac{2}{r^2}\frac{\partial V_r}{\partial\theta}\right) \tag{7-3}$$

$$\frac{\partial V_z}{\partial t}+V_r\frac{\partial V_z}{\partial r}+\frac{V_\theta}{r}\frac{\partial V_\theta}{\partial\theta}+V_z\frac{\partial V_z}{\partial z}=-\frac{1}{\rho}\frac{\partial p}{\partial z}+f_z+\nu\nabla^2V_z \tag{7-4}$$

其中，

$$\nabla^2\varphi=\frac{\partial^2\varphi}{\partial r^2}+\frac{1}{r^2}\frac{\partial^2\varphi}{\partial\theta^2}+\frac{\partial^2\varphi}{\partial z^2}+\frac{1}{r}\frac{\partial\varphi}{\partial r} \tag{7-5}$$

式中，V_r、V_θ和V_z分别为水流径向、切向和轴向速度；ρ为水的密度；ν为运动粘度，为流体分子和湍流粘滞系数总和；f_r、f_θ和f_z分别为单位重力在径向、切向和轴向的分量。

边界条件：$r=R_1$，$V_\theta=0$；$r=R_2$，$V_\theta=0$。R_1、R_2分别为外壁、内壁半径。

7.1.2 驼峰断面压强的解析解

由于虹吸灌水廊道的长度较短，在计算中忽略惯性水头的影响，即假设水流在灌水廊道内恒定流动，则有$V_r=0$，$V_z=0$，上述条件代入柱坐标系 N-S 方程后得到：

$$\frac{\partial V_\theta}{\partial\theta}=0 \tag{7-6}$$

$$-\frac{V_\theta^2}{r}=-\frac{1}{\rho}\frac{\partial p}{\partial r}-g\cos\theta \tag{7-7}$$

$$0=-\frac{1}{\rho}\frac{1}{r}\frac{\partial p}{\partial\theta}+g\sin\theta+\nu\left(\nabla^2V_\theta-\frac{V_\theta}{r^2}\right) \tag{7-8}$$

$$0=-\frac{1}{\rho}\frac{\partial p}{\partial z} \tag{7-9}$$

由式（7-9）知：p为（r，θ）的函数，$p=p$（r，θ）。

由式（7-7），并结合式（7-9），得p的表达式：

$$p=-\rho gr\cos\theta+\rho\int\frac{V_\theta^2}{r}\mathrm{d}r+P_0(\theta) \tag{7-10}$$

结合式（7-6），得：

$$\nabla^2V_\theta=\frac{\partial^2V_\theta}{\partial r^2}+\frac{1}{r^2}\frac{\partial^2V_\theta}{\partial\theta^2}+\frac{\partial^2V_\theta}{\partial z^2}+\frac{1}{r}\frac{\partial V_\theta}{\partial r}=\frac{\partial^2V_\theta}{\partial r^2}+\frac{1}{r}\frac{\partial V_\theta}{\partial r} \tag{7-11}$$

所以式（7-8）变为

$$0=-\frac{1}{\rho}\frac{1}{r}\frac{\partial p}{\partial\theta}+g\sin\theta+\nu\left(\frac{1}{r}\frac{\partial V_\theta}{\partial r}+\frac{\partial^2 V_\theta}{\partial r^2}-\frac{V_\theta}{r^2}\right) \tag{7-12}$$

由式（7-10）得：

$$\frac{\partial p}{\partial\theta}=\rho gr\sin\theta+\frac{\partial P_0}{\partial\theta} \tag{7-13}$$

将式（7-13）代入式（7-12），化简得：

$$\frac{1}{\rho r}\frac{1}{\nu}\frac{\partial P_0}{\partial\theta}=\frac{\mathrm{d}}{\mathrm{d}r}\left[\frac{1}{r}\frac{\mathrm{d}}{\mathrm{d}r}(V_\theta r)\right] \tag{7-14}$$

对式（7-14）积分可得：

$$c_1+\frac{1}{\rho\nu}\frac{\partial P_0}{\partial\theta}\ln r=\frac{1}{r}\frac{\mathrm{d}}{\mathrm{d}r}(V_\theta r) \tag{7-15}$$

上式两边同乘 r：

$$\frac{1}{\rho\nu}\frac{\partial P_0}{\partial\theta}r\ln r+c_1 r=\frac{\mathrm{d}}{\mathrm{d}r}(V_\theta r) \tag{7-16}$$

对式（7-16）积分可得：

$$\frac{1}{2\rho}\frac{1}{\nu}\frac{\partial P_0}{\partial\theta}\left(r^2\ln r-\frac{r^2}{2}\right)+\frac{c_1 r^2}{2}+c_2=V_\theta r \tag{7-17}$$

上式两边同除以 r：

$$\frac{1}{2\rho}\frac{1}{\nu}\frac{\partial P_0}{\partial\theta}\left(r\ln r-\frac{r}{2}\right)+\frac{c_1 r}{2}+\frac{c_2}{r}=V_\theta \tag{7-18}$$

利用边界条件：$r=R_1$，$V_\theta=0$；$r=R_2$，$V_\theta=0$；则有：

$$\frac{1}{2\rho}\frac{1}{\nu}\frac{\partial P_0}{\partial\theta}\left(R_1\ln R_1-\frac{R_1}{2}\right)+\frac{c_1 R_1}{2}+\frac{c_2}{R_1}=0 \tag{7-19}$$

$$\frac{1}{2\rho}\frac{1}{\nu}\frac{\partial P_0}{\partial\theta}\left(R_2\ln R_2-\frac{R_2}{2}\right)+\frac{c_1 R_2}{2}+\frac{c_2}{R_2}=0 \tag{7-20}$$

由式（7-19）、式（7-20）可解得：

$$c_1=\frac{\Delta_1}{\Delta}=-\frac{1}{\rho\nu(R_1^2-R_2^2)}\frac{\partial P_0}{\partial\theta}\left(\frac{R_2^2-R_1^2}{2}+R_1^2\ln R_1-R_2^2\ln R_2\right) \tag{7-21}$$

$$c_2=\frac{\Delta_2}{\Delta}=\frac{R_1^2R_2^2\ln\dfrac{R_1}{R_2}}{R_1^2-R_2^2}\left(-\frac{1}{2\rho\nu}\frac{\partial P_0}{\partial\theta}\right) \tag{7-22}$$

将待常数 c_1、c_2代入式（7-18），得驼峰断面流速分布：

$$V_\theta=\frac{1}{2\rho}\frac{1}{\nu}\frac{\partial P_0}{\partial\theta}\left\{r\ln r-\left(1+\frac{R_1^2\ln R_1-R_2^2\ln R_2}{R_1^2-R_2^2}\right)r-\frac{1}{r}\frac{R_1^2R_2^2}{R_1^2-R_2^2}\ln\frac{R_1}{R_2}\right\} \tag{7-23}$$

断面平均流速：

$$\overline{V_\theta} = \frac{1}{R_1 - R_2}\int_{R_2}^{R_1} V_\theta \mathrm{d}r = -\frac{1}{2\rho\nu(R_1 - R_2)}\frac{\partial P_0}{\partial\theta}\left[\frac{3}{4}(R_1^2 - R_2^2) + \frac{R_1^2R_2^2}{R_1^2 - R_2^2}\ln^2\frac{R_1}{R_2}\right] \tag{7-24}$$

考虑到平均流速和流量的关系：

$$\overline{V_\theta} = \frac{Q}{WH} \tag{7-25}$$

并有 $H=R_1-R_2$，可得：

$$\frac{\partial p_0}{\partial\theta} = \frac{-2\mu Q}{W\left[\frac{3}{4}(R_1^2 - R_2^2) + \frac{R_1^2R_2^2}{R_1^2 - R_2^2}\ln^2\frac{R_1}{R_2}\right]} \tag{7-26}$$

再将式（7-26）代入式（7-23），即可求得 V_θ的表达式：

$$V_\theta = \frac{-Q}{W\left[\frac{3}{4}(R_1^2 - R_2^2) + \frac{R_1^2R_2^2}{R_1^2 - R_2^2}\ln^2\frac{R_1}{R_2}\right]}\left[r\ln r - \left(1 + \frac{R_1^2\ln R_1 - R_2^2\ln R_2}{R_1^2 - R_2^2}\right)r - \frac{1}{r}\frac{R_1^2R_2^2}{R_1^2 - R_2^2}\ln\frac{R_1}{R_2}\right] \tag{7-27}$$

式（7-27）即为驼峰流速 V_θ的表达式，在廊道体型参数和灌水流量确定后，可通过此式求出驼峰的流速分布。

将式（7-23）代入式（7-10）得压强分布：

$$\begin{aligned}
p = & -\rho gr\cos\theta + P_0(\theta) + \rho\left\{\left(\frac{1}{2\rho\nu}\frac{\partial P_0}{\partial\theta}\right)^2\left(\frac{1}{2}r^2\ln^2 r - r^2\ln r + \frac{5r^2}{8}\right) + \right.\\
& \frac{r^2}{8}\left(\frac{1}{\rho\nu(R_1^2 - R_2^2)}\frac{\partial P_0}{\partial\theta}\right)^2\left(\frac{R_2^2 - R_1^2}{2} + R_1^2\ln R_1 - R_2^2\ln R_2\right)^2 - \\
& \frac{1}{2r^2}\left(\frac{1}{2\rho\nu}\frac{\partial P_0}{\partial\theta}\right)^2\left(\frac{R_1^2R_2^2\ln\frac{R_1}{R_2}}{R_1^2 - R_2^2}\right)^2 + \ln r\left(\frac{1}{\rho\nu}\frac{\partial p_0}{\partial\theta}\right)^2\frac{1}{2}\frac{R_1^2R_2^2\ln\frac{R_1}{R_2}}{R_1^2 - R_2^2}\\
& \left(\frac{R_2^2 - R_1^2}{2} + R_1^2\ln R_1 - R_2^2\ln R_2\right) + \frac{1}{\rho\nu}\frac{\partial p_0}{\partial\theta}\left\{\frac{1}{2}\left(\frac{r^2}{2}\ln r - \frac{r^2}{4}\right)\right.\\
& \left[-\frac{1}{\rho\nu(R_1^2 - R_2^2)}\times\frac{\partial P_0}{\partial\theta}\left(\frac{R_2^2 - R_1^2}{2} + R_1^2\ln R_1 - R_2^2\ln R_2\right)\right] - \\
& \left.\frac{\ln^2 r}{2}\frac{1}{2\rho\nu}\frac{\partial P_0}{\partial\theta}\frac{R_1^2R_2^2\ln\frac{R_1}{R_2}}{R_1^2 - R_2^2}\right\} - \frac{r^2}{8}\frac{1}{\rho\nu(R_1^2 - R_2^2)}\\
& \left.\left(\frac{\partial P_0}{\partial\theta}\frac{R_2^2 - R_1^2}{2} + R_1^2\ln R_1 - R_2^2\ln R_2\right) + \frac{\ln^2 r}{2}\frac{R_1^2R_2^2\ln\frac{R_1}{R_2}}{R_1^2 - R_2^2}\frac{1}{2\rho\nu}\frac{\partial P_0}{\partial\theta}\right\}
\end{aligned} \tag{7-28}$$

其中，

$$P_0(\theta)=p_c+\rho gR\cos\theta-\frac{\rho}{16\mu^2}\left(\frac{\partial p_0}{\partial\theta}\right)^2R^2\left[2\left(1+\frac{R_1^2\ln R_1-R_2^2\ln R_2}{R_1^2-R_2^2}\right)^2-\right.$$

$$4\left(1+\frac{R_1^2\ln R_1-R_2^2\ln R_2}{R_1^2-R_2^2}\right)\ln R+2\left(1+\frac{R_1^2\ln R_1-R_2^2\ln R_2}{R_1^2-R_2^2}\right)+$$

$$\left.2(\ln R)^2-2\ln R+1\right]+\frac{\rho}{4\mu^2}\left(\frac{\partial p_0}{\partial\theta}\right)^2\left[\left(\frac{R_1^2R_2^2}{R_1^2-R_2^2}\ln\frac{R_1}{R_2}\right)(\ln R)^2-\right.$$

$$\left.2\left(1+\frac{R_1^2\ln R_1-R_2^2\ln R_2}{R_1^2-R_2^2}\right)\left(\frac{R_1^2R_2^2}{R_1^2-R_2^2}\ln\frac{R_1}{R_2}\right)\ln R\right]+$$

$$\frac{\rho}{8\mu^2R^2}\left(\frac{\partial p_0}{\partial\theta}\right)^2\left(\frac{R_1^2R_2^2}{R_1^2-R_2^2}\ln\frac{R_1}{R_2}\right)^2 \tag{7-29}$$

式中，$R=(R_1+R_2)/2$ 为驼峰断面中心处半径；p_c 为驼峰断面中心处压强。当 $\theta=0$ 时，式（7-28）即为驼峰断面的压强分布计算式。

7.2　虹吸廊道最优曲率半径的确定

合理地选择虹吸流道弯管段的曲率半径以避免驼峰底产生较高的负压，可以提高其高程，或高程不变，可以增加通过的流速，这在工程设计中是非常有利的。使断面上压强分布均匀时的弯管曲率半径称为最优曲率半径。

条件：$\left(\dfrac{\partial P}{\partial r}\right)_{r=R_1,\theta=0}=0$，由式（7-7）得：

$$\frac{V_\theta^2}{r}=g \tag{7-30}$$

则最优曲率半径为：$V_\theta^2/g=r$，取平均流速：$\overline{V_\theta}^2=rg$，在驼峰顶部有：

$$\sqrt{R_1g}=\frac{1}{2\rho}\frac{1}{\nu}\frac{\partial P_0}{\partial\theta}\left\{R_1\ln R_1-\left[1+\frac{1}{R_1^2-R_2^2}(R_1^2\ln R_1-R_2^2\ln R_2)\right]R_1-\frac{1}{R_1}\frac{R_1^2R_2^2}{R_1^2-R_2^2}\ln\frac{R_1}{R_2}\right\} \tag{7-31}$$

$$R_2=R_1-H \tag{7-32}$$

由式（7-31）、式（7-32）通过迭代计算可解出虹吸管最佳曲率半径 R_1。

7.3 理论验证

7.3.1 工程实际验证——中船龙穴造船有限公司

中船龙穴造船有限公司修船项目 30 万吨级 1 #修船坞采用双侧双廊道虹吸灌水方式，灌水时间控制在 2 h 内。坞室长 360 m，宽 65 m，坞深 13. 30 m，有效水深 10. 30 m，船坞空坞灌水量 24.2×10^4 m^3。两侧进口廊道对称布置尺寸相同，虹吸管顶部尺寸 4. 2 m× 1. 5 m，驼峰段弯管曲率半径设计方已给定，外径为 5. 68 m，内径为 4. 32 m。驼峰底高程 5. 20 m，设计进出坞水位 2. 20 m，工程要求水体水位在设计低水位-0. 10 m 时驼峰断面处的负压满足规范要求（负压值不大于 7. 5 m 水柱）。

图 7-2 为各水位下式（7-28）计算得到的压强值和模型试验值的对比。可以看出，计算值与试验值符合较为理想，式（7-28）总体上能反映不同水位下断面压强的变化趋势。对于较为关注的驼峰底压强值，计算值和试验值更是小于 2.00×10^3 Pa。相比规范要求的误差范围，式（7-28）满足工程预测需要。

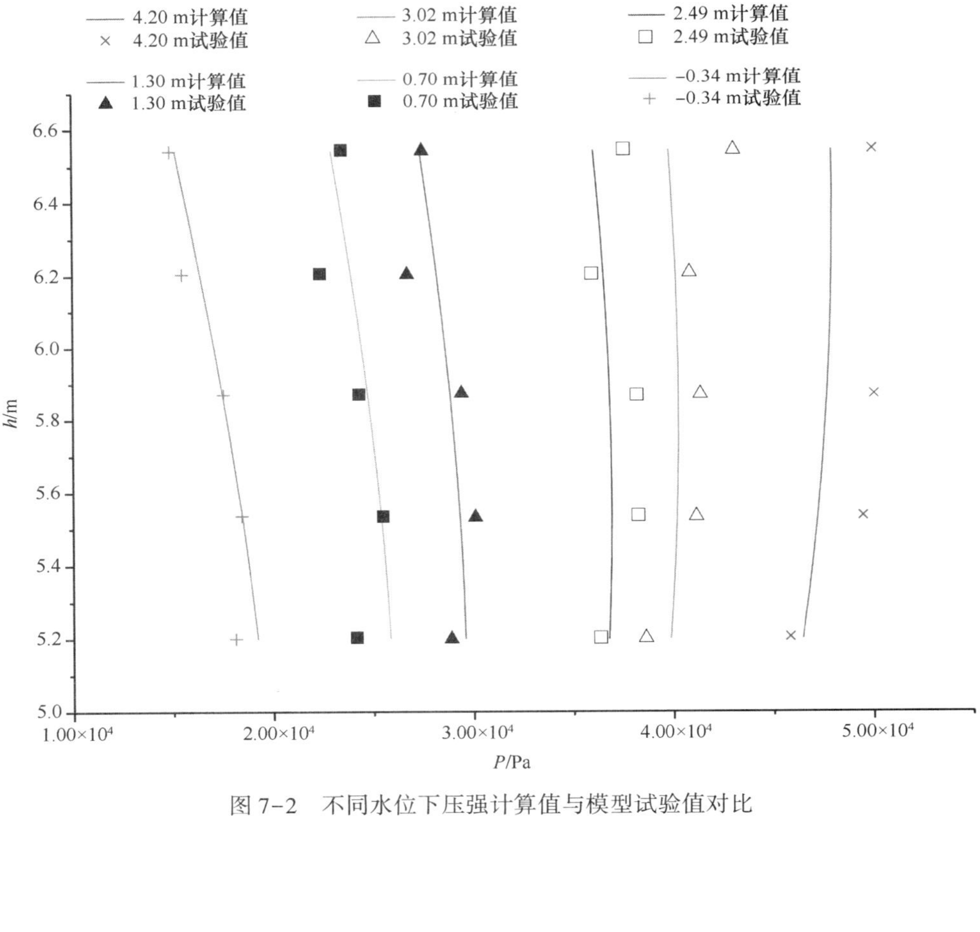

图 7-2　不同水位下压强计算值与模型试验值对比

模型试验测得不同潮位时驼峰断面压强分布如图 7-3 所示。

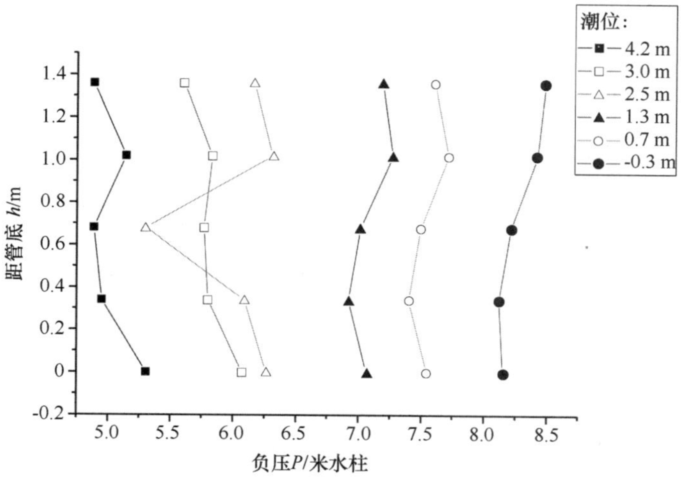

图 7-3　驼峰处负压沿水深分布

0. 7 m 潮位计算压强与实验结果分布对比如图 7-4 所示。

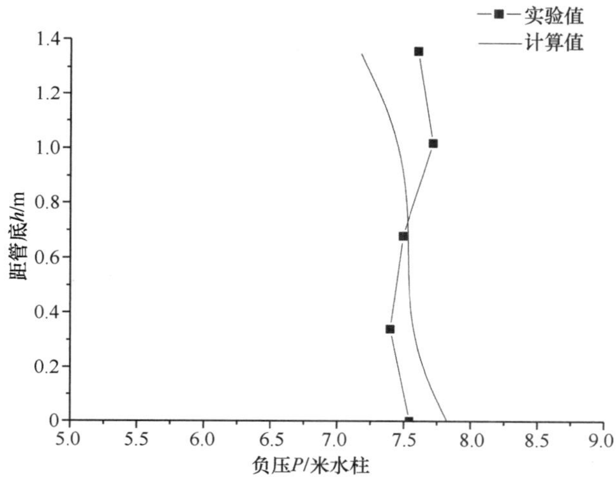

图 7-4　驼峰断面负压分布对比

7. 3. 2　与文献结果对比分析

习和忠将虹吸段水流流动按势流处理，认为其流速分布为 $v=m/r$（m 为常数），在正交坐标系下通过化简 N-S 方程导出了驼峰断面上压强分布的解析表达式，并使峰顶压强等于峰底压强，给出了虹吸段最优半径 R 的计算公式：

$$R=\frac{H}{4}\left(\frac{1}{\frac{1}{\sqrt{1-\frac{H}{2}/\frac{\bar{v}^2}{2g}}}-1}+\frac{1}{1-\frac{1}{\sqrt{1+\frac{H}{2}/\frac{\bar{v}^2}{2g}}}}\right) \tag{7-33}$$

图 7-5 为不同灌水流量下，驼峰高度 H 为 1.0 m，1.5 m，2.0 m 和 2.5 m 时，刁和忠等（1987）的结果与本书虹吸段中心线半径 R 的对比。当 $H=1.0$ m 时，与本书得出的曲率半径 R 相近，差值小于 2 cm。$H=1.5$ m 时，在灌水流量较小时，本书计算出的 R 值较大，随着灌水流量的增大，两种方法得出的 R 值趋于一致。在 $H=2.0$ m 和 2.5 m 时，由于刁和忠等的公式要求 $\frac{H}{2}/\frac{v^2}{2g}<1$，所以在低灌水流量时无解。而相较刁和忠的结果，在不同灌水流量下，本书得出的 R 值偏 4~20 cm。为比较两种方法得出的虹吸段最优半径，使用数值模拟的方法分析了 4 组 R 值下的驼峰断面压强分布。由于数值模型相对简单，在此不再赘述。为方便对比，在后处理中已将峰底压强统一。

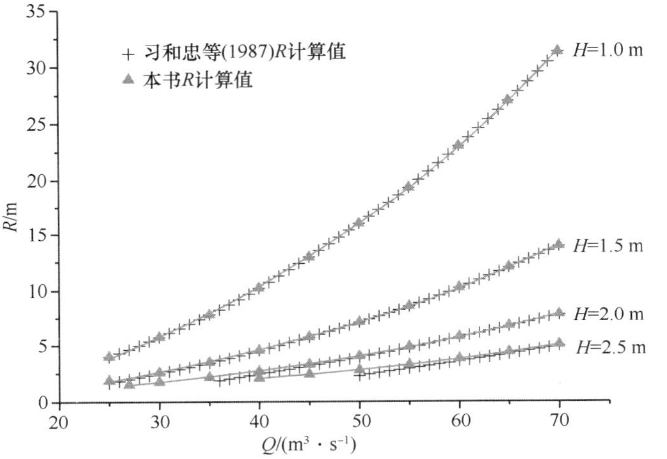

图 7-5　虹吸段中心线半径 R 对比图

图 7-6 和图 7-7 为刁和忠等的结果与本书得出的不同最优半径下的驼峰断面压强分布对比。其中断面高度 H 均为 1.5 m，灌水流量 Q 分别为 25 m^3/s 和 70 m^3/s。从图 7-6 中可看出，灌水流量较低时，两种方法得出的最优半径 R 相差约 0.22 m，差值较大。相比较本书 R 值下的断面压强分布相对均匀，峰顶和峰底压强更为接近。当灌水流量达到 70 m^3/s 时，两种方法得出的最优半径基本一致，由于水流在驼峰处出现了分离，所以压强呈倒 S 形分布。

图 7-8 和图 7-9 分别为驼峰断面高度 $H=2.0$ m 和 2.5 m 时的驼峰断面压强分布对比，灌水流量 Q 取值为 55 m^3/s 和 70 m^3/s。两种方法得出的最优半径 R 相差约 0.1 m，相比较仍是本文 R 值下的断面压强分布更为均匀。从图 7-9 中可以看出，$H=2.5$ m 时峰顶峰底压强差较大，说明离心力没有得到合理利用，对于这种驼峰断面高度较大的工况，可考虑

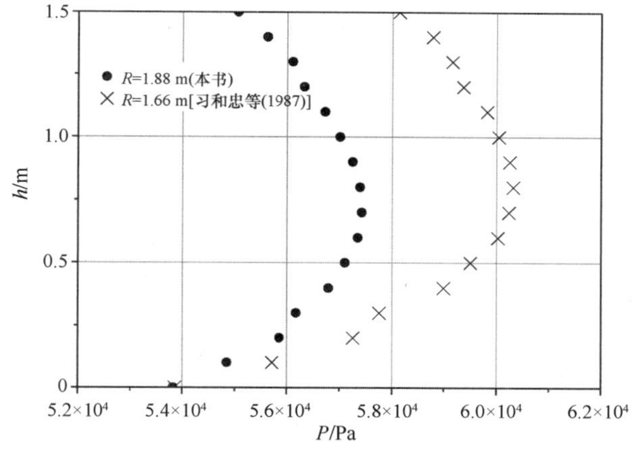

图 7-6　压强分布对比（$H=1.5$ m，$Q=25$ m^3/s）

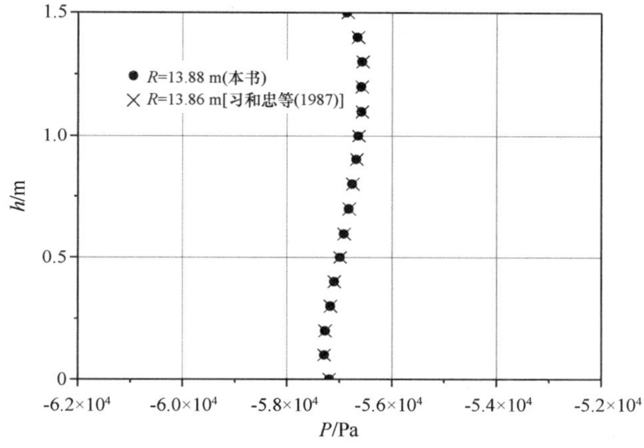

图 7-7　压强分布对比（$H=1.5$ m，$Q=70$ m^3/s）

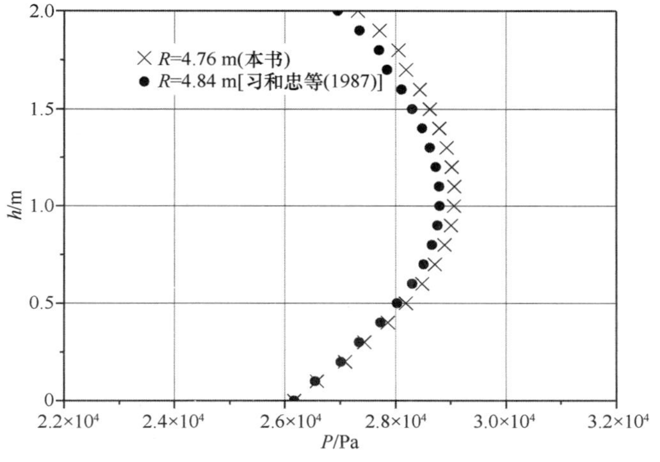

图 7-8　压强分布对比（$H=2.0$ m，$Q=55$ m^3/s）

再引入断面中心点 $v_\theta|_{r=R}=(Rg)^{1/2}$，取 3 点平均以对最优半径进行校正。

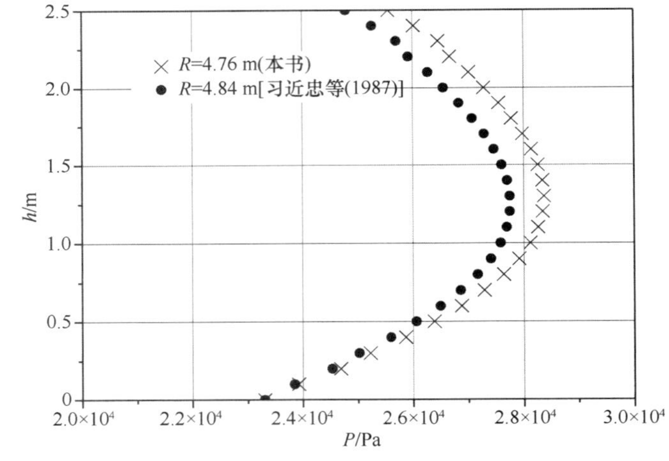

图 7-9　压强分布对比（$H=2.5$ m，$Q=70$ m^3/s）

7.3.3　公式的应用与验证

为进一步验证本书方法的适用性，对大连船舶重工修船 1#修船坞灌水廊道的虹吸段半径进行了优化。其设计体型参数基本与中船龙穴 1#修船坞相同，另驼峰底高程 3.70 m，设计进出坞水位 1.31 m。设计水位下模型试验实测灌水流量 42.09 m^3/s，驼峰断面上压强分布试验值如图 7-10 所示，其中 $R=5.00$ m 为虹吸段设计半径，$R=5.77$ m 为使用本书方法的虹吸段最优半径。同时使用数值计算的方法给出了两个半径下的驼峰断面压强分布，且 $R=5.00$ m 的计算值与模型试验值对比表明计算结果是可信的。

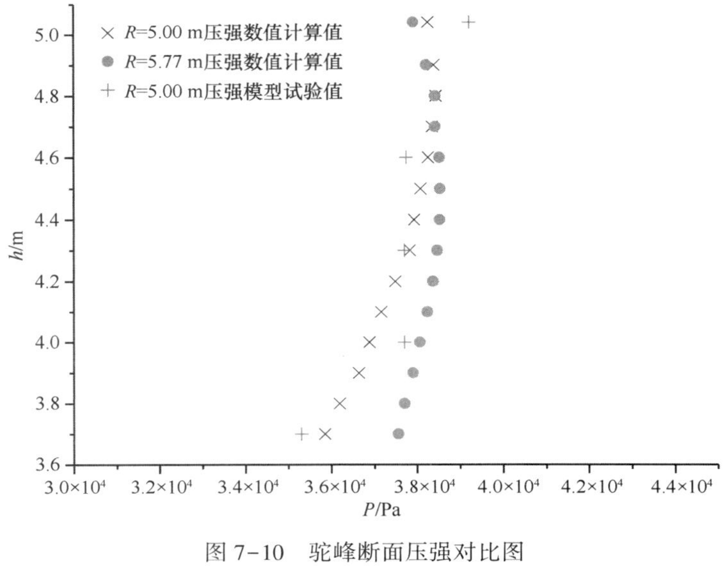

图 7-10　驼峰断面压强对比图

从图 7-10 中可以看出，在 $R=5.00$ m 下，断面最小压强在驼峰底，为 3.59×10^4 Pa，最大压强在驼峰顶，为 3.83×10^4 Pa，这说明设计半径值偏小造成离心力过大。当 $R=5.77$ m时，断面压强分布较前者均匀，驼峰底和驼峰顶压强差值小于 347 Pa。且峰底压强升高了 0.17×10^4 Pa，这对防止空化是有利的。

综合以上分析可以看出，当驼峰断面高度较小时，在灌水流量较低的情况下，本书最优半径下的驼峰断面压强分布较为均匀，随着灌水流量的增大，本书方法与刁和忠得出的最优半径趋于一致。当驼峰断面高度较高时，本文方法具有更宽的求解域，且具有更好的适用性。

7.3.4　山海关船舶重工有限责任公司 15 万吨级修船坞

1998 年建成的山海关船舶重工有限责任公司 15 万吨级修船坞，其坞长 340 m，坞宽 64 m，要求灌水时间不超过 1.7 h，在船舶进出坞正常潮位 1.0 m 情况下，驼峰处负压不大于 7.5 m 水柱。

由公式算得最优曲率半径 $R=5.5$ m，断面高 $B=1.5$ m。

流速分布如图 7-11 所示。

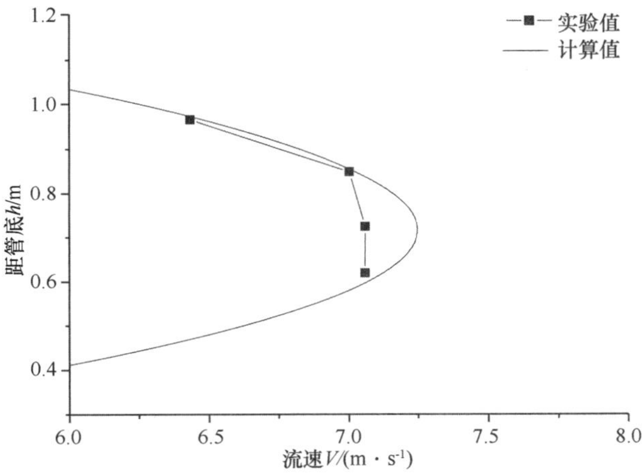

图 7-11　驼峰断面流速分布

其压强分布如图 7-12 所示。

7.4　小结

本章通过在柱坐标系下求解不可压缩粘性流体运动方程和连续性方程，得到了虹吸段驼峰断面流速和压强分布计算公式，建立了驼峰最优曲率半径的理论计算方法，并依据工程实例对其进行了验证，计算结果与实验值较为吻合，说明公式是实用和可靠的。

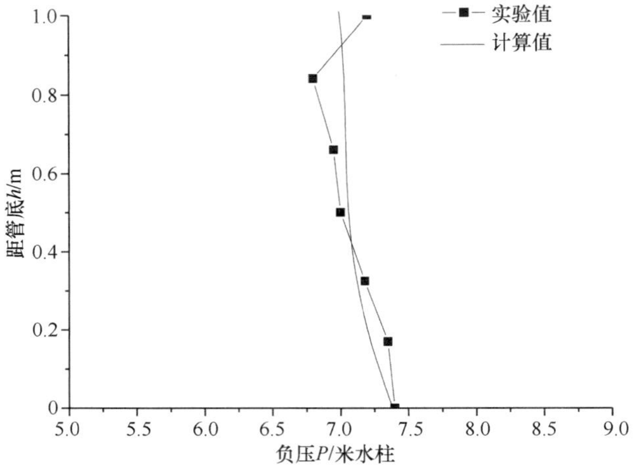

图 7-12　驼峰断面负压分布

第 8 章　虹吸形成时间的研究

虹吸灌水廊道的虹吸形成时间对船坞灌水系统的高效运行有着重要意义，一般在水力模型试验中测定。模型试验通常按重力相似准则设计，用于保证模型与原型中的水流运动规律相似。而廊道的虹吸过程是一复杂的水气两相运动，受水流惯性力、重力和压差力等的综合作用，大气压下模型试验测得的虹吸形成时间是否与原型相似是值得讨论的。而如果能建立虹吸形成过程的理论模型，将为工程实践中真空泵的选型带来极大方便。

8.1　虹吸形成时间的 π 定理分析

8.1.1　相似模型的建立

如图 8-1 所示，为便于分析将虹吸形成过程按其特征可分为两个阶段，即水面上升阶段和水力挟气阶段。

（1）水面上升阶段：真空泵关闭时，虹吸上行段水面与海水位持平，下行段水面与消能段隔墙内水位持平。当真空泵开启后，虹吸段空气压强降低，在气压差作用下上行段水体和下行段水体同时上升。由于上行段水面要高于下降段，上行段水面先越过驼峰底形成堰流。

（2）水流挟气阶段：堰流形成后，下行段水面则急速上升并在驼峰处形成气囊。此后大部分空气继续由真空泵排出，小部分空气借助水力挟气效应被夹带出廊道。在即将形成虹吸满管流时关闭真空泵，残存的空气最终会被水流夹带出廊道，虹吸稳定流建立。

因此可以看出第一阶段起始于真空泵启动，结束于虹吸段形成堰流，其主要特点是上行段和下行段水面的缓慢上升；第二阶段以堰流形成为起点，结束于形成虹吸稳定流，其主要特点是连续的水力除气。

对影响灌水廊道虹吸形成过程的各物理量，可使用 π 定理对其进行量纲分析。π 定理是由 Buckingham 于 1914 年提出的一种因次分析方法，用于研究某一物理过程中各物理量之间函数关系的结构。在 π 定理中，如果某一物理过程包含有 n 个物理量，取其中 m 个物理量作为基本量纲，则此物理过程可表示为 $n-m$ 个无量纲数 π_1，π_2，…，π_{n-m}之间的函数关系。

虹吸廊道体型参数、外海水位和真空泵性能等均是影响虹吸形成的因素，经分析虹吸流的形成过程主要与下列物理量有关：水体密度ρ，重力加速度g，动力粘度μ，虹吸段流

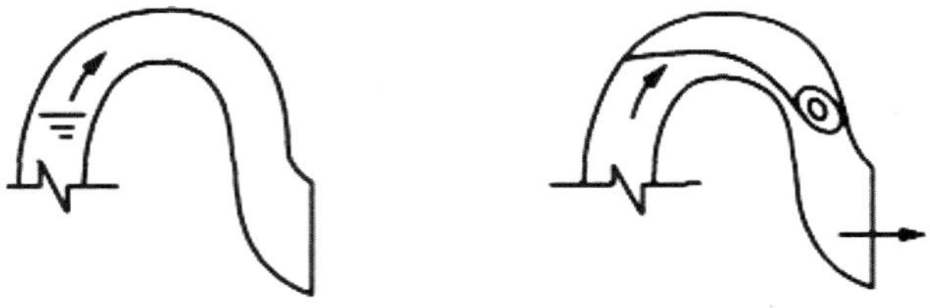

图 8-1　虹吸形成过程图

速 v，虹吸段当量直径 d，海水位至驼峰底的高差 h，真空泵有效抽速 Se，虹吸段空气压强与大气压强差值 ΔP。

记 f 为描述虹吸过程的函数，依据 π 定理的定义，可以得到：

$$f(\rho,\ g,\ \mu,\ \nu,\ d,\ h,\ Se,\ \Delta P,\ t)=0 \tag{8-1}$$

从虹吸过程中选取 3 个具有相互独立量纲的物理量作为基本量纲：动力学量 $[\rho]=L^{-3}T^0M^1$；运动学量 $[v]=L^1T^{-1}M^0$；几何学量 $[d]=L^1T^0M^0$。根据这 3 个基本物理量，使用式（8-1）对其他物理量进行无量纲化，构造无量纲参数：

$$\pi_i=\frac{x_i}{\rho^{a_i}v^{b_i}d^{c_i}} \tag{8-2}$$

由 $[g]=L^1T^{-2}M^0$ 可得方程（8-3）：

$$\begin{cases}L:\ 1=-3a_1+b_1+c_1\\ T:\ -2=-b_1\\ M:\ 0=a_1\end{cases} \tag{8-3}$$

解得：$a_1=0$，$b_1=2$，$c_1=-1$，则无量纲参数 $\pi_1=gd/v^2$。

由 $[\mu]=L^{-1}T^{-1}M^1$ 可得方程（8-4）：

$$\begin{cases}L:\ -1=-3a_2+b_2+c_2\\ T:\ -1=-b_2\\ M:\ 1=a_2\end{cases} \tag{8-4}$$

解得：$a_2=1$，$b_2=1$，$c_2=1$，则无量纲参数 $\pi_2=\mu/(\rho vd)$。

由 $[h]=L^1T^0M^0$ 可得方程（8-5）：

$$\begin{cases}L:\ 1=-3a_3+b_3+c_3\\ T:\ 0=-b_3\\ M:\ 0=a_3\end{cases} \tag{8-5}$$

解得：$a_3=0$，$b_3=0$，$c_3=1$，则无量纲参数 $\pi_3=h/d$。

由 $[Se]=L^3T^{-1}M^0$ 可得方程（8-6）：

$$\begin{cases} L: 3 = -3a_4 + b_4 + c_4 \\ T: -1 = -b_4 \\ M: 0 = a_4 \end{cases} \tag{8-6}$$

解得：$a_4 = 0$，$b_4 = 1$，$c_4 = 2$，则无量纲参数 $\pi_4 = Se/(vd^2)$。

由 $[\Delta P] = L^{-1}T^{-2}M^1$ 可得方程（8-7）：

$$\begin{cases} L: -1 = -3a_5 + b_5 + c_5 \\ T: -2 = -b_5 \\ M: 1 = a_5 \end{cases} \tag{8-7}$$

解得：$a_5 = 1$，$b_5 = 2$，$c_5 = 0$，则无量纲参数 $\pi_5 = \Delta P/(\rho v^2)$。

由 $[t] = L^0T^1M^0$ 可得方程（8-8）：

$$\begin{cases} L: 0 = -3a_6 + b_6 + c_6 \\ T: 1 = -b_6 \\ M: 0 = a_6 \end{cases} \tag{8-8}$$

解得：$a_6 = 0$，$b_6 = -1$，$c_6 = 1$，则无量纲参数 $\pi_6 = tv/d$。

则描述虹吸过程的函数 f 可以变换成包含 6 个无量纲参数的函数 φ：

$$\varphi(\pi_1, \pi_2, \pi_3, \pi_4, \pi_5, \pi_6) = \varphi\left(\frac{gd}{v^2}, \frac{\mu}{\rho vd}, \frac{h}{d}, \frac{Se}{vd^2}, \frac{\Delta P}{\rho v^2}, \frac{tv}{d}\right) = 0 \tag{8-9}$$

8.1.2　无量纲参数分析

下面分别对函数 φ 中的 6 个无量纲参数进行分析。

1）无量纲数 gd/v^2

对此参数进行变换可得：

$$\frac{gd}{v^2} = \frac{gh}{v^2} \cdot \frac{d}{h} = \frac{1}{\left(\frac{v}{\sqrt{gh}}\right)^2} \cdot \frac{d}{h} = \frac{1}{Fr^2} \cdot \frac{d}{h} \tag{8-10}$$

式中，Fr 为 Froude 数，根据灌水廊道模型试验按照重力相似准则建立，即原型与模型的 Froude 数相同。对于 d/h，因为原模型之间保持几何相似，故有 $d_r/h_r = d_m/h_m = \lambda$，式中下标 r 和 m 分别代表原型和模型，λ 为几何比尺。

2）无量纲数 $\mu/\rho vd$

对此参数进行变换可得：

$$\frac{\mu}{\rho vd} = \frac{1}{Re} \tag{8-11}$$

式中，Re 为 Reynolds 数，模型试验中水流处于阻力平方区，在这个区间水流的运动规律与 Reynolds 数无关，不必保持 Reynolds 数相似。

3）无量纲数 h/d

原模型之间保持几何相似，与 gd/v^2 分析中的 d/h 相同。

4）无量纲数 $Se/(vd^2)$

对此参数进行变换可得：

$$\frac{Se}{vd^2}=Se\cdot\frac{\sqrt{gh}}{v}\cdot\frac{1}{\sqrt{gh}}\cdot\frac{1}{d^2}=Se\frac{1}{Fr}\frac{1}{g^{0.5}h^{0.5}d^2} \quad (8-12)$$

由于模型和原型都处于重力环境下，g 值没有影响，且原型与模型的 Froude 数相同。考虑到 $d_r/d_m=h_r/h_m=\lambda$，如原型与模型的 $Se/(vd^2)$ 相等，须有 $Se_r=\lambda^{2.5}Se_m$，即模型真空泵的有效抽速为原型真空泵的 $1/\lambda^{2.5}$。

5）无量纲数 tv/d

对此参数进行变换可得：

$$\frac{tv}{d}=t\cdot\frac{v}{\sqrt{gh}}\cdot\sqrt{gh}\cdot\frac{1}{d}=tFrg^{0.5}h^{0.5}d^{-1} \quad (8-13)$$

分析类似于 $Se/(vd^2)$，须有 $t_r=\lambda^{0.5}t_m$，即虹吸形成的时间比尺为 $\lambda^{0.5}$，原型与模型的 tv/d 才能相等。

6）无量纲数 $\Delta P/(\rho v^2)$

对此参数进行变换可得：

$$\frac{\Delta P}{\rho v^2}=\frac{gh}{v^2}\cdot\frac{\Delta P}{\rho gh}=\frac{1}{Fr^2}\frac{\Delta P}{\rho gh} \quad (8-14)$$

式中，$\Delta P/(\rho v^2)$ 即 Euler 数，将 $\Delta P/(\rho v^2)$ 分为 Froude 数和 $\Delta P/(\rho gh)$ 两部分来讨论。原型与模型的 Froude 数相同，$\Delta P/(\rho gh)$ 的分析比较复杂，需依据廊道虹吸形成的两个阶段来分别讨论，具体如下。

（1）水面上升阶段

当真空泵开始抽气后，虹吸段水位在压差 ΔP 的作用下上升，分别在灌水廊道原型和模型上进行分析。

在原型灌水廊道中，真空泵有效抽速为 Se_r，一般来说，油封机械泵等在大气压到 100 Pa 时抽速近似不变，在本节分析中将 Se 看作常数。以真空泵开启为初始时刻，虹吸段空气压强与环境压强相等，均为 P_r^1，体积为 V_r^1；设在 T_r 时刻形成堰流，此刻虹吸段压强为 P_r^2，体积为 V_r^2；由真空泵排出的气体的压强为 P_3，体积为 V_r^3，期间虹吸段气体压强变化曲线为 $P_r(t)$。由气体状态方程可得：

$$P_r^1V_r^1-P_r^2V_r^2=P_3V_r^3 \quad (8-15)$$

$$P_3V_r^3=Se_r\int_0^{Tr}P_r(t)\,\mathrm{d}t \quad (8-16)$$

联立式（8-15）和式（8-16）可得：

$$P_r^1 V_r^1 - P_r^2 V_r^2 = Se_r \int_0^{Tr} P_r(t)\,\mathrm{d}t \tag{8-17}$$

由于水面上升较慢，引入一个重要假定即虹吸段空气压强线性变化，则有：

$$P_r^1 V_r^1 - P_r^2 V_r^2 = Se_r\, T_r \frac{P_r(0) + P_r(T_r)}{2} \tag{8-18}$$

即

$$P_r^1 V_r^1 - P_r^2 V_r^2 = Se_r\, T_r \frac{P_r^1 + P_r^2}{2} \tag{8-19}$$

解得堰流形成时，原型廊道虹吸段空气压强：

$$P_r^2 = \frac{2P_r^1 V_r^1 - T_r Se_r P_r^1}{T_r Se_r + 2V_r^2} \tag{8-20}$$

则原型廊道虹吸段的空气压强与环境压强之差：

$$\Delta P_r = P_r^1 - P_r^2 = \frac{P_r^1 T_r Se_r + 2 P_r^1 V_r^2 - 2P_r^1 V_r^1 + T_r Se_r P_r^1}{T_r Se_r + 2V_r^2} \tag{8-21}$$

在模型灌水廊道中，真空泵抽速为 Se_m，同样以真空泵开启为初始时刻，驼峰段空气压强为 P_m^1，体积为 V_m^1；设在 T_m 时刻形成堰流，此时虹吸段压强为 P_m^2，体积为 V_m^2，期间的压强变化曲线为 $P_m(t)$。同理可得堰流形成时，模型虹吸段空气压强：

$$P_m^2 = \frac{2P_m^1 V_m^1 - T_m Se_m P_m^1}{T_m Se_m + 2V_m^2} \tag{8-22}$$

则模型廊道虹吸段的空气压强与环境压强之差：

$$\Delta P_m = P_m^1 - P_m^2 = \frac{P_m^1 T_m Se_m + 2P_m^1 V_m^2 - 2P_m^1 V_m^1 + T_m Se_m P_m^1}{T_m Se_m + 2V_m^2} \tag{8-23}$$

使 $\Delta P_r/(\rho g h_r) = \Delta P_m/(\rho g h_m)$，则有：

$$\frac{P_r^1 T_r Se_r + 2 P_r^1 V_r^2 - 2P_r^1 V_r^1 + T_r Se_r P_r^1}{h_r(T_r Se_r + 2V_r^2)} = \frac{P_m^1 T_m Se_m + 2P_m^1 V_m^2 - 2P_m^1 V_m^1 + T_m Se_m P_m^1}{h_m(T_m Se_m + 2V_m^2)} \tag{8-24}$$

由于模型和原型几何相似，有 $V_r^1 = \lambda^3 V_m^1$，$V_r^2 = \lambda^3 V_m^2$，$h_r = \lambda h_m$，式（8-24）可写为：

$$\frac{P_r^1 T_r Se_r + 2 P_r^1 V_r^2 - 2P_r^1 V_r^1 + T_r Se_r P_r^1}{(T_r Se_r + 2V_r^2)} = \frac{\lambda\left(P_m^1 T_m Se_m + 2P_m^1 \dfrac{V_r^2}{\lambda^3} - 2P_m^1 \dfrac{V_r^1}{\lambda^3} + T_m Se_m P_m^1\right)}{\left(T_m Se_m + 2\dfrac{V_r^2}{\lambda^3}\right)} \tag{8-25}$$

进一步化简可得：

$$\frac{P_r^1 T_r Se_r + 2 P_r^1 V_r^2 - 2P_r^1 V_r^1 + T_r Se_r P_r^1}{(T_r Se_r + 2V_r^2)}$$

$$= \frac{(\lambda^4 P_m^1 T_m Se_m + 2\lambda P_m^1 V_r^2 - 2\lambda P_m^1 V_r^1 + \lambda^4 T_m Se_m P_m^1)}{(\lambda^3 T_m Se_m + 2V_r^2)} \tag{8-26}$$

可以看出如果式（8-26）成立，则有：

$$P_r^1 = \lambda P_m^1 \tag{8-27}$$

$$T_r Se_r = \lambda^3 T_m Se_m \tag{8-28}$$

式（8-27）表示模型廊道的初始压强应为原型廊道的 $1/\lambda$，由于原型灌水在大气压强 P_a 下运行，模型试验只有在 $P_m^1 = P_a/\lambda$ 的减压环境下运行，原型廊道和模型廊道的无量纲参数 $\Delta P/(\rho gh)$ 才能相等。对于式（8-28），在上面的分析中已得出两个相似关系：$t_r = \lambda^{0.5} t_m$ 和 $Se_r = \lambda^{2.5} Se_m$，因此式（8-28）自动成立。

综上所述，对于水面上升阶段，在模型廊道中环境压强须为 $1/\lambda$ 大气压强，模型真空泵的有效抽速须为原型真空泵的 $1/\lambda^{2.5}$，才能得到真实的虹吸形成时间预报值。

（2）水力挟气阶段

此阶段驼峰处仍有残存空气，但虹吸流动已近似稳定，可认为虹吸段水流为恒定流，在驼峰和海水面之间建立伯努利方程：$P_2 + \alpha\rho v^2/2 + \rho gh = P_a$，可导出 $\Delta P/\rho gh = -[\alpha(v/\sqrt{gh})^2]/2 - 1$，从式中可以看出在水力挟气阶段 $\Delta P/(\rho gh)$ 取决于 Froude 数，因此在重力相似准则下，原型和模型中的 $\Delta P/(\rho gh)$ 是自动相等的。

8.2 虹吸形成时间的理论模型

通过上面的量纲分析得出，在模型试验测得的虹吸形成时间与原型相似须在减压环境中进行。但是减压模型试验成本高昂且难以实现，而虹吸形成过程可以看作廊道内外压差下的水面上升过程，如能建立廊道虹吸形成过程的理论模型，可为虹吸灌水廊道工程中真空泵的选型带来很大方便。

8.2.1 理论模型的建立

由于虹吸形成过程中水力挟气阶段时间相对较短且更为复杂，因此理论模型的建立只考虑了水面上升阶段。另外忽略了真空系统管路的流导，认为真空泵有效抽速与名义抽速相等。

如图 8-2 所示，初始状态灌水廊道虹吸段的压强和体积以 P_0，V_0 表示。当真空泵启动之后，真空系统即对灌水廊道抽气，虹吸段左侧水位和下行段水位同时上升。真空泵的有效抽速以 Se 表示，在某时刻 t，廊道中的气体压强为 P，体积为 V，下行段上升水体的体积为 V_1，虹吸段上升水体的体积为 V_2。单位时间 dt 系统所排出的气体流量即是 SeP，廊道内的气体减少量 $\mathrm{d}(PV)/\mathrm{d}t$。可列出如下方程：

$$\frac{\mathrm{d}(PV)}{\mathrm{d}t} = -SeP \tag{8-29}$$

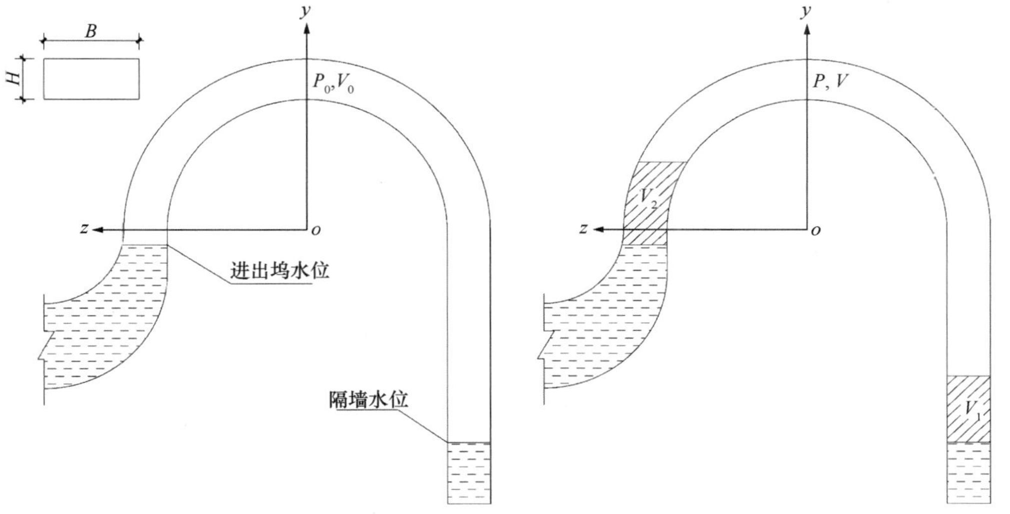

图 8-2　虹吸水面上升示意图

考虑到 $V_0 = V + V_1 + V_2$ ，则有：

$$\frac{\mathrm{d}[P(V_0 - V_1 - V_2)]}{\mathrm{d}t} = -SeP \tag{8-30}$$

式中，V_0 为虹吸廊道内，驼峰底所在水平面以下，与设计水位及隔墙水位所围成的体积。

式（8-30）展开可得：

$$V_0\frac{\mathrm{d}P}{\mathrm{d}t} - P\frac{\mathrm{d}V_1}{\mathrm{d}t} - V_1\frac{\mathrm{d}P}{\mathrm{d}t} - P\frac{\mathrm{d}V_2}{\mathrm{d}t} - V_2\frac{\mathrm{d}P}{\mathrm{d}t} = -SeP \tag{8-31}$$

考虑到真空吸气过程中水流上升速度较慢，为简化分析，引入 3 个假设：①即将进入廊道的水体初速为 0；②不计廊道内空气的运动，认为其压强均匀变化；③忽略隔墙内水位的下降，则对上升水体进行受力分析可得：

$$\frac{\mathrm{d}(mv)}{\mathrm{d}t} = F \tag{8-32}$$

式中，m 为上升水体的质量；v 为水体的上升速度；F 为水体受力。

由于下行段为垂直等截面柱体，截面积不变，则水体上升速度 v_1 为

$$v_1 = \frac{\mathrm{d}h}{\mathrm{d}t} = \frac{\mathrm{d}\left(\frac{V_1}{S}\right)}{\mathrm{d}t} = \frac{1}{S}\frac{\mathrm{d}V_1}{\mathrm{d}t} \tag{8-33}$$

式中，h 为水体高度；S 为下行段截面积。

水体质量 m_1 为

$$m_1 = \rho V_1 \tag{8-34}$$

水体受力 F 即为水体底部与廊道内压差力和重力的合力：

$$F = P_d^1 S - m_1 g - PS \tag{8-35}$$

式中，P_d^1 为虹吸段上升水体底部压强，不计沿程阻力，在海水面和水体底部列伯努利方程计算：

$$P_d^1 = P_a - \frac{1}{2}\rho v_1^2 - \frac{\xi_1}{2}\rho v_1^2 \tag{8-36}$$

式中，P_a 为大气压强，取值 1.01×10^5 Pa；ξ_1 为海水面至上升水体底部的局部阻力系数。

将式（8−33）、式（8−35）和式（8−36）代入式（8−32）：

$$\rho V_1 \cdot \frac{1}{S}\frac{\mathrm{d}^2 V_1}{\mathrm{d}t^2} + \frac{\rho}{S}\left(\frac{\mathrm{d}V_1}{\mathrm{d}t}\right)^2 = \left[P_a - \frac{1}{2}\rho(1+\xi_1)\left(\frac{1}{S}\frac{\mathrm{d}V_1}{\mathrm{d}t}\right)^2\right]S - \rho V_1 g - PS \tag{8-37}$$

化简可得：

$$\frac{\rho}{S}\left[V_1\frac{\mathrm{d}^2 V_1}{\mathrm{d}t^2} + \left(\frac{3+\xi_1}{2}\right)\left(\frac{\mathrm{d}V_1}{\mathrm{d}t}\right)^2\right] = P_a S - \rho V_1 g - PS \tag{8-38}$$

对于虹吸段上升水体，其过流水平截面积是变化的。为便于计算，以虹吸段圆心为原点建立坐标系，如图 8−3 所示。

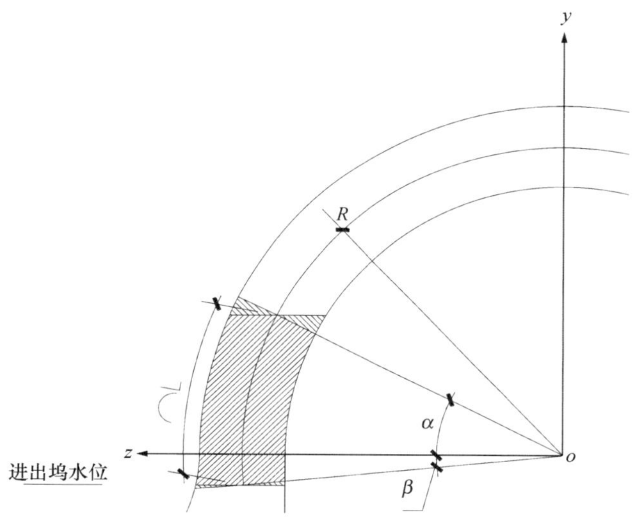

图 8−3　虹吸上行段示意图

近似将上升水体看作圆心角为 $\alpha-\beta$，截面为矩形的环状水体；其中 α 为连接上升水体表面中点和坐标原点的线段与 Z 轴的夹角，β 为连接初始水面中点和坐标原点的线段与 Z 轴的夹角，α 和 β 均以弧度表示，当进出坞水位位于 Z 轴下方时，β 为负值。其水体切向推进速度 v_2 可表示为

$$v_2 = \frac{\mathrm{d}l}{\mathrm{d}t} = \frac{\mathrm{d}\left(\frac{V_2}{S}\right)}{\mathrm{d}t} = \frac{1}{S}\frac{\mathrm{d}V_2}{\mathrm{d}t} \tag{8-39}$$

式中，l 为水体弧长；S 为径向截面积，与下行段截面积相等。

圆心角为 θ 的水体体积可写为 $R\theta S$，其中 R 为虹吸段中心线半径，该水体重力的切向分力为 $\rho R\theta Sg\cos\theta$，则水体 V_2 的重力的切向分力 $G_{切}$ 可写为

$$G_{切} = \int_{\beta}^{\alpha} \rho RSg\cos\theta \mathrm{d}\theta \tag{8-40}$$

式中，g 为重力加速度，取值 9.81 m/s^2；ρ 为水体密度，取值 998.2 kg/m^3。

考虑到虹吸段水体体积 $V_2 = lS = RS(\alpha - \beta)$，则水体 V_2 的重力切向分力记为：$\int_{\beta}^{\frac{V_2}{RS}+\beta} \rho RSg\cos\theta \mathrm{d}\theta$。

下行段上升水体底部压强：

$$P_d^2 = P_a - \frac{1}{2}\rho v_2^2 - \frac{\xi_2}{2}\rho v_2^2 \tag{8-41}$$

式中，ξ_2 为消能段隔墙水面至下行段上升水体底部的局部阻力系数。

同理，对 V_2 在切向列受力平衡方程有：

$$\rho V_2 \cdot \frac{1}{S}\frac{\mathrm{d}^2 V_2}{\mathrm{d}t^2} + \frac{\rho}{S}\left(\frac{\mathrm{d}V_2}{\mathrm{d}t}\right)^2 = \left[P_a - \frac{1}{2}\rho(1+\xi_2)\left(\frac{1}{S}\frac{\mathrm{d}V_2}{\mathrm{d}t}\right)^2\right]S - \int_{\beta}^{\frac{V_2}{RS}+\beta} \rho RSg\cos\theta \mathrm{d}\theta - PS \tag{8-42}$$

化简可得：

$$\frac{\rho}{S}\left[V_2\frac{\mathrm{d}^2 V_2}{\mathrm{d}t^2} + \left(\frac{3+\xi_2}{2}\right)\left(\frac{\mathrm{d}V_2}{\mathrm{d}t}\right)^2\right] = P_a S - \rho RSg\left[\sin\left(\frac{V_2}{RS}+\beta\right) - \sin\beta\right] - PS \tag{8-43}$$

式（8-31）两侧对 t 求导得：

$$V_0\frac{\mathrm{d}^2 P}{\mathrm{d}t^2} - 2\frac{\mathrm{d}P}{\mathrm{d}t}\frac{\mathrm{d}V_1}{\mathrm{d}t} - P\frac{\mathrm{d}^2 V_1}{\mathrm{d}t^2} - V_1\frac{\mathrm{d}^2 P}{\mathrm{d}t^2} - 2\frac{\mathrm{d}P}{\mathrm{d}t}\frac{\mathrm{d}V_2}{\mathrm{d}t} - P\frac{\mathrm{d}^2 V_2}{\mathrm{d}t^2} - V_2\frac{\mathrm{d}^2 P}{\mathrm{d}t^2} = -Se\frac{\mathrm{d}P}{\mathrm{d}t} \tag{8-44}$$

式（8-44）为水体的状态方程，可与水体运动方程（8-38）、式（8-43）组成二阶微分方程组：

$$\begin{cases} V_0\dfrac{\mathrm{d}^2 P}{\mathrm{d}t^2} - 2\dfrac{\mathrm{d}P}{\mathrm{d}t}\dfrac{\mathrm{d}V_1}{\mathrm{d}t} - P\dfrac{\mathrm{d}^2 V_1}{\mathrm{d}t^2} - V_1\dfrac{\mathrm{d}^2 P}{\mathrm{d}t^2} - 2\dfrac{\mathrm{d}P}{\mathrm{d}t}\dfrac{\mathrm{d}V_2}{\mathrm{d}t} - P\dfrac{\mathrm{d}^2 V_2}{\mathrm{d}t^2} - V_2\dfrac{\mathrm{d}^2 P}{\mathrm{d}t^2} = -Se\dfrac{\mathrm{d}P}{\mathrm{d}t} \\ \dfrac{\rho}{S}\left[V_1\dfrac{\mathrm{d}^2 V_1}{\mathrm{d}t^2} + \left(\dfrac{3+\xi_1}{2}\right)\left(\dfrac{\mathrm{d}V_1}{\mathrm{d}t}\right)^2\right] = P_a S - \rho V_1 g - PS \\ \dfrac{\rho}{S}\left[V_2\dfrac{\mathrm{d}^2 V_2}{\mathrm{d}t^2} + \left(\dfrac{3+\xi_2}{2}\right)\left(\dfrac{\mathrm{d}V_2}{\mathrm{d}t}\right)^2\right] = P_a S - \rho RSg\left[\sin\left(\dfrac{V_2}{RS}+\beta\right) - \sin\beta\right] - PS \end{cases} \tag{8-45}$$

其中，待求未知量为廊道压强 P，下行段上升水体体积 V_1，虹吸段上升水体体积 V_2。为方便求解，将二阶微分方程组降阶为一阶微分方程组。

选择一组状态变量 $x_1 = P$，$x_2 = \mathrm{d}P/\mathrm{d}t$，$x_3 = V_1$，$x_4 = \mathrm{d}V_1/\mathrm{d}t$，$x_5 = V_2$，$x_6 = \mathrm{d}V_2/\mathrm{d}t$，此二阶微分方程组可写为：

$$\frac{\mathrm{d}x_1}{\mathrm{d}t}=x_2$$

$$\frac{\mathrm{d}x_2}{\mathrm{d}t}=\frac{(x_3+x_5)(2S^2x_1^2-2P_aS^2x_1)+3\rho x_1(x_3x_6^2+x_5x_4^2)+2\rho x_3x_5(Sex_2+Sgx_1)}{2\rho x_5x_3^2+2\rho x_3x_5^2-2V_0\rho x_3x_5}$$
$$+\frac{\rho x_1(\xi_1x_5x_4^2+\xi_2x_3x_6^2)+2RS^2g\rho x_1x_3\left[\sin\left(\theta+\dfrac{x_5}{RS}\right)-\sin\theta\right]-4\rho x_2x_3x_5(x_4+x_6)}{2\rho x_5x_3^2+2\rho x_3x_5^2-2V_0\rho x_3x_5}$$

$$\frac{\mathrm{d}x_3}{\mathrm{d}t}=x_4$$

$$\frac{\mathrm{d}x_4}{\mathrm{d}t}=\frac{2P_aS^2-2S^2x_1-3\rho x_4^2-\xi_1\rho x_4^2-2Sg\rho x_3}{2\rho x_3}$$

$$\frac{\mathrm{d}x_5}{\mathrm{d}t}=x_6$$

$$\frac{\mathrm{d}x_6}{\mathrm{d}t}=\frac{2P_aS^2-2S^2x_1-3\rho x_6^2-\xi_2\rho x_6^2-2RS^2g\rho[\sin(x_5/RS+\beta)-\sin\beta]}{2\rho x_5}\tag{8-46}$$

给定一阶方程组中的 P，$\mathrm{d}P/\mathrm{d}t$，V_1，$\mathrm{d}V_1/\mathrm{d}t$，$V_2$ 和 $\mathrm{d}V_2/\mathrm{d}t$ 的初值，即可通过求解方程组，得出廊道内空气压强和上升水体体积的变化曲线。由于虹吸段水体先抵达驼峰并形成过流，以水体 V_2 抵达驼峰底为判别标准停止计算，则此时间 t 即为虹吸形成时间。方程组的求解使用 MATLAB 的 ode45 模块。

8.2.2 实验验证

由于缺乏虹吸形成时间的原型观测数据，且新建模型廊道成本较高，因此使用一简化实验对虹吸形成时间的理论模型进行了定性验证。

实验装置见图 8-4 所示，使用一底面积为 0.045 m^{2}的水桶，桶口倒扣没入水槽中，桶底距水面约 0.20 m，相应的 $V_0=9.04\times10^{-3}$ m^3。在桶底开孔安装 DJ800 测量系统的压力传感器，并使用塑料软管连接水环式真空泵，真空泵抽速为 1.67×10^{-4} m^3/s。

桶内水体的上升过程与下行段水体类似，由于没有虹吸段水体，因此方程组（8-45）简化为

$$\begin{cases}V_0\dfrac{\mathrm{d}^2P}{\mathrm{d}t^2}-2\dfrac{\mathrm{d}P}{\mathrm{d}t}\dfrac{\mathrm{d}V_1}{\mathrm{d}t}-P\dfrac{\mathrm{d}^2V_1}{\mathrm{d}t^2}-V_1\dfrac{\mathrm{d}^2P}{\mathrm{d}t^2}=-Se\dfrac{\mathrm{d}P}{\mathrm{d}t}\\ \dfrac{\rho}{S}\left[V_1\dfrac{\mathrm{d}^2V_1}{\mathrm{d}t^2}+\left(\dfrac{3+\xi_1}{2}\right)\left(\dfrac{\mathrm{d}V_1}{\mathrm{d}t}\right)^2\right]=P_aS-\rho V_1g-PS\end{cases}\tag{8-47}$$

图 8-5 为 $P-t$ 曲线的实测值与计算值的对比。在计算中经过 53 s，$V_1=V_0$，即水体在真空作用下已充满水桶。开启真空泵后实测 47 s 后，塑料管出现水体，认为桶内水面到达桶底，关闭真空泵。可以看出水体充满时间计算值与实测值较为接近。此外计算终止时桶内空气压强为 99 366 Pa，与水即将充满水桶时实测压强 99 415 Pa 相差很小。

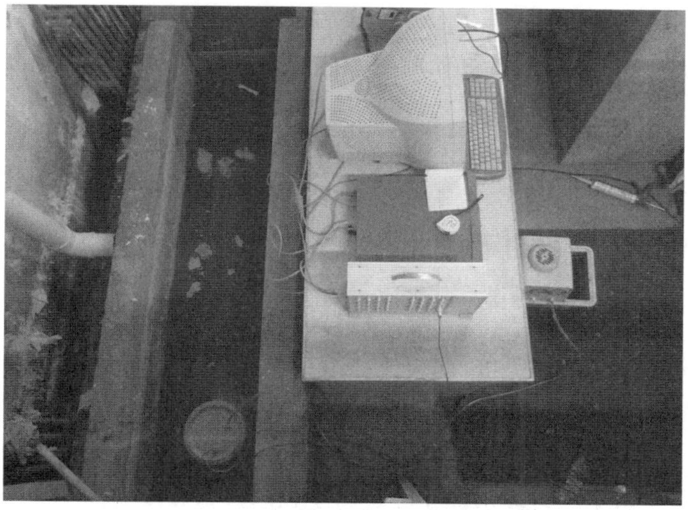

图 8-4　实验装置图

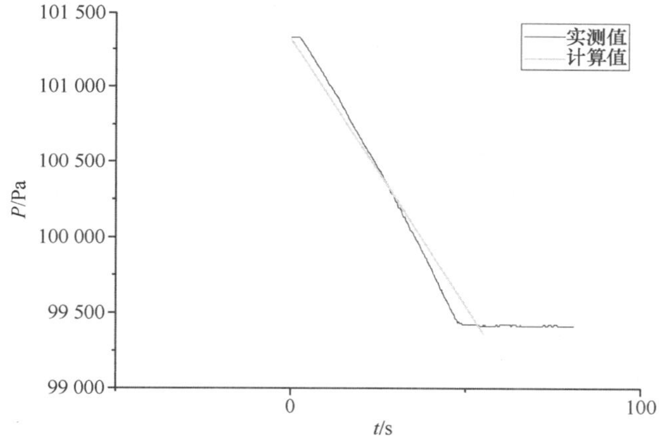

图 8-5　P-t 曲线对比

尽管实验较为简单，但是水体上升时间和水体充满水桶时的压强值的对比分析，均可表明虹吸形成时间的理论模型是可靠的。

8.2.3　虹吸形成时间理论模型的应用与分析

工程概况，隔墙水位为−6.20 m。真空泵拟选用 SW−600Ⅲ型两段式水封式真空泵，抽速 10 000 L/min，约合 0.17 m^3/s，极限真空压力 2.30×10^3 Pa。

根据上述工况得出方程组中的参数如下：$S=5.63\ m^2$，$R=5.00$ m。通过几何运算可求出，$V_0=92.42\ m^3$，$\beta=0.27$，进出坞水位以上，驼峰底高程以下的廊道虹吸段左侧体积为 22.53 m^3。

方程组中初值给定如下：$P_0 = P_a = 1.01\times10^5$ Pa，为提高收敛速度，给定 V_1 和 V_2 一小量，$V_1 = V_2 = 1.00\times10^{-3}$ m³，认为初始时刻水体上升速度为 0，即 $dV_1/dt = dV_2/dt = 0$，将上述初值连同 Se、V_0 代入式（8-31），可求得 $dP/dt = -182.50$ Pa/s。以虹吸段水体到达驼峰底为计算终止条件，即 $V_2 = 22.53$ m³时计算终止。

使用 MATLAB 求解方程组可得，当 $t = 390.45$ s 时，虹吸段上升水体水面达到驼峰底，计算终止。此时廊道内压强 $P_2 = 7.11\times10^4$ Pa，下行段水体体积 $V_1 = 17.18$ m³，其水位约上升 3.05 m。

图 8-6 至图 8-11 为虹吸段压强 P，压强变化率 dP/dt，下行段水体 V_1，下行段水体变化率 dV_1/dt，虹吸段水体 V_2 和虹吸段水体变化率 dV_2/dt 6 个状态变量与时间 t 的关系曲线。从图 8-6、图 8-8 和图 8-10 中可以看出，此组工况下 l、V_1 和 V_2 与 t 接近于线性关系，尤其是 $P-t$ 关系曲线，结合图 8-7 可以看出，其基本是一条斜率为-77.73，截距为 1.01×10^5的直线段。由于下行段水体在竖直向受到压差力和反方向的重力作用，相较之下虹吸段水体在流向上受到的是压差力和反方向的重力切向分力，虹吸段水体所受合力更大使其具有更快的推进速度。且其重力切向分力的表达式为 $\rho RSg\left[\sin\left(\frac{V_2}{RS}+\beta\right)-\sin\beta\right]$，可以看出，是随着水面的上升即 V_2 的增大逐渐减小的（工程中 $\frac{V_2}{RS}+\beta<\frac{\pi}{2}$），这就造成 V_2 的推进速度逐渐加快，因此如图 8-11 所示，dV_2/dt 是随 t 增大的。对于下行段水体，受 P 下降速减小的影响，其上升速度是减小的，即如图 8-9 所示，dV_1/dt 是随 t 减小的。

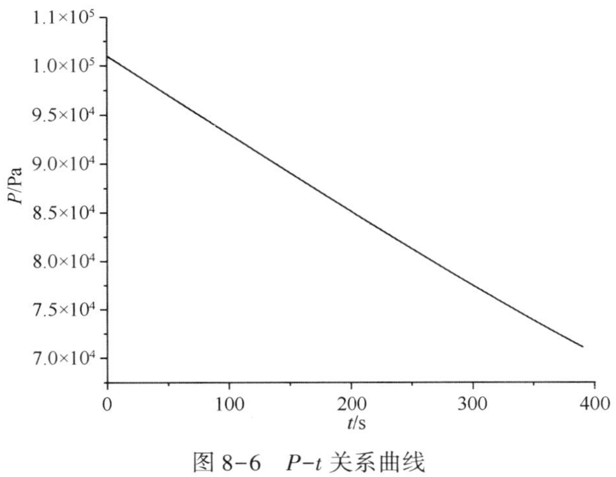

图 8-6　$P-t$ 关系曲线

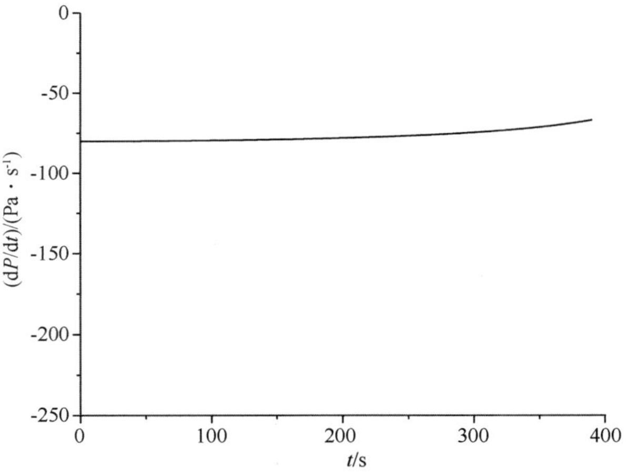

图 8-7　$dP/dt-t$ 关系曲线

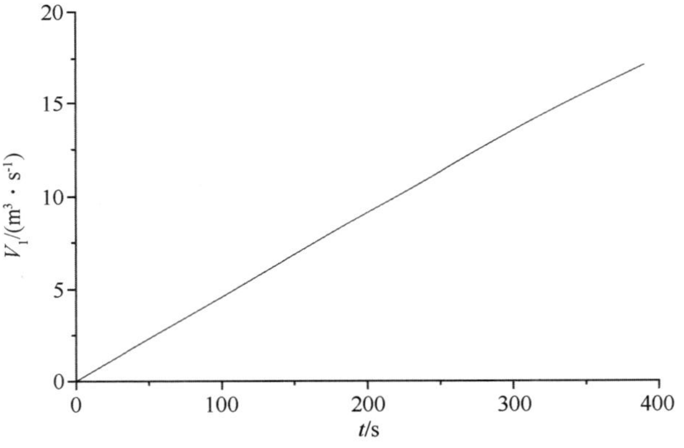

图 8-8　V_1-t 关系曲线

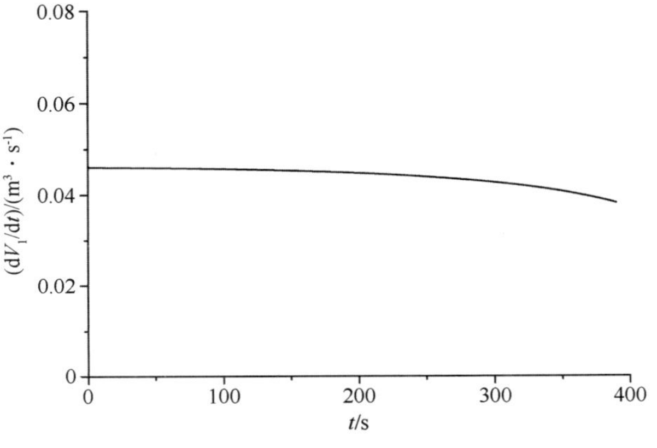

图 8-9　$dV_1/dt-t$ 关系曲线

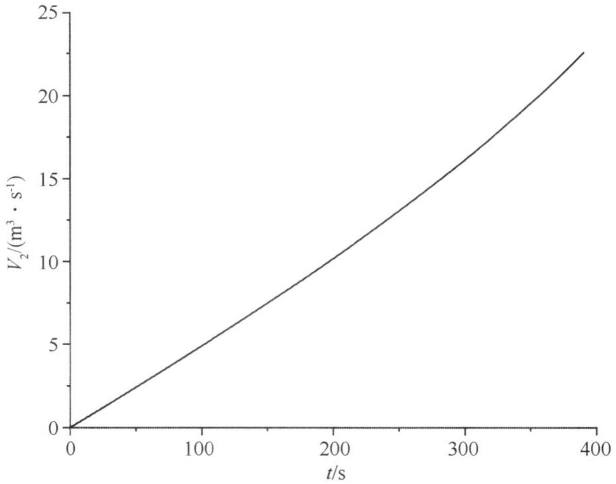

图 8-10　V_2-t 关系曲线

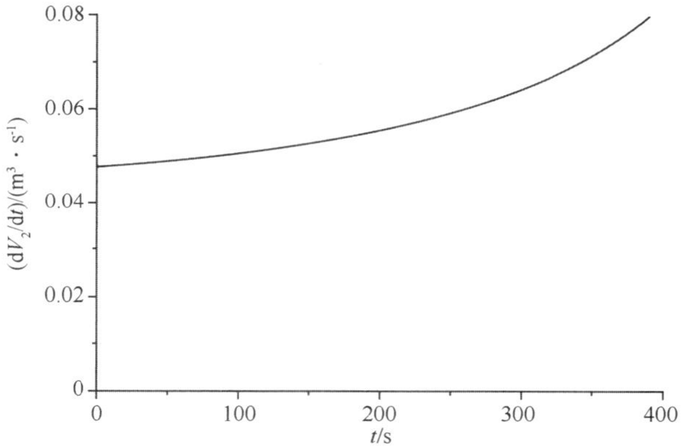

图 8-11　dV_2/dt-t 关系曲线

8.3　理论模型对相似分析结论的验证

从前面的相似分析中得出结论，在模型试验测得的虹吸形成时间与原型相似，即 $t_m = \lambda^{-0.5} t_r$，须满足两个要求：①试验在压强为 P_a/λ 的减压环境进行；②模型真空泵的有效抽速须为原型真空泵的 $1/\lambda^{2.5}$。由于条件所限无法进行虹吸形成的减压试验，且缺乏原型测量数据。尝试使用理论模型对上述结论进行了分析，也可进一步验证理论模型的正确性。

表 8-1 给出了使用理论模型计算出的不同几何比尺的模型廊道虹吸形成时间，环境压强 P_1 及真空泵抽速 Se 的取值均满足上述相似关系。表 8-1 中 $\lambda = 1$ 对应原型廊道，$\lambda = 16$ 为在廊道模型试验中通常使用的比尺。

表 8-1　不同比尺下的虹吸形成时间计算值

λ	V_0/m^3	V_2/m^3	P_1/Pa	$Se/(m^3\cdot s^{-1})$	t/s
1	92.42	22.53	1.01×10^5	0.17	390.45
3	3.43	0.83	3.37×10^4	1.07×10^{-2}	225.47
5	0.74	0.18	2.02×10^4	2.99×10^{-3}	174.55
8	0.18	4.40×10^{-2}	1.26×10^4	9.23×10^{-4}	137.96
12	5.35×10^{-2}	1.30×10^{-2}	8.42×10^3	3.35×10^{-4}	112.29
16	2.26×10^{-2}	5.50×10^{-3}	6.31×10^3	1.63×10^{-4}	96.97

为便于分析，将模型虹吸形成时间数据与曲线 $t_m=\lambda^{-0.5}t_r$ 绘制于图 8-12 中，式中 t_r 为原型廊道虹吸形成时间，即 390.45 s。可以看出不同比尺模型的时间计算值基本落在曲线 $t_m=\lambda^{-0.5}t_r$ 上，这表明由相似分析得出的操作压强比尺和真空泵抽速比尺是正确的。

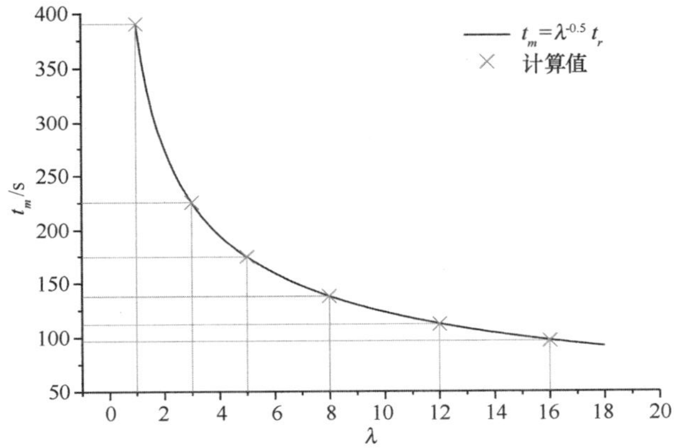

图 8-12　不同比尺下的虹吸形成时间计算值对比

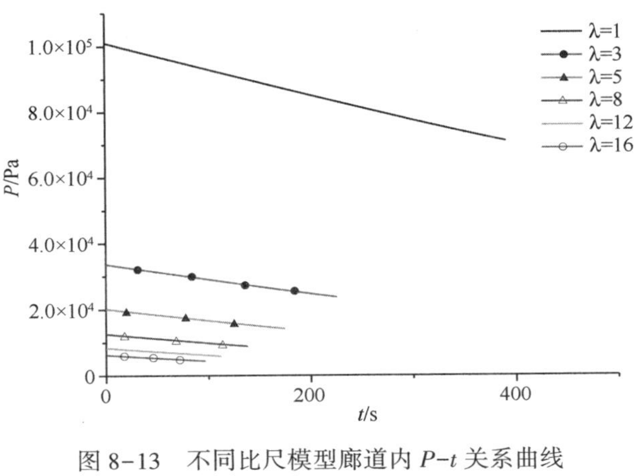

图 8-13　不同比尺模型廊道内 $P-t$ 关系曲线

图 8-13 为不同比尺模型廊道内压强与时间的关系曲线，为斜率基本相同的直线段，表明在 π 定理分析过程中引入的压强线性变化假定是合理的。图 8-13 还表明，如果环境压强即初始压强满足 $1/\lambda$ 大气压强的比尺要求，则在虹吸形成过程中虹吸段压强是时刻满足此比尺的。

8.4 小结

虹吸灌水廊道的虹吸形成时间对船坞灌水系统的高效运行有着重要意义，一般是通过水力模型试验的方法来研究虹吸形成过程，模型和原型之间必须遵循一定的相似条件，才能保证原模型中虹吸形成时间相似。通过使用 π 定理对灌水廊道的虹吸形成过程进行量纲分析得出，在几何比尺为 λ 的模型试验中测得的虹吸形成时间与原型保持相似，须满足两个要求：①模型试验在压强为 $1/\lambda$ 大气压强的减压环境进行；②模型真空泵的有效抽速须为原型真空泵的 $1/\lambda^{2.5}$。由于在模型试验中实现减压环境较为困难，建立了廊道虹吸形成过程的理论模型，并使用一简化实验验证了模型的可靠性，表明其可用于虹吸形成时间的预测。最后应用虹吸形成时间理论模型验证了 π 定理的分析结论。

第 9 章　虹吸灌水流道型体及结构的优化

交通运输对经济的发展起着重要的作用，运输距离长、运量大当属海上运输，随着科技的发展，船舶趋于大型化，这就对修、造船船坞的设计增加了难度。

船坞灌水方式有短廊道灌水、坞门灌水和虹吸灌水等形式，短廊道灌水或坞门灌水都需要阀门控制，阀门长期浸于海水中，锈蚀破坏严重，更换阀门费工费时，且价格很高。虹吸灌水则不设阀门，耗能少、运行方便，基本不做维护维修，所以船坞越来越多地采用虹吸灌水方式。

但是，虹吸灌水对有些参数要求较高，如灌水时间、驼峰断面负压、进出口流速、海水潮位等。尤其是修船坞，为了提高经济效益，对灌水时间、灌水运行潮位要求很高，这对于虹吸灌水流道的设计提出了更高的要求，笔者多年从事虹吸灌水的模型试验研究，积累了一定的经验，总结如下，供设计者参考。

9.1　虹吸灌水流道的设计原则

图 9-1 为虹吸式灌水流道示意图，对于灌水流道可分为 3 个部分：进口至拐弯处为引水段；中间为驼峰段；最后为整流段，分叙如下。

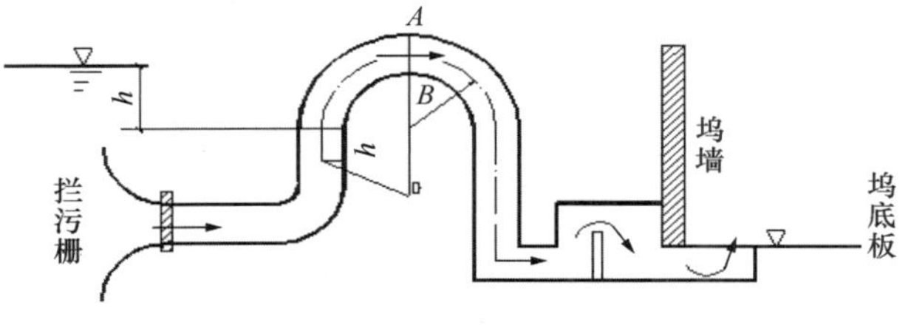

图 9-1　虹吸式灌水流道示意图

9.1.1　整流段设计

虹吸灌水属非恒定流，有其自身特性。在灌水初始阶段流量最大，之后随坞室内水位升高，作用水头变小，流量变小。在海水潮位高时，灌水所需时间长，反之在海水潮位低时灌水所需时间短。灌水时间计算公式为

$$T = \frac{2\Omega\sqrt{H}}{\mu A_3\sqrt{2g}}(\text{单侧}) \tag{9-1}$$

式中，T 为灌水时间，t；Ω 为坞室平面面积，m^2；H 为作用水头；m，μ 为流量系数；A_3 为出口断面面积，m^2；g 为重力加速度，$m \cdot s^{-2}$。

对坞室而言，流道中水流出口，即坞室的进水口，流速过大即动能过大，可能引起修船坞龙骨墩、边墩的倾倒，尤其在支墩刚刚淹没时，更可能发生。为不影响修船工期，保证支墩不倾倒，流道出口流速一般控制在 4.0 m/s 以下，出口断面面积 A_3 可通过以下步骤确定。

1）流量综合参数与起始流量

式（9-1）中，μ 与 A_3 为未知量，μ 为流量系数，需要通过模型试验确定，A_3 为流道出口断面面积。T 为设计灌水时间，按规范要求一般控制在 2 h 以内，灌水时间是指按船舶正常进出坞高潮位的灌水时间。应用式（9-1）时，Ω 为坞室平面面积，H 为正常进出坞高潮位与坞底板高程之差，在这些条件已知情况下，令 $K=\mu A_3$，K 为流量综合系数，则

$$K = \frac{2\Omega\sqrt{H}}{T\sqrt{2g}} \tag{9-2}$$

灌水时间起始流量为

$$Q_{max} = \mu A_3\sqrt{2gH} = K\sqrt{2gH} \tag{9-3}$$

2）流道出口断面面积的确定

通过上述计算得到了设计水位时灌水的起始流量 Q_{max}，则灌水流道出口断面面积不难确定，为了防止支墩的倾倒，应用经验值 $V_{max} \leqslant 4.0$ m/s，即可求出 A_3。

$$A_3 = \frac{Q_{max}}{V_{max}} \tag{9-4}$$

此外，整流段形状尺寸的设计，要留有适度的空间，以便设置整流、消能设施，增加阻力、调整流量系数控制驼峰断面负压。同时在整流段要留足一定水体，以便形成虹吸灌水。

9.1.2 引水段设计

从图 9-1 可知，造成驼峰断面负压大小的原因主要为局部水头损失，为了减少驼峰断面负压，应尽量减小驼峰断面前的水头损失，所以引水段的进口、拐角处应平顺（图 9-1），拦污栅阻力尽量减小。由公式 $h_j = \zeta\frac{v^2}{2g}$ 可知，局部水头损失与流速有关，进口流速应足够小，一般控制进口断面平均流速小于 4.5 m/s。进口断面面积 A_1 通过式（9-3）计算值确定。即，

$$A_1 = \frac{Q_{max}}{v_1} \tag{9-5}$$

引水段进口上缘在最低运行潮位时其淹没深度一般不小于 1.5 m（规范），笔者认为以 2 m 为宜，否则会出现吸气漏斗，影响虹吸灌水效果。进口下缘一般高于坞前水底标高 2.0 m，以免海底污泥及杂物被吸入。

9.1.3　驼峰断面面积设计

按《干船坞设计规范》要求，驼峰断面处最大允许负压值为 66.8~78.4 kPa，控制驼峰断面负压的主要因素为断面平均流量、流速分布、断面尺寸、曲率半径。此外驼峰断面的设计，还要考虑尽量扩展虹吸灌水的应用范围。

虹吸灌水流道通常顶部为弯道，俗称为驼峰段，因为流道弯曲，水流在驼峰段存在离心惯性力，离心惯性力沿法线向外，驼峰顶受离心力影响负压下降，相反，驼峰底受离心力作用会增大负压值。

因为高潮位灌水时，海水位提供能量大，驼峰断面负压不会超过允许值，为了充分拓展流道的使用潮位范围，在低潮位灌水时（最不利情况）顶部与底部的负压相等，且都不超过允许值是最理想的，所以合理利用离心惯性力，控制断面压强竖向分布趋于合理，则成为驼峰断面设计的关键。

9.2　断面平均流速表达式

由于驼峰处的流速近似为均匀分布，可按势流处理，由势流理论知，流体做圆周运动，其流分布为

$$u = \frac{m}{r} \tag{9-6}$$

式中，m 为常数，r 为曲率半径。

由图 9-2 可知：面积 $\mathrm{d}A = a\mathrm{d}h = a\mathrm{d}r$，$\mathrm{d}Q = au\mathrm{d}r = a\dfrac{m}{r}\mathrm{d}r$。积分式：$Q = am\ln\dfrac{R_2}{R_1}$。

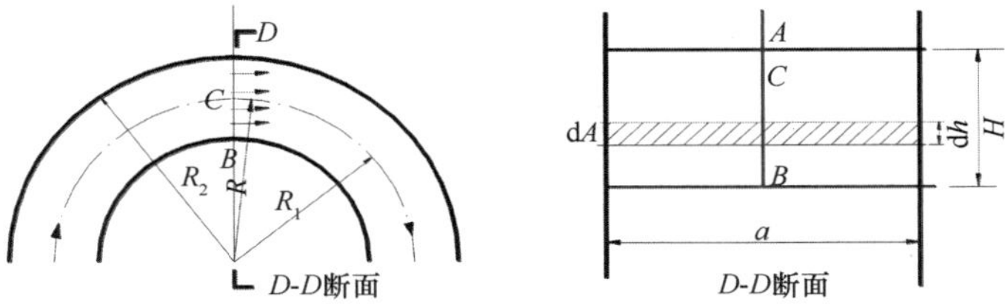

图 9-2　驼峰断面示意图

式中，R_2 为流道外半径；R_1 为流道内半径；Q 为流量。

所以断面平均流速：

$$v = \frac{am\ln\dfrac{R_2}{R_1}}{ah} = \frac{m\ln\dfrac{R_2}{R_1}}{h} \tag{9-7}$$

式（9-7）为驼峰段平均流速的表达式。

由司托克斯方程：$Z + \dfrac{1}{\rho}\dfrac{\partial p}{\partial z} + \nabla^2 u_z = \dfrac{\mathrm{d}u_z}{\mathrm{d}t}$，从图 9-2 可知，因为驼峰断面流速分布近似均匀，所以 $u_z \approx 0$，则有：

$$Z + \frac{1}{\rho}\frac{\partial p}{\partial z} = 0 \tag{9-8}$$

式中，Z 为流体单位质量力，等于重力与离心力之和，即 $Z=-g+\dfrac{u^2}{r}$。

因 $u=\dfrac{m}{r}$，所以式（9-8）可改写为

$$\frac{\partial p}{\partial z} = \rho\left(-g + \frac{m^2}{r^3}\right)$$

因 r 与 z 为同一方向，将上式中的 z 换成 r，并积分得：

$$p = -\rho g r - \frac{\rho m^2}{2}\frac{1}{r^2} + C \tag{9-9}$$

对于驼峰断面中心点，$p = p_c$，$r = R$，所以 $C = p_c + \rho g R + \dfrac{\rho m^2}{2}\dfrac{1}{R^2}$，代入式（9-9）得：

$$p = p_c + \rho g(R - r) + \frac{\rho m^2}{2}\left(\frac{1}{R^2} - \frac{1}{r^2}\right) \tag{9-10}$$

由式（9-7）得 $m = \dfrac{hv}{\ln\dfrac{R_2}{R_1}}$，代入式（9-10）得：

$$p = p_c + \rho g(R - r) + \left[\left(\frac{h}{\ln\dfrac{R_2}{R_1}}\right)^2\left(\frac{1}{R^2} - \frac{1}{r^2}\right)\right]\frac{\rho v^2}{2} \tag{9-11}$$

或

$$\frac{p}{\rho g} = \frac{p_c}{\rho g} + (R - r) + \left[\left(\frac{h}{\ln\dfrac{R_2}{R_1}}\right)^2\left(\frac{1}{R^2} - \frac{1}{r^2}\right)\right]\frac{v^2}{2g} \tag{9-12}$$

对于驼峰顶 $r = R_2$，$R_2-R = h/2$，则

$$\frac{p_A}{\rho g} = \frac{p_c}{\rho g} - \frac{h}{2} + \left[\left(\frac{h}{\ln\dfrac{R_2}{R_1}}\right)^2\left(\frac{1}{R^2} - \frac{1}{R_2^2}\right)\right]\frac{v^2}{2g} \tag{9-13}$$

对于驼峰底 $r = R_1$，$R - R_1 = h/2$，则

$$\frac{p_A}{\rho g} = \frac{p_c}{\rho g} + \frac{h}{2} + \left[\left(\frac{h}{\ln\frac{R_2}{R_1}}\right)^2\left(\frac{1}{R^2} - \frac{1}{R_1^2}\right)\right]\frac{v^2}{2g} \tag{9-14}$$

比较式（9-13）和式（9-14），在最低潮位运行，令驼峰顶、底压强相等，则

$$-\frac{h}{2} + \left(\frac{h}{\ln\frac{R_2}{R_1}}\right)^2\left(\frac{1}{R^2} - \frac{1}{R_2^2}\right)\frac{v^2}{2g} = \frac{h}{2} + \left(\frac{h}{\ln\frac{R_2}{R_1}}\right)^2\left(\frac{1}{R^2} - \frac{1}{R_1^2}\right)\frac{v^2}{2g}$$

化简得：

$$h = \left(\frac{h}{\ln\frac{R_2}{R_1}}\right)^2\left(\frac{1}{R_1^2} - \frac{1}{R_2^2}\right)\frac{v^2}{2g} \tag{9-15}$$

式（9-15）为计算驼峰断面高度的表达式，该式为 h、R_1、R_2、v 的函数，且均为未知数，对于 15 万～20 万吨级船坞，曲率半径可取 5.0～6.0 m，断面平均流速在 7.0～8.0 m/s，有了这些经验值，驼峰断面高度 h 可通过试算求出。

9.3　船坞虹吸灌水模型试验的方法与内容

9.3.1　模型率的选择与模型比尺

虹吸灌水属重力流，可以按重力相似准则（佛汝德准则）设计模型。但是，虹吸灌水流道属于短管，水流为变水头满管出流，属非恒定流，压力、重力、惯性力及摩阻力都是很重要的，且局部阻力占主导因素，为了消除粘滞性的影响，在重力相似准则的模型中，模拟水流必须在“自动模型区”。

虹吸灌水原型中一个重要的条件是最大负压不能达到允许值，否则，会产生空化现象，造成断流乃至气蚀。模型中最大负压不能达到饱和蒸汽压强，因此，模型比尺的选择受到这一条件的限制。虹吸灌水流道通常顶部为弯道，俗称为驼峰段，吉尔森（Gilson）建议，要消除粘滞性的影响，模型中虹吸灌水流道驼峰顶、底的高差 d_{0m} 与模型中上下游水位差 Δh_m 之间有下列关系：

$$d_{0m}\sqrt{\Delta h_m} > 0.047 \tag{9-16}$$

由此，在遵循重力相似准则条件下，可以推导出虹吸管模型的最小比尺，即

$$L_r \leqslant \sqrt[3]{453 \times d_{0p}^2 \Delta h_p} \tag{9-17}$$

式中，d_{0p} 为原型驼峰顶、底的高差；Δh_p 为原型中上下游水位差，单位均以米计。

例如，原型中上下游水位差为 $\Delta h = 11.3$ m，驼峰顶、底的高差 $d_{0p} = 1.5$ m，则几何比尺 $L_r = 22.58$。山海关船舶重工有限责任公司 1#船坞、3#船坞的水工模型试验模型比尺均在此范围内，1#船坞模型几何比尺 $L_r = 16$，3#船坞模型几何比尺 $L_r = 20$，其原型观测值与

模型试验换算值相吻合，实践证明了公式（9-17）的实用性。

9.3.2 模型试验的主要内容

（1）流量系数的确定：对虹吸灌水流道下游段（整流段）进行调整，增加消能设施，控制流量和驼峰断面负压，流量系数。

（2）灌水时间测定：在设计高潮位灌水时，灌水时间控制在 2 h 以内。

（3）驼峰断面负压及空化指数的测定：满足规范要求，即在设计低潮位灌水时驼峰断面负压控制在 68.6~78.4 kPa，空化指数要大于初生空化指数，避免空蚀发生。

（4）虹吸形成过程、时间，虹吸破坏过程、虹吸破坏所需通气管管径及对产生振动进行描述与评价。

（5）在各种工况下，虹吸灌水流道特性的测定，包括：流量、灌水时间、驼峰断面负压、吸灌水流道各段水头损失。

（6）对原设计评价与工程措施建议。

以上为模型试验的主要内容，对于一个船坞虹吸灌水流道在工程上是否能正常使用，关键取决于驼峰断面负压和灌水时间，因此，控制驼峰断面负压和灌水时间，则成为修、造船坞虹吸灌水模型试验研究的重要内容。

9.4 虹吸灌水流道的特性

虹吸灌水属非恒定流，有其自身特性。在灌水初始阶段流量最大，之后随坞室内水位升高，作用水头变小，流量变小。在海水潮位高时，灌水所需时间长，反之在海水潮位低时灌水所需时间短。驼峰断面负压在灌水初始阶段最大，随坞室内水位升高，负压值逐渐变小。这些都已被理论和实践所证实。

本节所要说明的是，由于驼峰断面的高度 d_0 与驼峰断面中心线的曲率半径 R 选择不同，驼峰断面顶部与底部压强的分布具有不同的特征。

虹吸灌水流道通常顶部为弯道，因为流道弯曲，水流在驼峰段存在离心惯性力，离心惯性力沿法线向外，驼峰顶部受离心力影响负压下降，相反，驼峰底部受离心力作用会增大负压值。因为高潮位灌水时，海水提供能量大，驼峰断面负压一般不会超过允许值。在低潮位灌水时，作用水头变小，此时是最不利情况，驼峰断面顶部与底部的负压最大。为了充分拓展流道的使用潮位范围，在低潮位灌水时顶部与底部的负压相等，且都不超过允许值是最理想的，所以合理利用离心惯性力，控制断面压强竖向分布趋于合理，则成为模型试验的关键。

图 9-3 为山海关船舶重工有限责任公司 15 万吨级船坞虹吸灌水流道特性，该船坞为双侧流道灌水，驼峰断面高度 $d_0=1.5$ m，驼峰断面中心线的曲率半径 $R=5.0$ m。从图中可以看出，在灌水时驼峰底部的负压总大于驼峰顶部的负压，在高潮位灌水时，驼峰底部与驼峰顶部的负压相比较小，随潮位的降低，驼峰底部与驼峰顶部的负压增大，由于离心

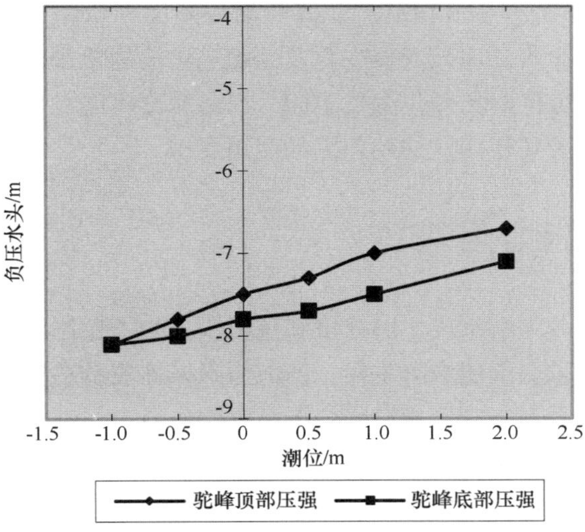

图 9-3　山海关船舶重工有限责任公司 15 万吨级船坞虹吸灌水流道特性

惯性力的影响，驼峰底部与驼峰顶部的压强变化呈剪刀状，在海水潮位为-1.00 m 时，驼峰底部与驼峰顶部的负压值趋于一致，说明该流道的设计充分考虑了离心惯性力的作用，该流道的使用潮位范围为 2.0~0.0 m。适合山海关海域潮位变化及船舶进出坞的要求。

图 9-4 为青岛海西湾造修船基地 20 万吨级 1#修船坞虹吸灌水流道（东侧）特性，该船坞为双流道灌水，西侧流道驼峰断面高度 $d_0=1.6$ m，驼峰断面中心线的曲率半径 $R=5.0$ m，东侧流道驼峰断面高度 $d_0=1.4$ m，驼峰断面中心线的曲率半径 $R=5.0$ m。从图中可以看出，在灌水时驼峰底部的负压总小于驼峰顶部的负压，在高潮位灌水时，驼峰底部与驼峰顶部的负压相比较小，在低潮位灌水时，驼峰底部与驼峰顶部的负压增大，在海水潮位高时驼峰底部与驼峰顶部的负压值有趋于一致的趋势，该流道的使用范围是 4.0~

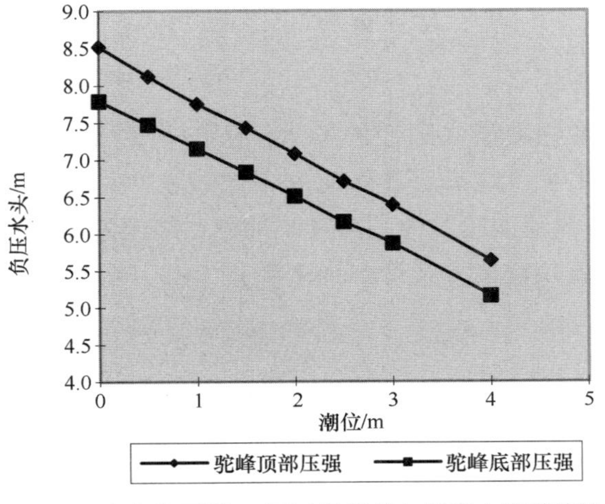

图 9-4　青岛海西湾 20 万吨级船坞虹吸灌水流道特性

1.0 m，流道的使用潮位范围有所拓展，驼峰断面处断面平均流速小，降低了离心惯性力作用，灌水时间长。适合青岛海域潮位变化及船舶进出坞的要求。

总之，由于船坞所处的海域潮位变化不同、坞室深度不同、作用水头不等，在模型试验中要合理地控制离心力的作用，达到船坞的使用要求。

9.5 整流段消能增阻措施

虹吸灌水流道一般分为引水段、驼峰段和整流段。为了控制流量、合理地利用离心力控制驼峰断面负压需要采取消能增阻手段，消能增阻设施应设在整流段，在引水段增加阻力会使驼峰断面负压增大，在驼峰段增阻会提高空化指数。

工程应用中，由于船坞布置空间不同，灌水廊道的虹吸段进口长度、转弯半径等常须做出调整，会对廊道水力特性主要是驼峰负压产生影响，此方面已有较多研究成果。而消能段水流流态较为复杂，消能功的设置需兼顾灌水流量、驼峰负压和坞室出流流态等水力指标，其水力特性尚不明晰，因此消能段结构在单进口和双进口体型廊道中一般均保持不变，对灌水廊道水力特性的优化改进造成了诸多困难。如双廊道结构进口面积两倍于单廊道结构，建造成本大为增加，但灌水流量仅增大 11%~15%。由于模型廊道不易修改，也易受到试验条件和观测手段等的限制，使用数值模拟和模型试验相结合的方法研究了大连船舶重工修船 2#修船坞双进口体型灌水廊道的水力特性，并对消能段结构提出了优化措施。

9.5.1 水力模型试验

1）模型布置

大连船舶重工 2#修船坞灌水廊道试验取 5 个工况水位，分别为-1.27 m、0.23 m、1.31 m、2.33 m 和 3.33 m，其中 1.31 m 为设计进出坞水位。

2）试验结果分析

表 9-1 给出了 2#坞虹吸灌水廊道的各水位下的初始灌水流量及灌水时间计算值，可见在进出坞水位 1.31 m 不能满足灌水时间不超过 1.7 h 的厂方要求。因此以灌水流量为优化目标，重点修改消能段结构，共对 4 种体型结构的灌水廊道修改方案进行了模型试验（图 9-5）。消能段修改方案见图 9-6 至图 9-9，主要是对消能立柱和隔墙立柱进行调整。

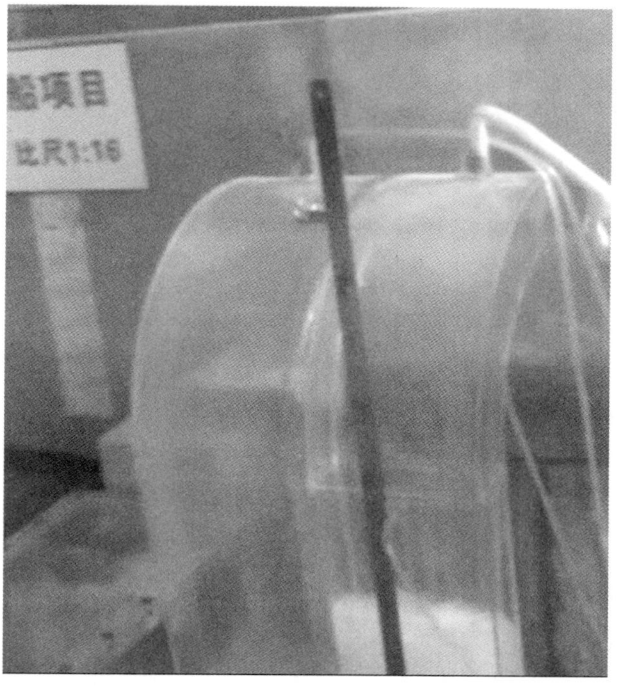

图 9-5　试验现场图

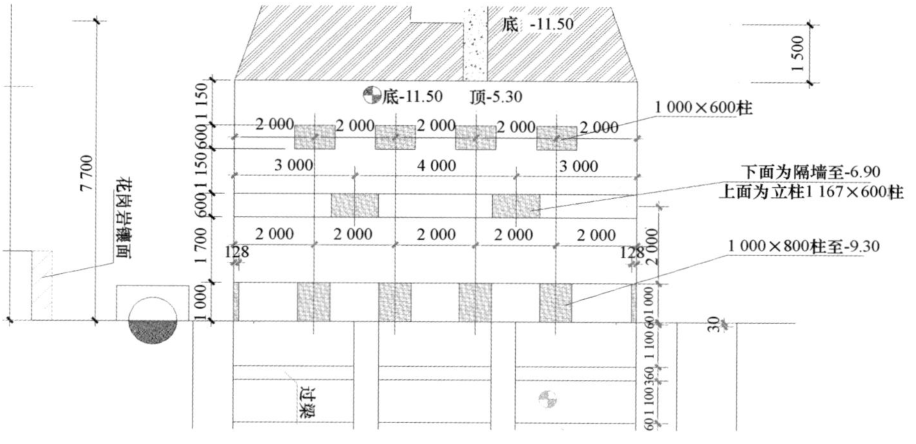

图 9-6　试验修改方案一

注：高程单位均为 m，尺寸单位均为 mm，图 9-7 至图 9-9 同本图。

表 9-1　2#坞廊道设计方案灌水流量及时间

水位/m	-1. 27	0. 23	1. 31	2. 33	3. 33
初始流量/（$m^3 \cdot s^{-1}$）	40. 39	44. 10	46. 84	49. 49	52. 13
灌水时间计算值/h	1. 97	2. 17	2. 28	2. 40	2. 50

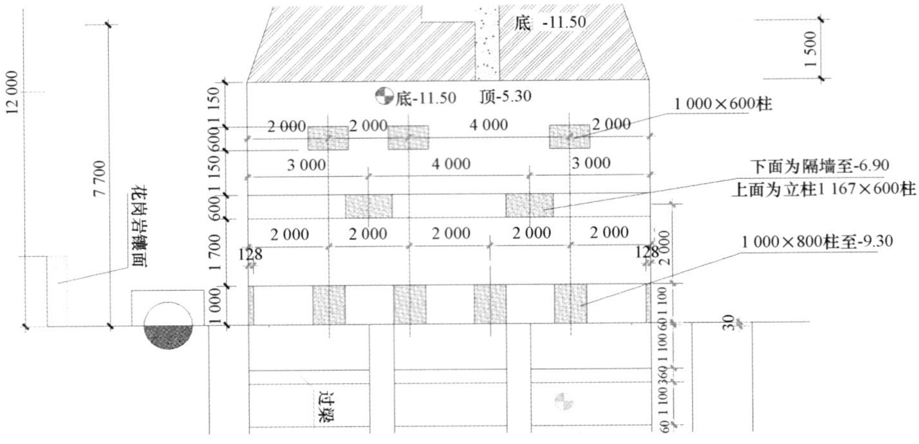

图 9-7 试验修改方案二

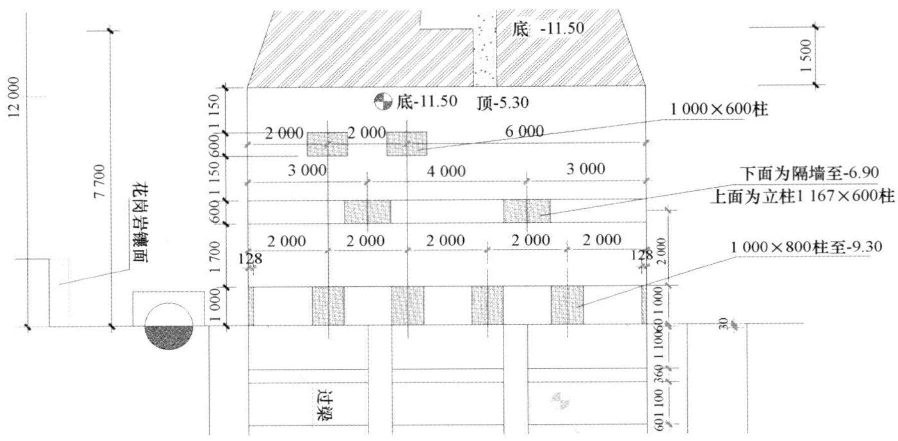

图 9-8 试验修改方案三

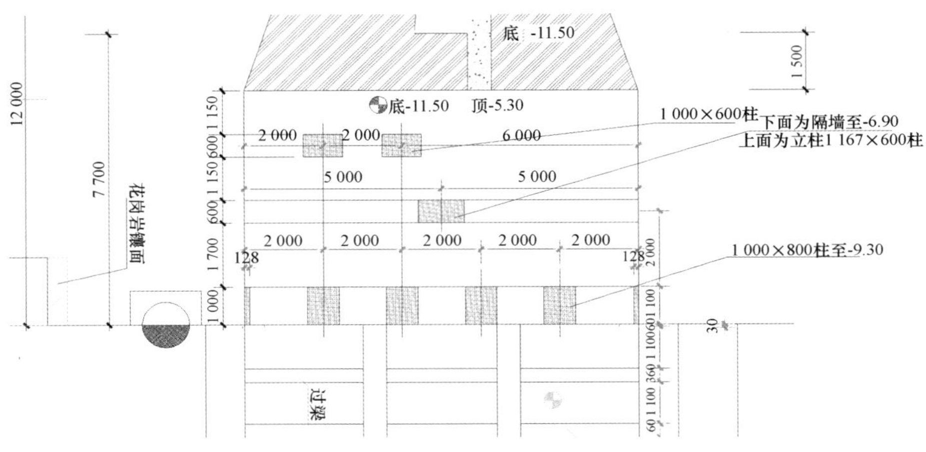

图 9-9 试验修改方案四

表 9-2 至表 9-5 为各修改方案的相关试验结果，其中修改方案四在进出坞水位的灌水时间基本可满足要求。分析进出坞水位下的灌水流量可以看出，在修改方案一取消 3 根隔墙立柱后，隔墙上方过流面积增大 56%，流量相比设计方案增加 22%。在修改方案二和修改方案三中，分别去掉 1 根和 2 根消能立柱，流量仅增加不到 2 m^3/s，可见消能立柱对水流的阻碍作用并不大。在修改方案四中，保留 1 根隔墙立柱，过流面积相比前 3 个方案增大 15%，但流量仅相应增加 5%左右，表明隔墙上方的过流面积已不再是灌水流量的主要控制因素。

表 9-2　2#坞廊道修改方案一灌水流量及时间

水位/m	-1.27	0.23	1.31	2.33	3.33
初始流量/（$m^3 \cdot s^{-1}$）	47.93	53.47	56.91	59.83	62.80
灌水时间/h	1.64	1.79	1.90	1.99	2.08

表 9-3　2#坞廊道修改方案二灌水流量及时间

水位/m	-1.27	0.23	1.31	2.33	3.33
初始流量/（$m^3 \cdot s^{-1}$）	48.24	53.79	57.21	60.16	63.13
灌水时间/h	1.63	1.78	1.89	1.98	2.07

表 9-4　2#坞廊道修改方案三灌水流量及时间

水位/m	-1.27	0.23	1.31	2.33	3.33
初始流量/（$m^3 \cdot s^{-1}$）	49.02	54.61	58.65	61.01	64.01
灌水时间/h	1.60	1.75	1.85	1.95	2.03

表 9-5　2#坞廊道修改方案四灌水流量及时间

水位/m	-1.27	0.23	1.31	2.33	3.33
初始流量/（$m^3 \cdot s^{-1}$）	51.72	56.43	59.92	63.28	66.65
灌水时间/h	1.55	1.68	1.78	1.88	1.97

9.5.2　消能机理的分析

图 9-10 和图 9-11 分别为水位 1.31 m 时设计方案灌水廊道消能段的湍流动能 k 与湍流耗散率 ε 分布图，为便于分析，同时绘制了流速矢量分布。水平面 Ⅰ、Ⅱ 和 Ⅲ 的高程为 -10.40 m、-6.10 m 和 -10.25 m，分别处于消能段前部、隔墙立柱和消能段出口的中间位置。从图中水平面 Ⅰ 的速度矢量分布可以看出，水流在隔墙前方较为平缓，主要是因为进入消能段后流动断面扩大，水流得到了充分的扩散，与消能立柱相撞并未形成较强的紊

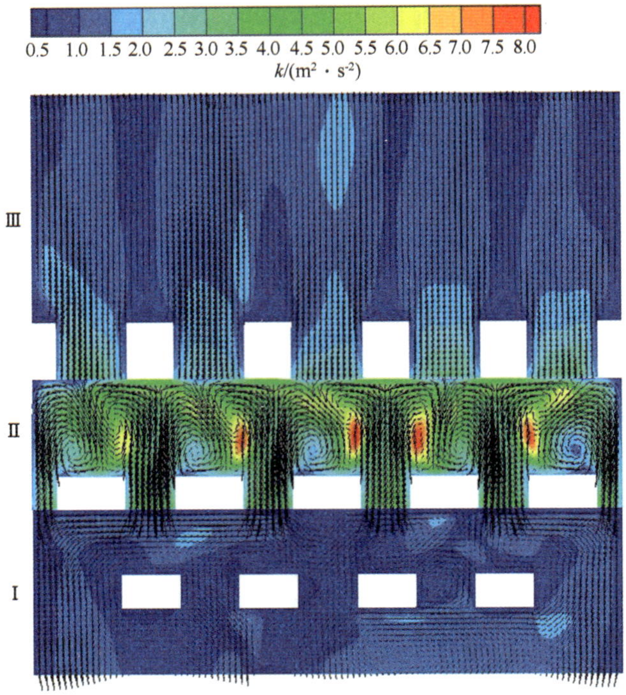

图 9-10　湍流动能 k 分布图

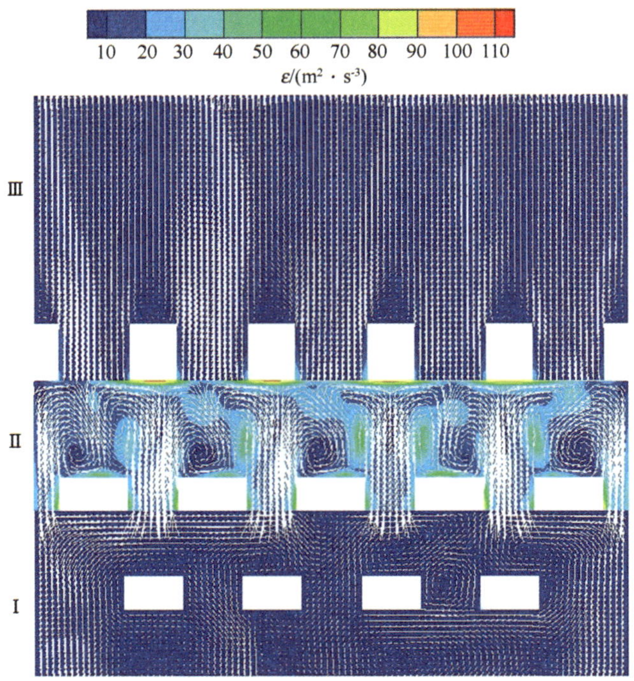

图 9-11　湍流耗散率 ε 分布图

动。但在隔墙立柱后水流与壁面相撞并生成漩涡，形成了强烈的紊动，因此湍流参数值在水平面 II 的狭窄区域要明显大于消能段其他区域。从图中可以进一步观察到湍流耗散率 ε 主要分布在漩涡之间、漩涡与来流的摩擦面上，并在撞击消能段壁面后达到最大值。这表明水流能量的损失主要发生在这些区域，水平面 I 中消能立柱增强了水流的掺混，对能量的消刹作用相对并不明显。

9.5.3　导墙作用的分析

设计方案中设置导墙的目的在于分导两个虹吸段的下行水流，改善消能段前段的流

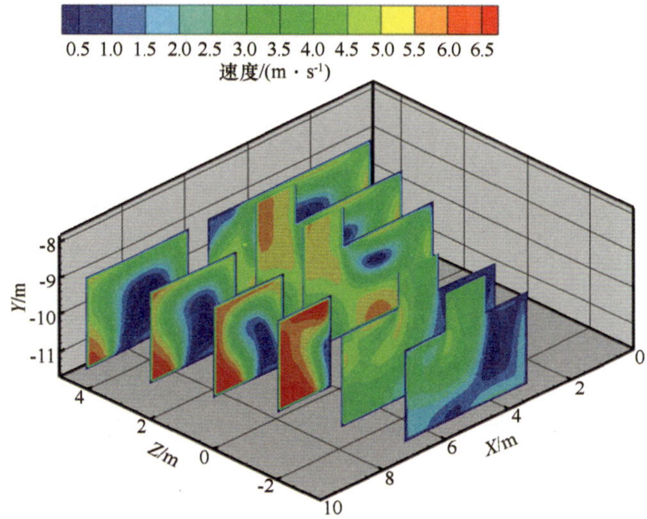

图 9-12　设计方案消能段前部速度分布

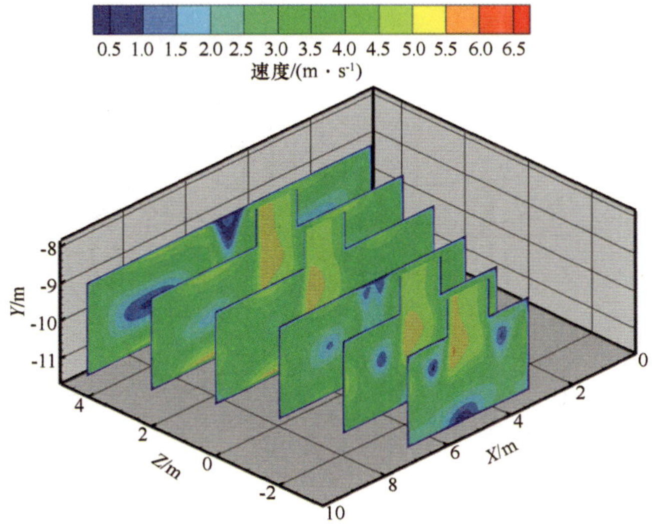

图 9-13　无导墙方案消能段前部速度分布

态。但从图 9-12 和图 9-14 设计方案的速度分布和流线可以看出，消能段前段水流流态较为混乱，尤其是左廊道水流由于导墙的限制，仅能从 1.6 m 宽的狭窄区域通过，阻碍了廊道的过流能力，且使得右廊道流量明显大于左廊道。而右廊道过流流速较高，水流离心力更加明显，造成峰顶和峰底压强要低于左廊道。在修改方案取消导墙后，由图 9-13 和图 9-15 可见，两个廊道的虹吸段下行水流在底板中央形成水垫分向两侧，受到边墙的限制形成两个逐渐扩散的水平轴向涡旋，因此图中的流线呈螺旋前进状。而由于水垫的顶托作用，使水流不能直接冲击廊道底板，有助于减轻底板的冲刷。取消导墙也使得左右廊道流量比接近于 1∶1（表 9-6），可以防止单廊道流速过大，低水位时发生空蚀破坏。

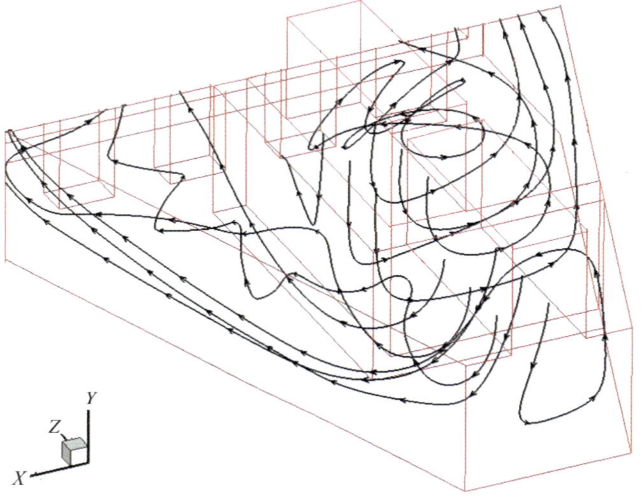

图 9-14　设计方案消能段前部流线图

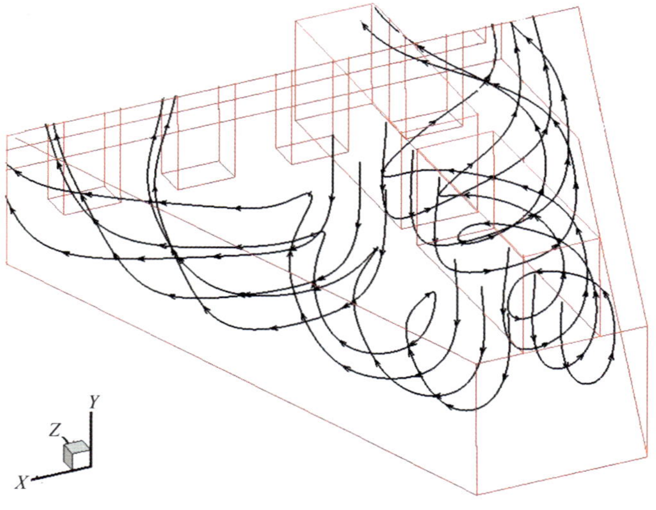

图 9-15　无导墙方案消能段前部流线图

9.5.4　廊道消能段体型的优化

1）优化方案

根据模型试验结果，选取了 3 种消能段体型的灌水廊道进行了数值计算。为避免与试验方案编号混淆，定义其为优化方案，其中优化方案一与修改方案一的消能段结构相同。3 个优化方案如图 9-16 至图 9-18 所示，分别在取消导墙的基础上，对消能段的消能立柱和隔墙立柱进行调整。

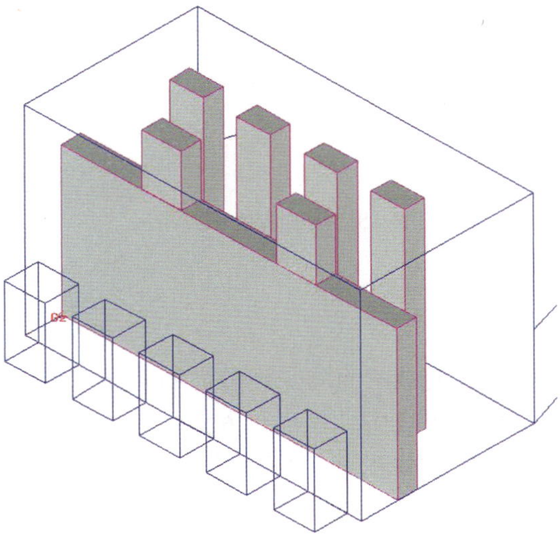

图 9-16　消能段优化方案一

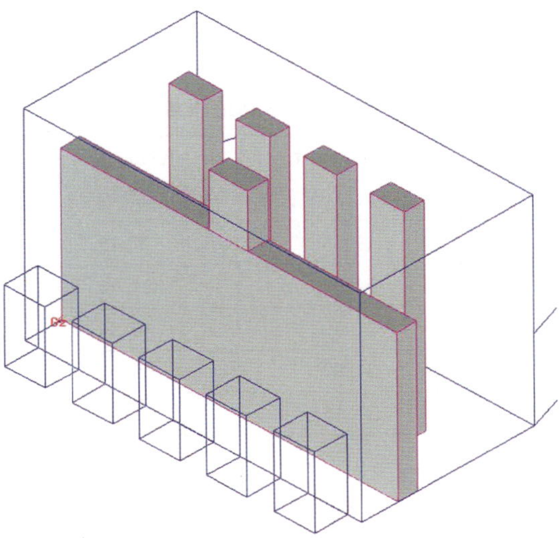

图 9-17　消能段优化方案二

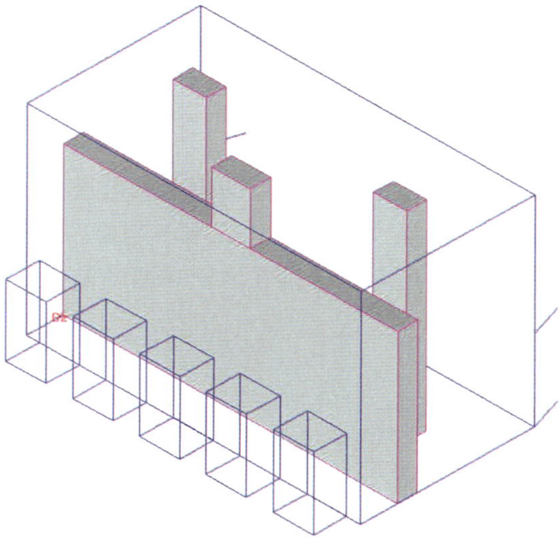

图 9-18　消能段优化方案三

2）不同方案的流量和流态对比

在设计方案中水流在虹吸段前端三面均受到壁面的阻挡，因此流量最小。取消导墙后流量增加 2.6 m^3/s，并明显改善了流态。在优化方案一取消 3 根隔墙立柱后，流量相比无导墙方案增加 24%，与模型试验 22%的增加量相近。在优化方案二和优化方案三中情况与模型试验中类似，在方案二中仅保留 1 根隔墙立柱及方案三取消内侧两根消能立柱后，过流面积虽有增大，但流量仅增加不到 1 m^3/s。对此分析图 9-19 至图 9-22 各方案的消能段速度分布可以看出，相对消能段结构与设计方案相同的无导墙方案，3 个优化方案速度分布相似，说明方案二和方案三对隔墙立柱和消能立柱的修改基本没有影响流场结构，造成对流量没有提升效果。

表 9-6　不同方案灌水廊道流量及消能率

方案	灌水流量 /（$m^3 \cdot s^{-1}$）	左廊道流量 /（$m^3 \cdot s^{-1}$）	右廊道流量 /（$m^3 \cdot s^{-1}$）	流量比	消能率/%
设计方案	47.13	19.38	27.75	1：1.43	75.32
无导墙	49.72	24.98	24.74	1：0.99	74.66
优化方案一	61.64	31.30	30.34	1：0.97	69.78
优化方案二	62.73	31.82	30.91	1：0.97	68.86
优化方案三	63.53	32.15	31.37	1：0.98	68.29

对比体型参数保持一致的单进口廊道在设计水位下灌水流量为 42.09 m^3/s，廊道优化方案将流量最大提升了 51%，而与双进口设计方案相比，流量则提升了 35%，表明优化方案可有效地降低灌水时间。

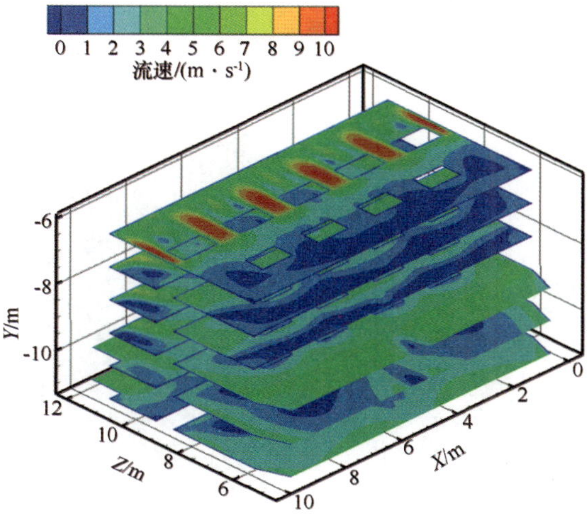

图 9-19　无导墙方案消能段流速分布

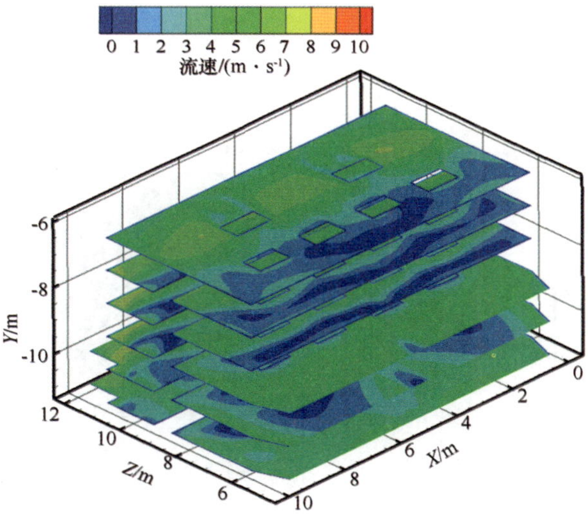

图 9-20　优化方案一消能段流速分布

3）不同方案的消能率对比

为了对虹吸灌水廊道各方案的消能特性进行分析，使用数值模拟结果计算了廊道进口至消能段出口的消能率，消能率的计算公式为

$$\eta = 1 - \frac{1}{H}\left(\frac{\bar{p}}{\gamma} + \frac{a\bar{V}^2}{2g}\right) \tag{9 - 18}$$

式中，H 为灌水廊道进口与消能段出口的高差；$\bar{p}$ 和 $\bar{V}$ 为消能段出口断面压强和流速，均通过在断面上取质量加权平均求得。

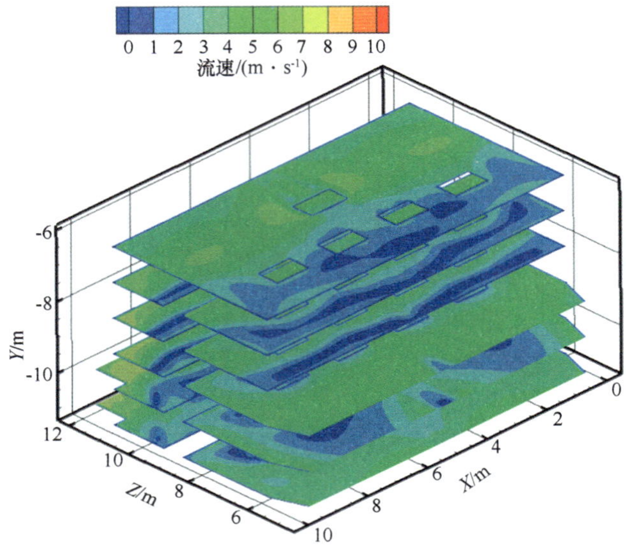

图 9-21　优化方案二消能段流速分布

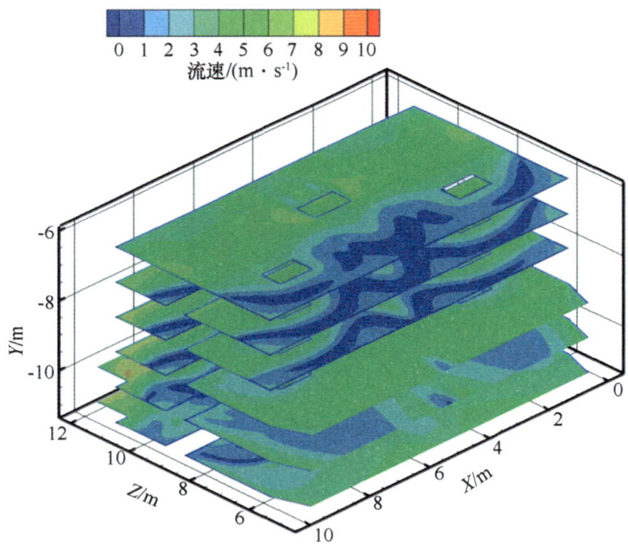

图 9-22　优化方案三消能段流速分布

设计水位下不同方案廊道的消能率对比见表 9-6。从表 9-6 可以看出，由于消能率反映的是廊道的阻力特性，因此与灌水流量的变化趋势相反。取消导墙对消能率基本没有影响。优化方案隔墙上方过流面积增大，降低了水流的掺混程度，因此消能率减小。由于方案一至方案三水流结构相似，造成三者消能率变化较小，这与消能立柱对水流能量消剁作用不明显的分析结果也是一致的。对比图 9-23 和图 9-24 可见，尽管优化方案三的灌水流量相对设计方案增加 35%，但湍流动能主要在廊道出水口后部发生改变，对整个出水口影响不大。

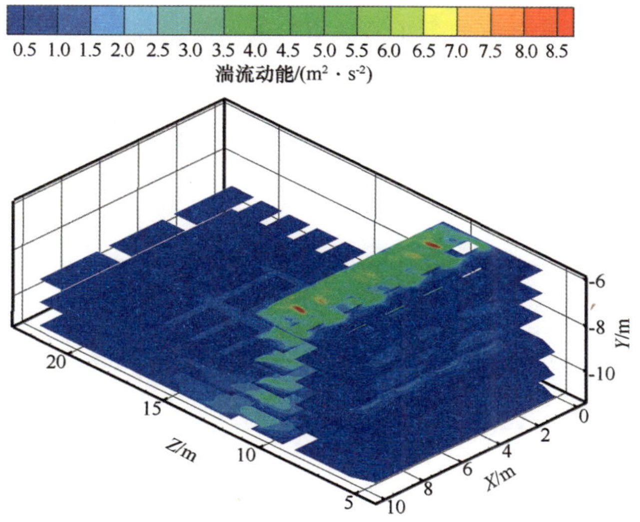

图 9-23　无导墙方案的消能段和出口段湍流动能分布

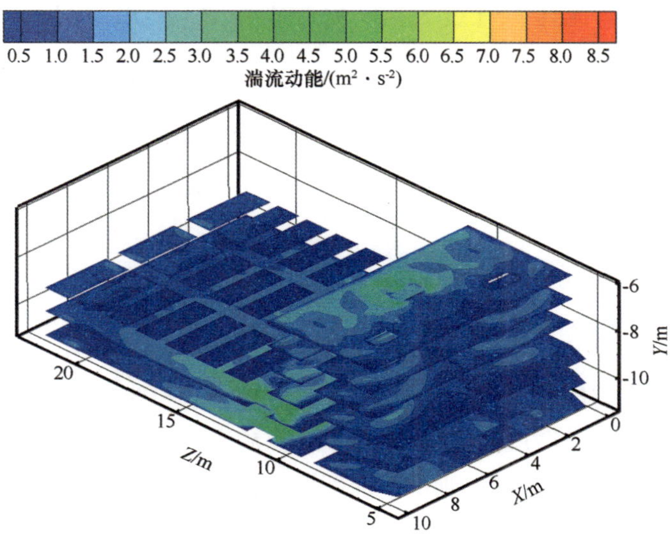

图 9-24　优化方案三的消能段和出口段湍流动能分布

综合以上分析可知优化方案较大地提升了灌水廊道流量，与设计方案相比，对廊道消能率并无较大影响。同时考虑结构的稳定性，可将对廊道体型改变较少的优化方案一作为推荐方案。

9.5.5 设计规则

流道出口有的接大明沟，有的为了避免清沙的困难，在坞底板上设置出口。图 9-25 为虹吸灌水流道整流段的结构示意，一般在设计阶段，整流段要留有一定空间，以便增加消能增阻设施。

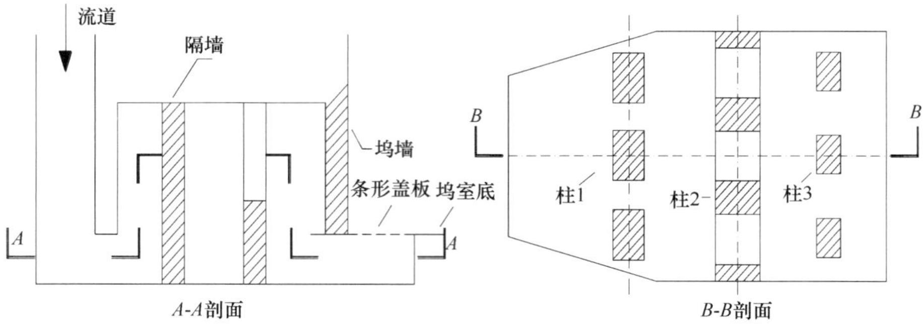

图 9-25 虹吸灌水流道整流段结构示意图

消能增阻措施主要有 3 种方法：

（1）适度缩小虹吸灌水流道出口断面面积，使水流进入大明沟后突然放大产生局部损失，进行消能。但出口流速不宜过大，以免造成冲墩，一般出口流速控制在 4.0 m/s 左右。

（2）在整流段内设方柱，通过水流的绕流增加局部损失，如图 9-25 所示，方柱一般设两排，两排方柱前后交错，以便增加消能效果。方柱的尺寸、形状通过水力模拟确定。

（3）在驼峰段和整流段连接处形成收缩断面，利用突然放大产生局部损失，效果也很明显。

9.6 小结

（1）本章中提到的流量综合系数 K 是一个计算值，它包含的流量系数 μ，需通过模型试验确定，通过改变流道阻力总可以满足综合系数 K 值。

（2）在虹吸灌水流道的设计原则中，提到了一些经验数据，这些数据参考了山海关船舶重工有限责任公司 1#坞、3#坞、15 万吨级船坞，青岛海西湾修造船基地 1#修船坞、2#修船坞模型试验和原型观测数据。

（3）本章给出了驼峰断面高度的计算公式（9-19），是依据在最低潮位灌水时驼峰断面顶、底压强相等建立的，使用时要注意其应用条件。

（4）本章推荐了模型比尺计算公式，模型比尺不应大于式（9-21）的计算结果，模型水流达不到自动模型区，粘性影响不能消除。

（5）局部损失系数与沿程损失系数一样，只有在阻力平方区才是常数。船坞虹吸灌水

流量系数 μ 应取不同潮位下流量系数的平均值，在计算灌水时间时偏于安全。

（6）模型试验过程中，要注意合理利用惯性力，在高潮位运行时，驼峰顶的负压小于驼峰底的负压为宜，如此，在低潮位灌水时，离心力减小，驼峰顶负压增大驼峰底负压减小，使驼峰顶、底负压相等，以扩展船坞虹吸灌水流道的使用范围。

（7）整流段消能增阻柱、梁应交错布置，有利于消能增阻，调整流量系数，控制驼峰断面负压。

第 10 章　船闸输水系统的水力计算

作为船坞水力学的姊妹篇，船闸水力学与其有共同的理论基础和设计形式，为此特开辟一章，作为拓展延伸内容。

10.1　船闸及其输水系统

供船闸闸室灌水和泄水的全部设备称之为船闸输水系统。船闸的灌水与输水是船舶过闸的重要程序。目前，国内建成的著名船闸有三峡五级双线船闸（图 10-1）、葛洲坝船闸、西江贵港船闸。此外，还有一些兼顾发电与航运功能于一体的航电枢纽，如湘江大源渡枢纽等，都设有大型现代化船闸。

图 10-1　三峡五级双线船闸

船闸结构一般由 3 个部分组成：闸室、闸首（包括上、下闸首）及引航道（包括上、下游引航道），如图 10-2 所示。

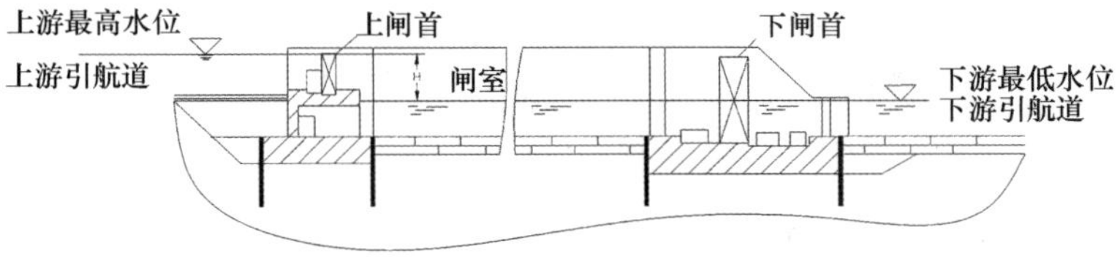

图 10-2　透水底的船闸纵断面

供闸室灌水和汇水的全部设备，叫作船闸的输水系统，一般由取水口、阀门、廊道、出水口、消能室及镇静段等部分所组成。根据水力方面及构造方面的特点和要求，船闸输水系统可分为两种基本型式，即集中式输水系统和分散式输水系统。

10.1.1　集中式输水系统

集中式输水系统特征是供灌水入闸室和从闸室汇水的全部输水备仅仅集中于布置在闸首的范围内，其具体型式有以下 3 种。

1）闸门开孔输水方式

该种输水方式，主要适用于水头 H 不大于 3~4 m 的情况，如图 10-3 所示。

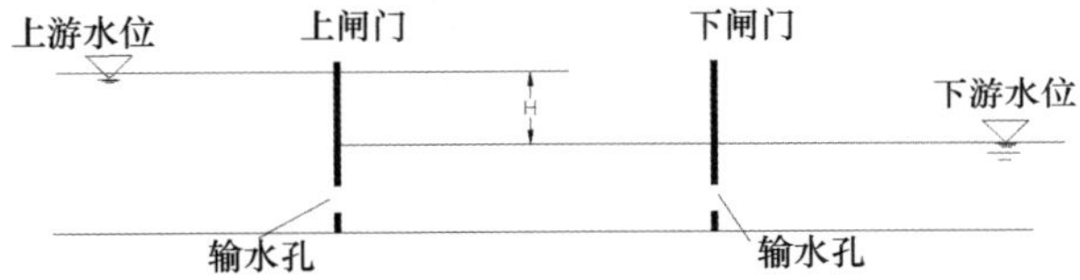

图 10-3　利用闸门上开孔的首部输水系统布置图

2）短廊道输水方式

应用于水头不超过 10 m 的情况，如图 10-4 所示。

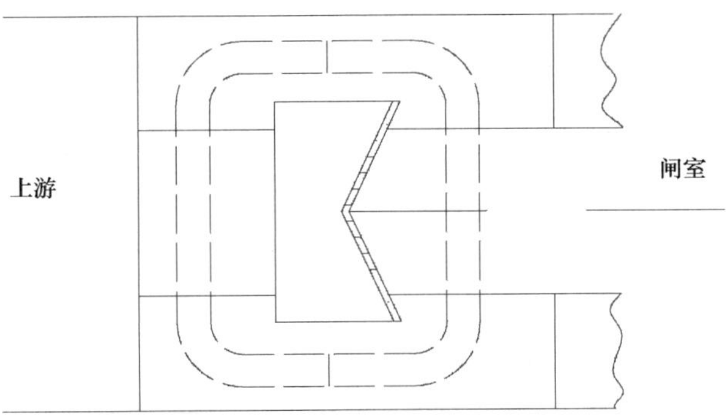

图 10-4　短廊道输水系统上闸首平面图

3）利用闸门输水的输水系统

这种输水方式，也有较广泛的应用，闸门采用平板式提升闸门，灌水时闸门向上提升到一个设计高度，至上下游水位齐平时，闸门再返回下降到闸首底槛以下的消能室中，不影响进出船舶的经过（图 10-5）。

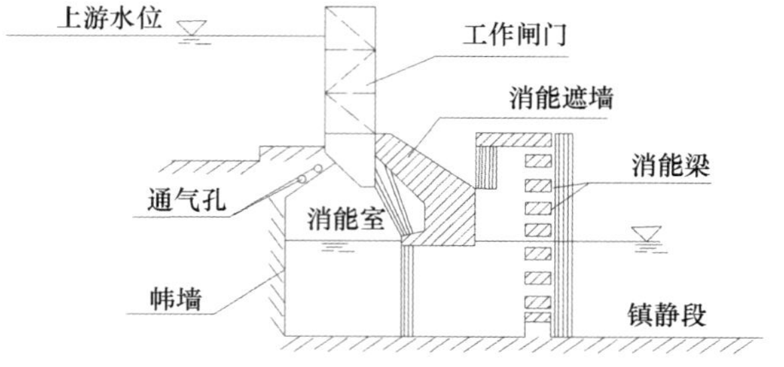

图 10-5　利用闸门输水的输水系统（上闸首纵断面）

10. 1. 2　分散式输水系统

分散式输水系统的特征是当水流入闸室或由闸室泄走时，是通过设在闸室墙内或闸底板内的纵向廊道，以及在敷设在其上面的一系列出水孔进行的。这种输水方可使水流分散而比较均匀地流入闸室，能改善过闸船舶的泊稳条件。

根据船闸构造和地质条件，分散式输水系统又可以有各种不同的布置方式。其纵向输水廊道或设在两边的闸墙内或设在闸室的底板。图 10-6 是具有侧边纵向廊道的输水系统；图 10-7 是“复杂的”分散式输水系统。

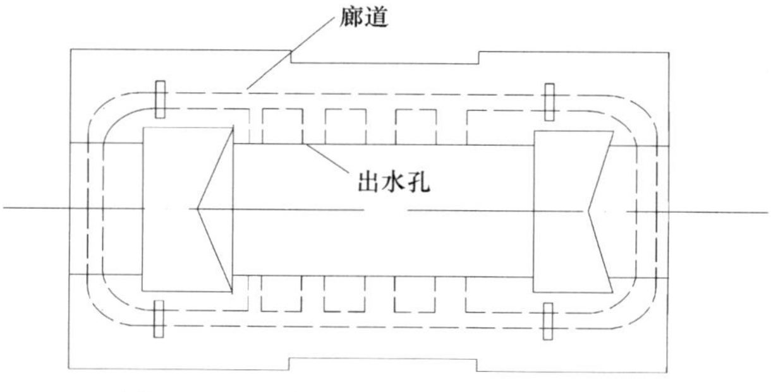

图 10-6　具有侧边纵向廊道的输水系统

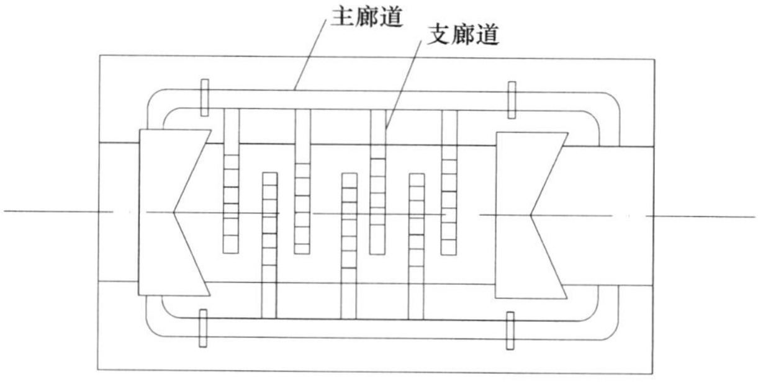

图 10-7　分散式输水系统

10.2　船闸输水系统水力计算内容与基本方程

在船闸设计中，必须进行一系列的水力计算来论证所选择的输水系统，决定其各主要部分的尺寸，使其在规定的时间内进行闸室灌泄水。在灌泄水的过程中，能保证过闸船舶具有良好的停泊条件，同时，不致使船闸的工程投资过高和施工条件过分复杂化。

船闸水力计算是按照初步拟定的船闸建筑物草图来进行验算。根据闸室的有效尺寸、门槛上水深、上下游通航水位、船闸上水头以及所规定的最大灌泄时间，对船闸水动力学特性进行验算。

船闸输水过程水力计算的任务是根据所选定的输水系统型式及其尺寸，以及闸门的开启方式来计算确定闸室灌排水的全部水力过程。水力过程包括闸室中的水面和进入闸室或自闸室泄出的水流流量、流速等随时间变化的过程，以及灌泄水所需的总时间等。

10.2.1　船闸水力计算主要内容

（1）决定阀门的开启时间和速度以及输水口（孔）或输水廊道的面积。

（2）绘制灌泄水过程中的水力特性曲线，求出闸室灌水和泄水的时间。

（3）查明和阐述船只在闸室和引航道中的泊稳条件，以及廊道中阀门后面的水力现象，并提出克服不利的水力现象的措施。

必须说明，水力计算的结果一般仅可作为初步选择输水系统型式及其尺寸时的参考，由于影响水流现象的因素很多，目前有些问题仅仅依靠水力计算还不能得出完全合乎实际的结果，问题的最终解决常常要借助于模型实验，特别是对于那些重大的工程更是如此。

10.2.2　输水廊道非恒定流方程

在船闸的灌泄水过程中，灌泄系统的作用水头一般是随时间而变化的，因而在灌泄水过程中，输水系统的水流多系非恒定流。在这个过程开始时，入闸室或由闸室泄出的流量逐渐由零增长到最大，然后再减少到 0。灌入闸室的水流一般是不均匀的，即使通过分散式输水系统。由于输水流量随时间变化，上、下游引航道内还会引起长波运动。因此，当灌泄水时，引航道中的水位不是固定的，闸室中的水位也不是水平的，但是由于这些变化和总的水位差比较起来总是很小，所以在今后进行流量计算时，一般都假定引航道中的水位是固定的，且闸室中的水位是水平的。

重力液体基元流束非恒定流的运动方程式

$$\frac{\partial}{\partial s}\left(z+\frac{p}{\gamma}+\frac{u^2}{2g}+h'_w\right)\mathrm{d}s+\frac{1}{g}\frac{\partial u}{\partial t}\mathrm{d}s=0 \tag{10 - 1}$$

把这个结果推广应用到船闸廊道总流上，并取总流的讨论断面为“渐变流断面”，应用总流平均量的表示方法，引入动能校正系数 α 及动量校正系数 α'，即可求得输水廊道非恒定流的一般方程式。

将式（10-1）各项乘以在单位时间内通过任一基元过水断面 $d\omega$ 的水重 γdQ，然后在整个过水断面 ω 范围内积分此式，即

$$\int_{\omega} \frac{\partial}{\partial s}\left(z + \frac{p}{\gamma} + \frac{u^2}{2g} + h'_{w}\right)\gamma u d\omega ds + \int_{\omega} \frac{1}{g}\frac{\partial u}{\partial t}\gamma u d\omega ds = 0 \qquad (10-2)$$

用 γQ（$Q=\omega v$）除上式各项得：

$$\frac{1}{Q}\int_{\omega} \frac{\partial}{\partial s}\left(z + \frac{p}{\gamma} + \frac{u^2}{2g} + h'_{w}\right)u d\omega ds + \frac{1}{gQ}\int_{\omega} \frac{\partial u}{\partial t}u d\omega ds = 0 \qquad (10-3)$$

根据“渐变流断面”上 $z+p/\gamma=$常数的条件，以及：

$$\int_{\omega} u d\omega = \omega v = Q$$

$$\int_{\omega} u^3 d\omega = \alpha v^3 \omega = \alpha v^2 Q$$

$$\int_{\omega} u^2 d\omega = \alpha' v^2 \omega = \alpha' v Q$$

α 为动能校正系数；α' 为动量校正系数；$h_w = \frac{1}{Q}\int_{\omega} h'_{w} u d\omega ds$，表示单位重量液体沿总流运动时平均的能量损失。式（10-3）可写为：

$$\frac{\partial}{\partial s}\left(z + \frac{p}{\gamma} + \frac{\alpha v^2}{2g} + h_w\right)ds + \frac{1}{g}\frac{\partial v}{\partial t}ds = 0 \qquad (10-4)$$

式（10-4）既是不可压缩液体总流非恒定流的基本微分方程式，也是船闸廊道总流的微分方程。

在船闸廊道任意两断面 1-1 与断面 2-2（渐变流断面）积分此式，则有

$$z_1 + \frac{p_1}{\gamma} + \frac{\alpha_1 v_1^2}{2g} = z_2 + \frac{p_2}{\gamma} + \frac{\alpha_2 v_2^2}{2g} + h_{w_{1-2}} + h_i \qquad (10-5)$$

式中，h_{w1-2}表示单位重量液体在断面 1-1 及断面 2-2 之间的平均能量损失：

$$h_{w_{1-2}} = \int_1^2 \frac{\partial h_w}{\partial s}ds \qquad (10-6)$$

h_i表示断面 1-1 及断面 2-2 流段中单位重量液体的动能随着时间的变化：

$$h_i = \frac{1}{g}\int_1^2 \frac{\partial v}{\partial t}ds \qquad (10-7)$$

它是该单位重量液体由于克服惯性所应具有的能量，故 h_i 又称为惯性水头。

1）等断面廊道情况

若输水廊道为等断面管道（$\omega=$常数），如图 10-8 所示。

在此情况里，廊道断面平均流速 v 只是时间 t 的函数，即：$v=f(t)$，因此，$\partial v/\partial t = dv/dt$。则（设 $\alpha'=1$）：

$$h_i = \frac{1}{g}\int_1^2 \frac{\partial v}{\partial t}ds = \frac{l}{g}\frac{dv}{dt} \qquad (10-8)$$

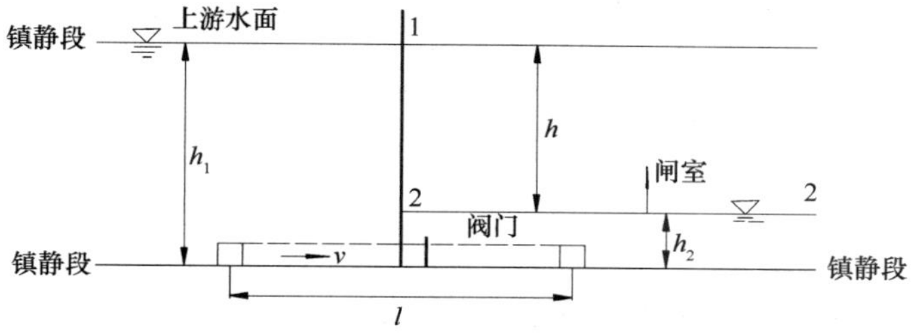

图 10-8　船闸等断面输水廊道计算图

式中，l 为廊道全长。

2）变断面廊道情况

一般输水廊道多由不同断面的 i 段廊道所组成。设各段廊道的断面积分别为 ω_1，ω_2，…，ω_i，各段长度为 l_1，l_2，…，l_i。见图 10-9。

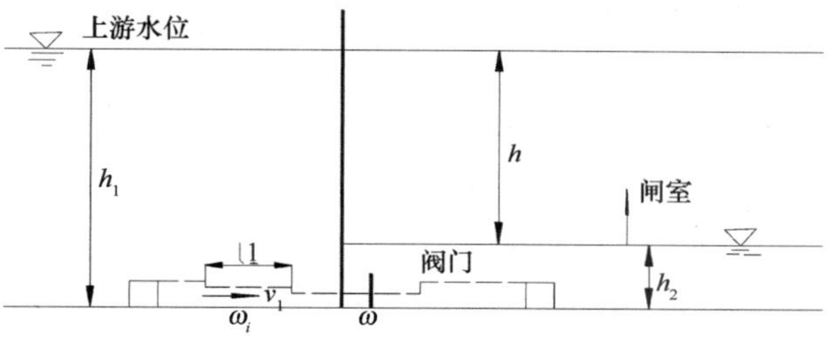

图 10-9　i 段廊道组成的输水廊道

相应各段的断面平均流速为 v_1，v_2，…，v_i，则：

$$h_i = \frac{1}{g}\int_1^2 \frac{\partial v}{\partial t}\mathrm{d}s = \frac{l_1}{g}\frac{\mathrm{d}v_1}{\mathrm{d}t} + \frac{l_2}{g}\frac{\mathrm{d}v_2}{\mathrm{d}t} + \cdots + \frac{l_i}{g}\frac{\mathrm{d}v_i}{\mathrm{d}t} \tag{10-9}$$

在有压管道不可压缩液体的流动中，连续方程为

$$\omega_1 v_1 = \omega_2 v_2 = \cdots = \omega_i v_i = Q \tag{10-10}$$

根据式(10-10)，可将 $v_1,v_2,\cdots,v_i$ 用阀门处廊道断面 ω 的断面平均流速 v 来表示，即

$$v_1 = \frac{\omega}{\omega_1}v, v_2 = \frac{\omega}{\omega_2}v, \cdots, v_i = \frac{\omega}{\omega_i}v \tag{10-11}$$

于是

$$h_i = \frac{1}{g}\left(\frac{l_1\omega}{\omega_1}\right)\frac{\mathrm{d}v}{\mathrm{d}t} + \frac{1}{g}\left(\frac{l_2\omega}{\omega_2}\right)\frac{\mathrm{d}v}{\mathrm{d}t} + \cdots + \frac{1}{g}\left(\frac{l_i\omega}{\omega_i}\right)\frac{\mathrm{d}v}{\mathrm{d}t}$$

所以

$$h_i = \frac{l_n}{g}\cdot\frac{\mathrm{d}v}{\mathrm{d}t} = \frac{l_n}{g\omega}\cdot\frac{\mathrm{d}Q}{\mathrm{d}t} \tag{10-12}$$

式中，

$$l_n = \frac{l_1\omega}{\omega_1} + \frac{l_2\omega}{\omega_2} + \cdots + \frac{l_i\omega}{\omega_i} = \sum_1^i \frac{\omega}{\omega_j} l_j \tag{10-13}$$

称为换算长度。

10.3 短廊道输水系统的水力计算

10.3.1 短廊道输水系统水力计算公式

在船闸短廊道输水过程中，廊道中的流动虽是非恒定流，但因廊道长度较短，在水力计算中往往可以忽略惯性力的影响，设惯性水头 h_i 一项为 0。这样，任一瞬间其流量计算仍可采用恒定流时的计算公式，但在整个流动过程中，作用水头和流量却是时间的函数。图 10-10 表示一般情况下船闸短廊道的输水系统，上下闸室由输水廊道连通，并装有阀门。

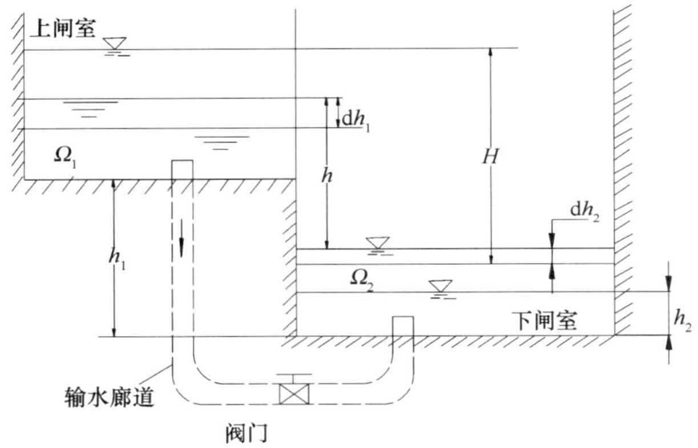

图 10-10 船闸短廊道输水系统

研究船闸灌水情况时采用下列符号：t 为从输水开始起算的时间；t_0 为阀门开启的时间；T 为下闸室水面达到与上闸室水面齐平所需的时间；H 为 $t=0$ 时，上下闸室的水头（水位差或称水级）；h 为 $t=t$ 时的作用水头；μ 为阀门全开时输水廊道的流量系数；μ_t 为阀门部分开启时输水廊道的流量系数。

在任意时刻 t 时，通过廊道进入闸室的流量（忽略惯性力影响）为

$$Q_t = \mu_t \omega \sqrt{2gh} \tag{10-14}$$

从时刻 t 以后的一段微分时间 $\mathrm{d}t$ 内，由上闸室流入下闸室的水量：

$$\mathrm{d}V = Q_t \cdot \mathrm{d}t = \mu_t \omega \sqrt{2gh} \cdot \mathrm{d}t \tag{10-15}$$

另一方面，若 Ω_1 上闸室水面面积；Ω_2 下闸室水面面积，则：

$$\mathrm{d}V = -\Omega_1 \mathrm{d}h_1 = \Omega_2 \mathrm{d}h_2 \tag{10-16a}$$

则

$$dh_2 = -\frac{\Omega_1}{\Omega_2}dh_1 \tag{10-16b}$$

作用水头 h:$h=h_1-h_2$,其微分:

$$dh = dh_1 - dh_2 = dh_1\left(1+\frac{\Omega_1}{\Omega_2}\right) \tag{10-16c}$$

所以,

$$dh_1 = \frac{\Omega_2}{\Omega_1+\Omega_2}dh \tag{10-16d}$$

于是,

$$dV = -\frac{\Omega_1\Omega_2}{\Omega_1+\Omega_2}dh \tag{10-17}$$

将式(10-17)代入式(10-15)中得

$$-\frac{\Omega_1\Omega_2}{\Omega_1+\Omega_2}dh = \mu_t\omega\sqrt{2gh}\cdot dt$$

变形为

$$dt = -\frac{\Omega_1\Omega_2}{\Omega_1+\Omega_2}\frac{1}{\mu_t\omega\sqrt{2g}}\cdot\frac{dh}{\sqrt{h}} \tag{10-18}$$

令 $C=\Omega_1\Omega_2/(\Omega_1+\Omega_2)$,$\omega$ 为廊道阀门处的断面面积(又称计算断面),则:

$$\mu_t dt = -\frac{C}{\omega\sqrt{2g}}\frac{dh}{\sqrt{h}} \tag{10-19}$$

在一般情况下,可以认为闸室面积是沿高度不变的。对于单级船闸,当闸室自水面很广的上游灌水或泄水到水面较广的下游,则 $C=\Omega$(闸室水面面积);对于多级船闸中的两相邻闸室(图 10-10),若上下闸室的水面面积相等($\Omega_1=\Omega_2=\Omega$),则 $C=0.5\Omega$。

在阀门开启期间,输水系统的流量系数 μ_t 是随阀门阻力系数而变化的;在阀门全开后可认为保持一常数。由第 3 章得知,阀门阻力系数与阀门类型及开启度有关,故对式(10-19)进行解算时,必须针对阀门不同的开启情况来进行。

下面我们列举出两种情况进行研究,并针对单级船闸的情况。在单级船闸中,图 10-10 的上闸室水面则系上游水面,在灌泄水过程中,此水面一般可认为是固定不变的。

1)阀门瞬时开启的情况($t_0=0$)

此种情况通常是不存在的,因为阀门不可能瞬时开启,而是在某一(即使是很短的)时间内开启的。此时研究问题的目的在于:①实际工程中,有时 t_0 可能很小,为了简化计算,可按此种情况进行;②可从以后的计算公式得知,阀门瞬时开启时,灌泄历时值是船闸输水系统的基本水力学特征之一。

当阀门瞬时开启时,$\mu_t=\mu=$常数,对式(10-19)直接进行积分而得瞬时开启阀门的某灌水历时 T_t 为

$$T_t = \int_0^t \mathrm{d}t = \frac{2\Omega(\sqrt{H} - \sqrt{h})}{\mu\omega\sqrt{2g}} \qquad (10-20)$$

在灌水过程结束时，$h=0$，则全部的灌水历时为

$$T = \frac{2\Omega\sqrt{H}}{\mu\omega\sqrt{2g}} \qquad (10-21)$$

根据式(10-20)可求出 $h=f(t)$ 的关系曲线。将 h 代入式(10-14)，可得到 $Q_t=f(t)$ 的关系曲线。

2)阀门逐渐均匀而连续开启的情况，且 $T > t_0 > 0$

实际上阀门的开启是受启动机械功率和泊稳条件的限制，总需要有一段时间过程，开启的方式也很多，但最经常碰到连续开启的工作方式。

此时全部的灌泄过程可以分为两个阶段：①自阀门开始提升(灌水开始时)到阀门全开(即 $0\to t_0$)；②自阀门全开到上下水面齐平输水终止(即 $t_0\to T$)，以下分别论述。

(1)自阀门开始提升到阀门全开阶段($0\to t_0$)

当 $t=t_0$ 时，$h=H_0$($t=t_0$ 时的水头)，将式(10-19)分别在 $0\sim t$ 和 $0\sim t_0$ 时段进行积分，得：

$$\int_0^t \mu_t \mathrm{d}t = \frac{2\Omega}{\omega\sqrt{2g}}[\sqrt{H} - \sqrt{h}] \qquad (10-22)$$

及

$$\int_0^{t_0} \mu_t \mathrm{d}t = \frac{2\Omega}{\omega\sqrt{2g}}[\sqrt{H} - \sqrt{H_0}] \qquad (10-23)$$

式(10-22)及式(10-23)左边项的积分需要知道 $\mu_t=f(t)$ 的变化规律才能进行。

在第3章中：

$$\mu_t = \frac{1}{\sqrt{\xi_c + \xi_g}} \qquad (10-24)$$

μ_t 随阀门阻力系数 ξ_g 的减小而增大，在均匀开启时，ξ_g 仅与阀门开启程度 n 有关，即

$$\xi_g = f\left(n = \frac{t}{t_0}\right)$$

输水系统总阻力系数 ξ_c 包括：进口部分、断面收缩及扩大处、水面下出水口、转弯等部分的阻力系数的总和。有关这些系数的确定在第3章中已有所论述，这里就不再重复。ξ_c 一般不随阀门开度而变，如船闸输水廊道断面沿程有变化，则在求各段阻力系数的总和时，应都换算成对阀门处计算断面的阻力系数。

各种阻力系数确定后，可计算出阀门不同开度的输水系数的流量系数，并可做出流量系数随阀门开启程度或时间而变化的曲线。有了 $\mu_t=f(t)$ 曲线，如图10-11所示，则式(10-22)及式(10-23)左方积分式便可求得。

根据式(10-22)及式(10-23)即可算出 $0\sim t_0$ 时段中，h 随 t 的变化规律，从而得出 $0\to t_0$ 时段的 $h=f(t)$。

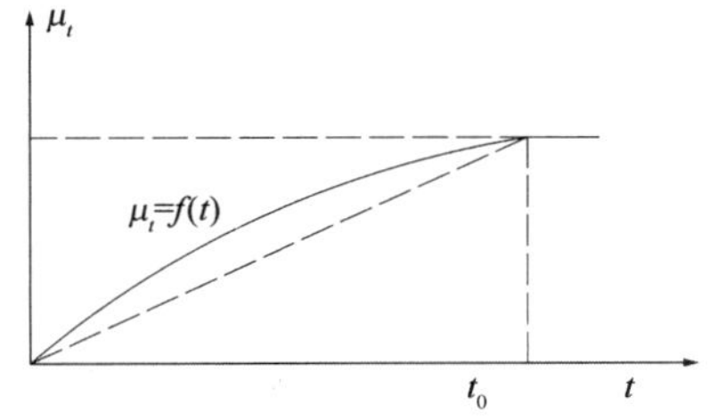

图 10-11　输水系数流量系数随时间的变化

(2)阀门全开后到输水终止阶段($t_0\to T$)

当阀门全开后,流量系数 $\mu_t=\mu=$系数,在此阶段的任一时刻的水头 h 的计算关系式,可由以下积分而得:

$$\int_{t_0}^{t}\mu_t \mathrm{d}t=-\frac{\Omega}{\omega\sqrt{2g}}\int_{H_0}^{h}\frac{\mathrm{d}h}{\sqrt{h}}=\frac{2\Omega}{\omega\sqrt{2g}}\left[\sqrt{H_0}-\sqrt{h}\right]$$

$$\mu(t-t_0)=\frac{2\Omega}{\omega\sqrt{2g}}\left[\sqrt{H_0}-\sqrt{h}\right]$$

$$\sqrt{h}=\sqrt{H_0}-\frac{(t-t_0)\mu\omega\sqrt{2g}}{2\Omega} \tag{10-25}$$

当 $t=T$ 时,$h=0$,由式(10-25)得:

$$t_e=\frac{2\Omega\sqrt{H_0}}{\mu\omega\sqrt{2g}} \tag{10-26}$$

式中,$t_e=T-t_0$,故闸室总灌水时间 T 为

$$T=t_0+t_e=t_0+\frac{2\Omega\sqrt{H_0}}{\mu\omega\sqrt{2g}} \tag{10-27}$$

在船闸水力计算中,常常需要绘制 $\mu_t=f(t)$、$h=f(t)$、$Q_t=f(t)$ 及灌水时的瞬时功率 $N=f(t)$ 等所谓水力特性曲线。

灌泄水时的瞬时功率 N 为

$$N=\frac{\gamma Q_t h}{1\ 000}=9.8Q_t h(\mathrm{kW}) \tag{10-28}$$

下面分别加以说明:

① $\mu_t=f(t)$ 曲线的计算和绘制(前边已有论述)。

② $h=f(t)$ 曲线。根据式(10-22)及式(10-25)进行,详细计算见例题。

③ $Q_t=f(t)$ 曲线。根据 $\mu_t=f(t)$ 及 $h=f(t)$ 的计算结果,可得出船闸灌水时,任一瞬时的 μ_t 值和水头 h 值,将这些 μ_t 和 h 值代入式(10-14),即可算出与之对应的 Q_t,于是得 $Q_t=f(t)$。

④ $N=f(t)$ 曲线。将 $h=f(t)$ 及 $Q_t=f(t)$ 的计算结果代入式(10-28),即可得出 $N=f(t)$。

最后将 $\mu_t=f(t)$、$h=f(t)$、$Q_t=f(t)$ 及 $N=f(t)$ 的计算结果绘于同一图上,如图 10-12 所

示。根据 $Q_t=f(t)$ 可算出不同时刻的 $\mathrm{d}Q/\mathrm{d}t$ 各值，并将 $\mathrm{d}Q/\mathrm{d}t=f(t)$ 的变化关系绘于图 10-12 下部。

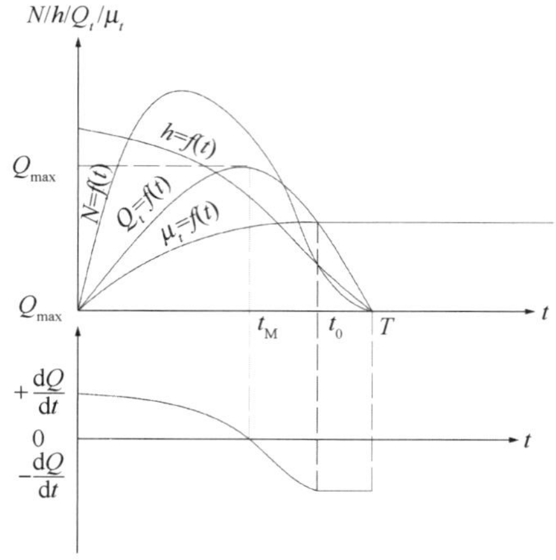

图 10-12　$\mathrm{d}Q/\mathrm{d}t=f(t)$ 的变化关系

10.3.2　短廊道输水系统水力计算的近似方法

船闸输水系统设计方案拟定后，通过上述特性曲线的计算和绘制，即可得出相应的 $Q_{\max}$、$(\mathrm{d}Q/\mathrm{d}t)_{\max}$ 及 $N_{\max}$ 等特征值，以供进一步设计之用。但在进行输水系统的初步选择和设计过程中，由于输水系统的细部构造尚未确定，水力特性曲线还不能详细算出，在这种情况下，我们可以采用以下近似的计算方法，来求出所需要确定的输水总时间及相应的 $Q_{\max}$、$(\mathrm{d}Q/\mathrm{d}t)_{\max}$ 及 $N_{\max}$ 等特征值。

1）闸室总灌水时间 T 的计算公式

参看 $\mu_t=f(t)$ 曲线（图 10-13），设 A 表示曲线图中画线部分的面积，则

$$\int_0^{t_0}\mu_t \mathrm{d}t=\mu t_0-A=\mu t_0\left(1-\frac{A}{\mu t_0}\right)$$

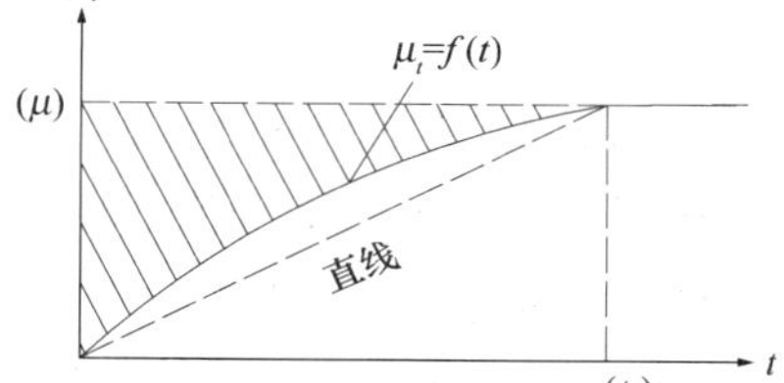

图 10-13　$\mu_t=f(t)$ 的关系曲线

令 $\alpha = \dfrac{A}{\mu t_0}$

所以

$$\int_0^{t_0} \mu_t \mathrm{d}t = \mu t_0 (1 - \alpha) \tag{10-29}$$

将式(10-29)代入式(10-23)得

$$\mu t_0 (1 - \alpha) = \frac{2\Omega}{\omega \sqrt{2g}} [\sqrt{H} - \sqrt{H_0}]$$

$$\sqrt{H_0} = \sqrt{H} - \frac{\mu t_0 (1 - \alpha) \omega \sqrt{2g}}{2\Omega} \tag{10-30}$$

将式(10-30)代入式(10-27)得

$$T = t_0 + \frac{2\Omega}{\mu \omega \sqrt{2g}} \left[\sqrt{H} - \frac{\mu t_0 (1 - \alpha) \omega \sqrt{2g}}{2\Omega} \right]$$

$$= t_0 + \frac{2\Omega \sqrt{H}}{\mu \omega \sqrt{2g}} - t_0 (1 - \alpha)$$

$$T - t_0 \alpha = T(1 - \alpha k) = \frac{2\Omega \sqrt{H}}{\mu \omega \sqrt{2g}}$$

所以

$$T = \frac{2\Omega \sqrt{H}}{\mu \omega \sqrt{2g} (1 - \alpha k)} \tag{10-31}$$

式中,$k = t_0 / T$ 为阀门开启的相对时间。

由式(10-31)亦可算出在时间 T 内完成闸室灌水所需输水廊道的面积为

$$\omega = \frac{2\Omega \sqrt{H}}{\mu T \sqrt{2g} (1 - \alpha k)} \tag{10-32}$$

当输水系统的流量系数按直线变化时(图 10-13),则

$$\alpha = \frac{A}{\mu t_0} = \frac{\frac{1}{2} \mu t_0}{\mu t_0} = \frac{1}{2} = 0.5$$

在船闸初步计中,一般都近似采用 $\alpha = 0.5$,或参考表 10-1 所给数值。

表 10-1　不同流量系数(阀门全开时)的 α 值

阀门型式	不同流量系数(阀门全开时)的 α 值			
	$\mu = 0.5$	$\mu = 0.6$	$\mu = 0.7$	$\mu = 0.8$
平板门(锐缘底)	0.37	0.41	0.44	0.47
弧形门	0.35	0.39	0.42	0.44
圆筒门	0.29	0.33	0.36	—

续表

阀门型式	不同流量系数(阀门全开时)的 α 值			
	$\mu=0.5$	$\mu=0.6$	$\mu=0.7$	$\mu=0.8$
旋转门	0.43	0.47	0.50	0.53
针形门	0.30	0.33	0.36	0.39

2)闸室总灌水流量过程及相应水力特征

前提条件:①阀门等速开启;②设流量系数在阀门开启过程中按直线变化($a=1/2$)(图10-14)。

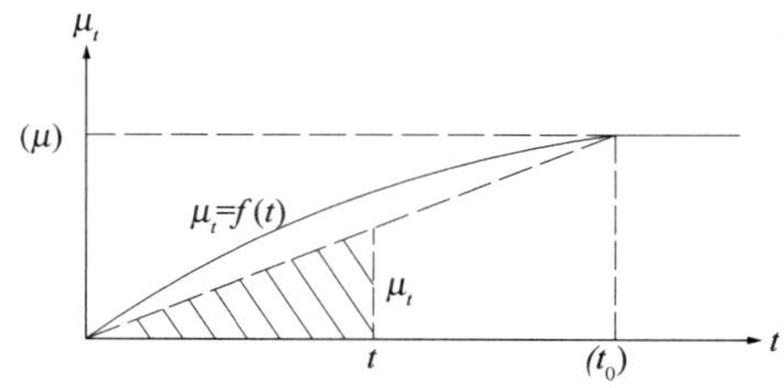

图 10-14　流量系数在阀门开启过程中的变化

$$\int_0^t \mu_t \mathrm{d}t = \frac{1}{2}t\mu_t$$

又

$$\frac{\mu_t}{\mu} = \frac{t}{t_0}, \mu_t = \frac{t}{t_0}\mu$$

所以

$$\int_0^t \mu_t \mathrm{d}t = \frac{1}{2}\frac{t^2}{t_0}\mu \tag{10-33}$$

将式(10-33)代入式(10-22)得:

$$\frac{1}{2}\frac{t^2}{t_0}\mu = \frac{2\Omega}{\omega\sqrt{2g}}(\sqrt{H} - \sqrt{h})$$

所以

$$t^2 = \frac{4\Omega(\sqrt{H} - \sqrt{h})\,t_0}{\mu\omega\sqrt{2g}} \tag{10-34}$$

(1)最大流量 Q_{max} 的计算公式

在任一瞬时的输水流量可表示为

$$Q_t = \mu_t\omega\sqrt{2gh} = \frac{t}{t_0}\mu\omega\sqrt{2gh} \tag{10-35}$$

将式(10-34)代入式(10-35)得：

$$Q_t = \frac{\mu\omega\sqrt{2gh}}{t_0}\left[\frac{4\Omega\left(h\sqrt{H} - h^{\frac{3}{2}}\right)}{\mu\omega\sqrt{2g}}\right]^{\frac{1}{2}}$$

$$= \left(\frac{4\Omega\,\mu\omega\sqrt{2g}}{t_0}\right)^{\frac{1}{2}}\left(h\sqrt{H} - h^{\frac{3}{2}}\right)^{\frac{1}{2}}$$

$$\frac{\mathrm{d}Q_t}{\mathrm{d}h} = \left(\frac{4\Omega\,\mu\omega\sqrt{2g}}{t_0}\right)^{\frac{1}{2}}\frac{\mathrm{d}}{\mathrm{d}h}\left(h\sqrt{H} - h^{\frac{3}{2}}\right)^{\frac{1}{2}}$$

$$= \left(\frac{4\Omega\,\mu\omega\sqrt{2g}}{t_0}\right)^{\frac{1}{2}}\frac{\left(\sqrt{H} - \frac{3}{2}h^{\frac{1}{2}}\right)}{2\left(h\sqrt{H} - h^{\frac{3}{2}}\right)^{\frac{1}{2}}}$$

令 $\mathrm{d}Q_t/\mathrm{d}h = 0$，可得出当 $Q_t = Q_{\max}$ 时的有效水头 h_M 为

$$\sqrt{H} - \frac{3}{2}h^{\frac{1}{2}} = 0$$

所以

$$h_M = \frac{4}{9}H \tag{10 - 36}$$

则相应于最大流量出现的时间为 t_M，将 $h_M = 4H/9$ 代入式(10-34)得：

$$t_M^2 = \frac{4\Omega\left(\sqrt{H} - \frac{2}{3}\sqrt{H}\right)t_0}{\mu\omega\sqrt{2g}} = \frac{4/3\Omega\sqrt{H}t_0}{\mu\omega\sqrt{2g}}$$

所以

$$t_M = \frac{1}{\sqrt{3}}\left(\frac{4\Omega\sqrt{H}t_0}{\mu\omega\sqrt{2g}}\right)^{\frac{1}{2}} \tag{10 - 37}$$

令 $\alpha = 1/2$，则式(10-31)可变为

$$\frac{4\Omega\sqrt{H}}{\mu\omega\sqrt{2g}} = T(2 - k) \tag{10 - 38}$$

将式(10-38)代入式(10-37)则得：

$$t_M = \frac{T}{\sqrt{3}}\sqrt{k(2 - k)} \tag{10 - 39}$$

将 h_M 及 t_M 之值代入式(10-35)得：

$$Q_{\max}=\frac{\mu\omega\sqrt{2g}\cdot\frac{2}{3}\sqrt{H}}{t_0}\cdot\frac{2}{\sqrt{3}}\left(\frac{\Omega\sqrt{H}t_0}{\mu\omega\sqrt{2g}}\right)^{\frac{1}{2}}$$

$$=\frac{8}{3\sqrt{3}}\frac{\Omega H}{\sqrt{t_0\frac{4\Omega\sqrt{H}}{\mu\omega\sqrt{2g}}}}=\frac{8}{3\sqrt{3}}\frac{\Omega H}{\sqrt{t_0T(2-k)}}$$

$$Q_{\max}=\frac{8}{3\sqrt{3}}\cdot\frac{\Omega H}{T\sqrt{k(2-k)}}\tag{10-40}$$

式(10-40)只适用于阀门全开时的水头不超过 $4H/9$ 的情况，在阀门全开瞬时 $h=4H/9$ 的极限情况：

$$t_0=t_M=\frac{1}{\sqrt{3}}\left(\frac{4t_0\Omega\sqrt{H}}{\mu\omega\sqrt{2g}}\right)^{\frac{1}{2}}$$

两端平方得：

$$t_0^2=\frac{4}{3}\frac{t_0\Omega\sqrt{H}}{\mu\omega\sqrt{2g}}$$

所以

$$t_0=\frac{4}{3}\frac{\Omega\sqrt{H}}{\mu\omega\sqrt{2g}}$$

又由式(10-37)得：

$$3t_0=T(2-k)=T\left(2-\frac{t_0}{T}\right)$$

即 $t_0=0.5T$。

所以，当阀门在 $t_0<0.5T$ 时间内迅速开启时，最大流量发生的门全开的瞬间，即 $t_M=t_0$。

由式(10-34)得：

$$t=t_0=t_M=\frac{4\Omega(\sqrt{H}-\sqrt{h})}{\mu\omega\sqrt{2g}}$$

所以

$$\sqrt{h}=\sqrt{H}-\frac{\mu\omega\sqrt{2g}}{4\Omega}t_0$$

则

$$Q_{\max}=\frac{t}{t_0}\mu\omega\sqrt{2gh}=\mu\omega\sqrt{2g}\left[\sqrt{H}-\frac{\sqrt{H}\cdot t_0}{T(2-k)}\right]$$

$$=\frac{4\Omega\sqrt{H}}{T(2-k)}\cdot\sqrt{H}\left[\frac{T(2-k)-t_0}{T(2-k)}\right]$$

所以

$$Q_{max}=\frac{8\Omega H(1-k)}{T(2-k)^2}\tag{10-41}$$

图 10-15(a)绘出了 $t_0=0.5T$ 时 $Q-t$ 关系曲线,图 10-15(b)绘出了 $t_0>0.5T$ 时$Q-t$ 的关系曲线。根据以上的推证及图 10-15 说明,当 $t_0\leqslant 0.5T$ 时,最大流量发生在阀门全开的瞬间,最大流量 Q_{max} 用式(10-41)计算;当 $t_0\geqslant 0.5T$ 时,最大流量 Q_{max} 发生在 $t_M=\frac{T}{\sqrt{3}}\sqrt{k(2-k)}$ 及 $h_M=4H/9$、Q_{max}应用式(10-40)计算。

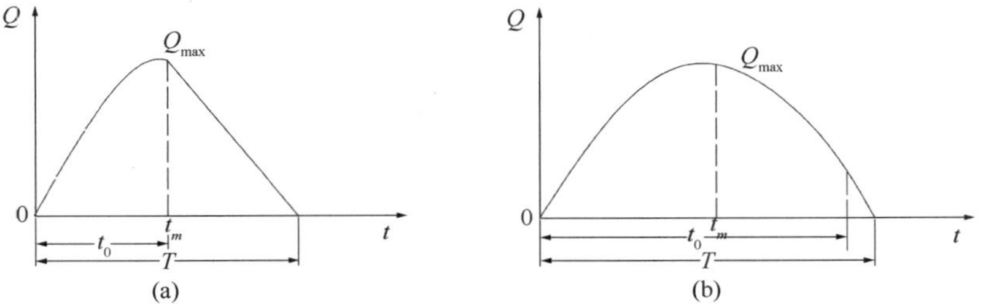

图 10-15　$Q-t$ 的关系曲线

(a)$t=0.05T$ 时;(b)$t>0.05T$ 时

所以,最大流量 Q_{max} 表达式如下。

①当阀门在 $t_0<0.5T$ 时间内迅速开启时,最大流量发生在阀门全开的瞬间:

$$Q_{max}=\frac{8\Omega H(1-k)}{T(2-k)^2}$$

②当阀门在 $t_0\geqslant 0.5T$ 时间内缓慢开启时,最大流量 Q_{max} 发生的瞬时是:

$$\left.\begin{aligned}t_M&=\frac{T}{\sqrt{3}}\sqrt{k(2-k)}\\h_M&=\frac{4}{9}H\end{aligned}\right\}$$

$$Q_{max}=\frac{8}{3\sqrt{3}}\frac{\Omega H}{T\sqrt{k(2-k)}}$$

(2)最大流量增值$(\mathrm{d}Q/\mathrm{d}t)_{max}$的计算公式

因为

$$Q=\frac{t}{t_0}\mu\omega\sqrt{2gh}$$

所以

$$\frac{\mathrm{d}Q}{\mathrm{d}t}=\frac{\mathrm{d}}{\mathrm{d}t}\left[\frac{t}{t_0}\mu\omega\sqrt{2gh}\right]$$

阀门在开启过程中,有以下公式:

$$\int_0^t \mu_t \mathrm{d}t = \frac{2\Omega}{\omega\sqrt{2g}}[\sqrt{H} - \sqrt{h}]$$

仍设 $\int_0^t \mu_t \mathrm{d}t = \frac{1}{2}\frac{t^2}{t_0}\mu$，则 $\sqrt{h} = \sqrt{H} - \frac{\mu\omega\sqrt{2g}t^2}{4\Omega t_0}$，代入上式得：

$$\frac{\mathrm{d}Q}{\mathrm{d}t} = \frac{\mathrm{d}}{\mathrm{d}t}\left[\frac{t}{t_0}\mu\omega\sqrt{2g}\left(\sqrt{H} - \frac{\mu\omega\sqrt{2g}t^2}{4\Omega t_0}\right)\right]$$

$$= \frac{\mu\omega\sqrt{2gH}}{t_0} - \frac{\mu^2\omega^2 2g}{4\Omega t_0^2}\cdot 3t^2$$

由上式可看出，$(\mathrm{d}Q/\mathrm{d}t)$的最大值发生在 $t=0$ 时，即输水开始时，其大小为

$$\left(\frac{\mathrm{d}Q}{\mathrm{d}t}\right)_{\max,0} = \frac{\mu\omega\sqrt{2gH}}{t_0} \approx \frac{4\Omega H}{T^2k(2-k)}$$

阀门全开后$(t > t_0)$，流量 $Q_t = \mu\omega(2gh)^{1/2}$，$\mu_t = \mu$ 为常数，h 随时间 t 的变化可按式(10-25)求出，即

$$\sqrt{h} = \sqrt{H_0} - \frac{(t-t_0)\mu\omega\sqrt{2g}}{2\Omega}$$

即 $h^{1/2}$随时间 t 按直线变化，则 Q 随时间 t 亦按直线变化，故$(\mathrm{d}Q/\mathrm{d}t)$在 $t_0 \sim T$ 时段内为常数，也就是此时段内$(\mathrm{d}Q/\mathrm{d}t)$的最大值$(\mathrm{d}Q/\mathrm{d}t)_{\max,k}$为

$$\left(\frac{\mathrm{d}Q}{\mathrm{d}t}\right)_{\max,k} = \frac{\mathrm{d}}{\mathrm{d}t}[\mu\omega\sqrt{2gh}]$$

$$= \frac{\mathrm{d}}{\mathrm{d}t}\mu\omega\sqrt{2g}\left[\sqrt{H_0} - \frac{(t-t_0)\mu\omega\sqrt{2g}}{2\Omega}\right]$$

$$= -\frac{\mu^2\omega^2 2g}{2\Omega} = -\frac{\mu^2\omega^2 g}{\Omega}$$

所以

$$\left(\frac{\mathrm{d}Q}{\mathrm{d}t}\right)_{\max,k} = -\frac{\mu^2\omega^2 g}{\Omega} \approx \frac{8\Omega H}{T^2(2-k)^2}$$

因此，最大流量增值$(\mathrm{d}Q/\mathrm{d}t)_{\max}$的计算公式总结如下。

①最大流量增值发生在输水开始时$(t=0)$，亦即最大时：

$$\left(\frac{\mathrm{d}Q}{\mathrm{d}t}\right)_{\max,0} = \frac{\mu\omega\sqrt{2gH}}{t_0} \approx \frac{4\Omega H}{T^2k(2-k)} \tag{10-42}$$

②流量增值的最大负值发生在阀门全开时，在此以后的所有灌水时间内，它将保持为一常数：

$$\left(\frac{\mathrm{d}Q}{\mathrm{d}t}\right)_{\max,k} = -\frac{\mu^2\omega^2 g}{\Omega} \approx \frac{8\Omega H}{T^2(2-k)^2} \tag{10-43}$$

(3)输水时的瞬时功率

输水时的瞬时功率 N 为

$$N=\frac{\gamma Q_t h}{1\ 000}=9.8Q_t h(\mathrm{kW})$$

将式(10-34)和式(10-35)代入上式得:

$$N=\frac{9.8\ \mu\omega\sqrt{2gh}\cdot h}{t_0}\cdot\sqrt{\frac{4\Omega(\sqrt{H}-\sqrt{h})\ t_0}{\mu\omega\sqrt{2g}}}$$

$$=\frac{9.8\ \mu\omega\sqrt{2g}\cdot\sqrt{4\Omega}}{\sqrt{\mu\omega\sqrt{2g}\cdot t_0}}\cdot\left(h^3\sqrt{H}-h^{\frac{7}{2}}\right)^{\frac{1}{2}}\tag{10-44}$$

$$\frac{\mathrm{d}N}{\mathrm{d}h}=\frac{9.8\ \mu\omega\sqrt{2g}\cdot\sqrt{4\Omega}}{\sqrt{\mu\omega\sqrt{2g}\cdot t_0}}\cdot\frac{\left[3\sqrt{H}h^2-7/2h^{\frac{5}{2}}\right]}{2\left(h^3\sqrt{H}-k^{\frac{7}{2}}\right)^{\frac{1}{2}}}\tag{10-45}$$

令 $\mathrm{d}N/\mathrm{d}h=0$,可得出 $N=N_{\max}$时的有效水头为

$$3\sqrt{H}h^2-7/2H^{\frac{5}{2}}=0$$

$$h=\frac{36}{49}H\approx 0.735H\tag{10-46}$$

代入得:

$$N_{\max}=\frac{9.8\ \mu\omega\sqrt{2g}\cdot\sqrt{4\Omega}}{\mu\omega\sqrt{2g}\cdot t_0}\left[\left(\frac{36}{49}H\right)^3\cdot H^{\frac{1}{2}}-\left(\frac{36}{49}H\right)^{\frac{7}{2}}\right]^{\frac{1}{2}}\tag{10-47}$$

将式(10-38)代入上式,并整理得:

$$N_{\max}=9.3\frac{\Omega H^2}{T\sqrt{k(2-k)}}\tag{10-48}$$

10.4　短廊道输水系统水力计算实例

某拟建横拉门、双向水头船闸,闸首采用平面对冲消能的输水系统,靠门库一侧廊道则穿越门库,门库另一侧廊道的入口断面、出口断面及廊道断面的形状和尺寸如图 10-16 所示。廊道输水阀门为平板直升门,阀门连续均匀开启,开启时间定为 5 min。闸室充水面积 Ω= 195 m×26 m=5 070 m^2。设计闸上水位$\nabla_{上}$=3.5 m,闸下水位$\nabla_{下}$=1.0 m。

要求按门库另一侧廊道进行以下水力计算(设门库一侧和另一侧廊道的输水能力相同,廊道糙率 n=0.014)。

10.4.1　计算 $\mu=f_t(t)$

在拟定的船闸输水方式下,流量系数 μ 在阀门开启过程中随时间变化,只是当阀门完全开启后方可认为 μ 为常数。

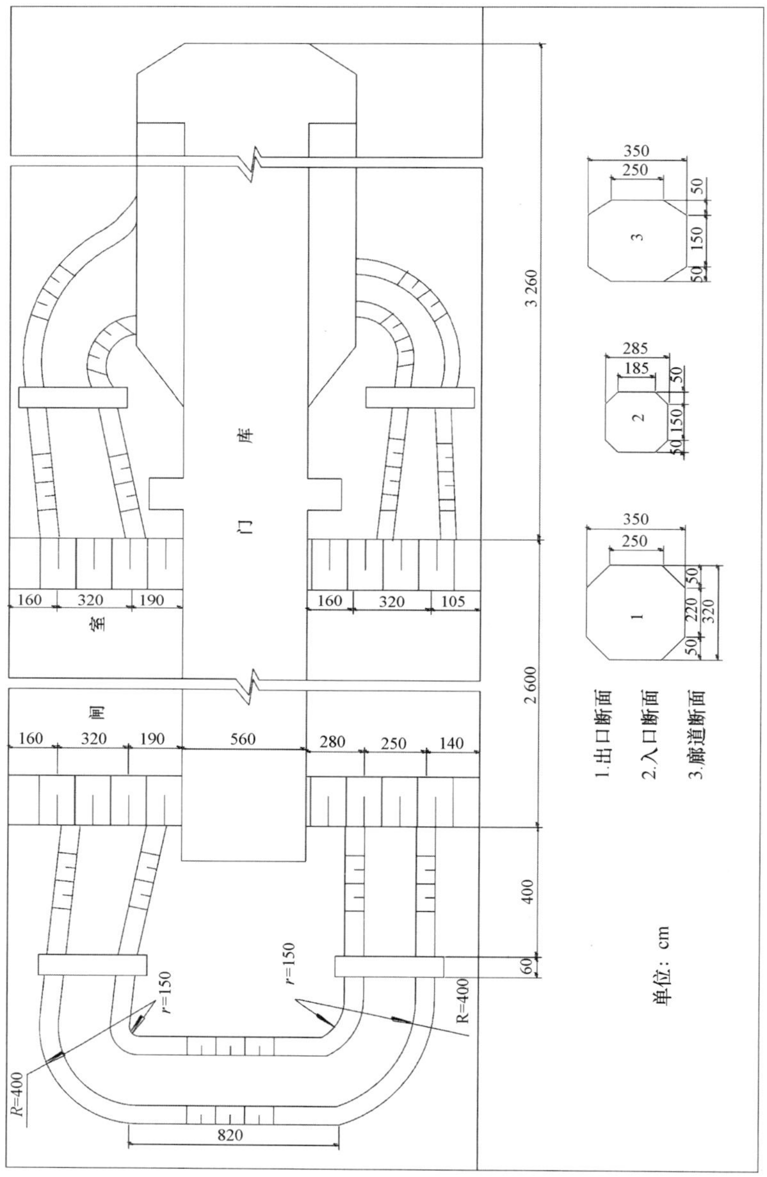

图10-16 短廊道输水系统

按短廊道计算，由式(10-24)知

$$\mu_t = \frac{1}{\sqrt{\xi_c + \xi_g}}$$

式中，ξ_c为输水系统总阻力系数；ξ_g 为阀门阻力系数。

又

$$\xi_c = \xi_e + \xi_{d,e} + 2\xi_b + \xi_f + \xi_{d,0} + \xi_0$$

式中，$\xi_{d,e}$为入口扩大段局部阻力系数；$\xi_{d,0}$为出口扩大段的局部阻力系数；ξ_e为入口段的局部阻力系数；ξ_b为弯道局部阻力系数；ξ_0为出口的局部阻力系数。

根据图 10-16 所给门座另一侧廊道的尺寸，则

廊道断面面积 $\omega = 3.5\times2.5-4\times\frac{1}{2}\times0.5^2=8.25(\text{m}^2)$；

入口断面面积 $\omega_e = 2.5\times2.85-4\times\frac{1}{2}\times0.5^2=6.625(\text{m}^2)$；

出口断面面积 $\omega_0 = 3.5\times3.2-4\times\frac{1}{2}\times0.5^2=10.7(\text{m}^2)$；

廊道断面的水力半径 $R = \dfrac{\omega}{\chi} = \dfrac{3.5\times2.5-4\times\frac{1}{2}\times0.5^2}{2\times(2.5+1.5)+4\times\sqrt{0.5^2+0.5^2}} = 0.761(\text{m})$。

已知入口段的局部水头损失 h_{je}为

$$h_{je} = 0.5\frac{v_e^2}{2g} = 0.5\left(\frac{\omega}{\omega_e}\right)^2\frac{v^2}{2g}$$

其中，v_e为入口断面的断面平均流速；v 为廊道断面的断面平均流速，则

$$\xi_e = 0.5\left(\frac{\omega}{\omega_e}\right)^2 = 0.5\left(\frac{8.25}{6.62}\right)^2 = 0.774$$

根据 $b/R=2.5/2.75=0.91$，则

$$\xi_b = 0.33$$

又

$$\xi_f = \frac{2gL}{C^2R} = \frac{2\times9.8\times8.2}{\left(\dfrac{1}{0.014}\times0.761^{\frac{1}{6}}\right)^2\times0.761} = 0.047$$

入口及出口扩大段的局部阻力系数可按下式计算：

$$\xi_{d,e} = 0.18\left[1-\left(\frac{6.62}{8.25}\right)^2\right]\times\left(\frac{8.25}{6.62}\right)^2 = 0.100$$

$$\xi_{d,0} = 0.18\left[1-\left(\frac{8.25}{10.7}\right)^2\right] = 0.073$$

设出口断面的局部水头损失 h_{j0}为

$$h_{j0}=\frac{v_0^2}{2g}=\left(\frac{\omega}{\omega_0}\right)^2\frac{v^2}{2g}$$

则

$$\xi_0=\left(\frac{\omega}{\omega_0}\right)^2=\left(\frac{8.25}{10.7}\right)^2=0.595$$

所以

$$\xi_c=0.774+0.100+2\times 0.33+0.047+0.073+0.595=2.249$$

则

$$\mu_t=\frac{1}{\sqrt{2.249+\xi_g}}$$

因阀门阻力系数 ξ_g 随阀门开启度 n 而变化，则 μ_t 亦随 ξ_g 而变，计算结果列于表 10-2，根据表中数据可绘制 $\mu_t=f_t(t)$ 曲线，如图 10-17 所示。

表 10-2　阀门阻力系数 ξ_g、阀门开启度 n、流量系数的变化

开启时间 t/s	阀门开度 n	阀门阻力系数 ξ_g	$\xi_e+\xi_g$	$(\xi_e+\xi_g)^{1/2}$	流量系数 $\mu_t=(\xi_e+\xi_g)^{-1/2}$
0	0	∞	∞	∞	0
30	0.1	193.25	195.5	14.0	0.071 4
60	0.2	44.75	47.0	6.85	0.146
90	0.3	18.05	20.3	4.51	0.222
120	0.4	8.37	10.62	3.25	0.307
150	0.5	4.27	6.52	2.55	0.392
180	0.6	2.33	4.60	2.15	0.467
210	0.7	1.10	3.35	1.83	0.545
240	0.8	0.64	2.89	1.70	0.588
270	0.9	0.34	2.59	1.61	0.622
300	1.0	0.25	2.50	1.57	0.633

10.4.2　计算 $h=f_2(t)$

此过程分两个阶段计算。

1）自阀门开始提升到阀门全开的阶段（$0\to t_0$）

在此阶段中，流量系数为变数，灌水过程的方程式可由式（10-22）改变而得：

$$\sqrt{h}=\sqrt{H}-\frac{\omega\sqrt{2g}}{\Omega}\int_0^t\mu_t\mathrm{d}t=\sqrt{H}-\frac{\omega\sqrt{2g}}{\Omega}\sum\overline{\mu_t}\Delta t$$

按上式将计算结果列于表 10-3。

表 10-3　阀门开始提升到阀门全开阶段的流量系数

t/s	$H^{1/2}$	$\dfrac{\omega\sqrt{2g}}{\Omega}$	$\overline{\mu_t}$/s	$\overline{\mu_t}\Delta t$/s	$\sum\overline{\mu_t}\Delta t$/s	$\dfrac{\omega\sqrt{2g}}{\Omega}\sum\overline{\mu_t}\Delta t$ /$m^{1/2}$	$h^{1/2}$/$m^{1/2}$	h/m
0	1.58	0.0072	0.035 7	1.07	0	0	1.58	2.5
30			0.109	3.26	1.07	0.007 7	1.572	2.47
60			0.184	5.52	4.33	0.031 9	1.548	2.40
90			0.265	7.95	9.85	0.070 9	1.509	2.28
120			0.350	10.5	17.8	0.128	1.452	2.11
150			0.430	12.9	28.3	0.203	1.371 0	1.90
180			0.506	15.2	41.2	0.296	1.284	1.65
210			0.567	17.0	56.4	0.406	1.174	1.38
240			0.605	18.1	73.4	0.152 8	1.052	1.11
270			0.628	18.8	91.5	0.66	0.92	0.840
300					110.3	0.795	0.785	0.616

2）阀门全开后到输水终止阶段（$t_0 \to T$）

当阀门全开后，$\mu_i = \mu =$ 常数 $= 0.633$，在此阶段任一时刻的水头 h 的计算关系式为

$$\sqrt{h} = \sqrt{H_0} - \frac{(t - t_0)\mu\omega\sqrt{2g}}{\Omega}$$

当 $t = T$ 时，由式（10-26）得

$$t_e = \frac{\Omega\sqrt{H_0}}{\mu\omega\sqrt{2g}} = \frac{5\ 070 \times \sqrt{0.616}}{0.633 \times 8.25 \times 4.43} = 172(\mathrm{s})$$

全部输水时间 T 为

$$T = t_0 + t_e = 300 + 172 = 472(\mathrm{s})$$

将计算结果列于表 10-4，根据计算结果，绘制 $h = f_2(t)$ 曲线，如图 10-17 所示。

表 10-4　计算表（1）

t/s	$H_0^{1/2}$/$m^{1/2}$	$\mu\omega(2g)^{1/2}/\Omega$ /($m^{1/2}\cdot s^{-1}$)	$(t-t_0)\mu\omega\times(2g)^{1/2}/\Omega$ /$m^{1/2}$	$h^{1/2}$/$m^{1/2}$	h/m
350	0.785	0.004 55	0.228	0.557	0.31
400			0.455	0.330	0.109
450			0.683	0.102	0.010 4
472			0.785	0	0

10.4.3 计算 $Q=f_3(t)$

由式(10-14)知

$$Q=\mu_t 2\omega\sqrt{2gh}$$

当 $t>t_0$ 后,流量系数 $\mu_t=\mu=$ 常数 $=0.633$,则 $\mu_t 2\omega(2g)^{1/2}$ 不随时间而变,并由式 $h^{1/2}=H_0^{1/2}-(t-t_0)\mu\omega(2g)^{1/2}/\Omega$ 可看出,在 $t_0\sim T$ 期间,$h^{1/2}$ 随 t 呈直线变化,故 Q 随时间 t 也按直线变化,即 $t>t_0$ 后,$\mathrm{d}Q/\mathrm{d}t=$ 常数。

将计算结果列于表 10-5,根据计算结果绘制 $Q=f_3(t)$ 曲线,如图 10-17 所示。

表 10-5　计算表(2)

t/s	μ_t	$h^{1/2}$/$\mathrm{m}^{1/2}$	$2\omega\times(2gh)^{1/2}$ /($\mathrm{m}^3\cdot\mathrm{s}^{-1}$)	$Q=\mu_t 2\omega(2gh)^{1/2}$ /($\mathrm{m}^3\cdot\mathrm{s}^{-1}$)
0	0	1.58	115.2	0
30	0.071 4	1.572	114.7	8.2
60	0.146	1.548	113.0	16.5
90	0.222	1.509	110.0	24.4
120	0.307	1.452	106.0	32.5
150	0.392	1.378	100.5	39.4
180	0.467	1.284	94.0	43.8
210	0.545	1.174	86.0	46.8
240	0.588	1.052	77.0	45.3
270	0.622	0.92	67.2	41.8
300	0.633	0.785	57.4	36.3
350	0.633	0.557	40.7	25.8
400	0.633	0.330	24.1	15.3
450	0.633	0.102	7.46	4.73
472	0.633	0	0	0

10.4.4 计算 $N=f_4(t)$

将计算结果列于表 10-6,根据计算结果绘制 $N=f_4(t)$ 曲线,如图 10-17 所示。

表 10-6　计算表(3)

t/s	h/m	Q/($\mathrm{m}^3\cdot\mathrm{s}^{-1}$)	γQh/($\mathrm{N}\cdot\mathrm{m}\cdot\mathrm{s}^{-1}$)	$N=\gamma Qh/1\ 000$(kW)
0	2.5	0	0	0
30	2.47	8.2	198 000	197

续表

t/s	h/m	Q/($m^3 \cdot s^{-1}$)	γQh/($N \cdot m \cdot s^{-1}$)	$N=\gamma Qh/1\ 000$(kW)
60	2.40	16.5	388 000	388
90	2.28	24.4	545 000	515
120	2.11	32.6	675 000	675
150	1.90	39.5	735 000	735
180	1.65	43.8	710 000	710
210	1.38	46.8	633 000	633
240	1.11	45.2	492 000	492
270	0.846	41.8	347 000	347
300	0.616	36.3	219 000	219
350	0.31	25.8	78 500	78.5
400	0.109	15.3	16 400	16.4
450	0.010 4	4.73	480	0.48
472	0	0	0	0

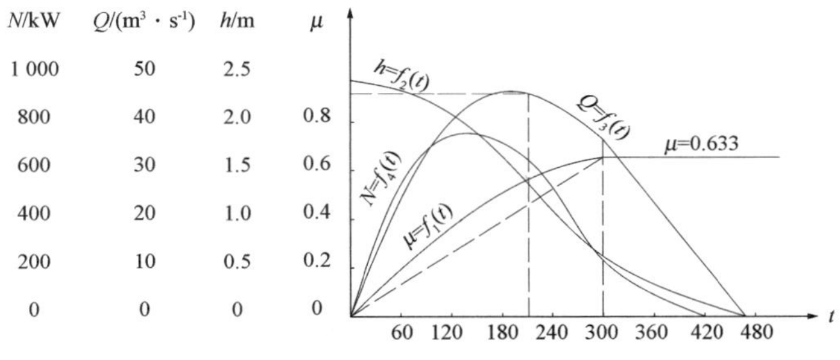

图 10-17　表 10-4、表 10-5 和表 10-6 的计算结果图

10.4.5　计算 Q_{max}, N_{max} 及 $(dQ/dt)_{max}$ 等特征值

1) 最大流量 Q_{max} 的确定

因 $t_0 \geq 0.5T$，则最大流量发生的瞬时：

$$t_M = \frac{T}{\sqrt{3}}\ [k(2-k)]^{\frac{1}{2}}$$

$$= \frac{472}{1.732}\left[\frac{300}{472}\left(2-\frac{300}{472}\right)\right]^{\frac{1}{2}} = 253$$

最大流量 Q_{max} 由式(10-40)确定，即

$$Q_{max}=\frac{8}{3\sqrt{3}}\times\frac{\Omega H}{T\sqrt{k(2-k)}}=\frac{8\times5\,070\times2.5}{3\times1.732\times472\times\left[\frac{300}{472}\left(2-\frac{300}{472}\right)\right]^{\frac{1}{2}}}$$

$$=44.7(\mathrm{m^3/s})$$

2) N_{max}的确定

最大瞬时功率可由式(10-47)确定,即

$$N_{max}=9.3\frac{\Omega H^2}{T\sqrt{k(2-k)}}=\frac{9.3\times5\,070\times2.5^2}{472\times\left[\frac{300}{472}\left(2-\frac{300}{472}\right)\right]^{\frac{1}{2}}}$$

$$=671(\mathrm{kW})$$

3) 最大流量增值的计算

由式(10-42)得:

$$\left(\frac{\mathrm{d}Q}{\mathrm{d}t}\right)_{max,0}=\frac{\mu\omega\sqrt{2gh}}{t_0}=\frac{0.633\times2\times8.25\times4.43\times2.5^{\frac{1}{2}}}{300}$$

$$=0.244(\mathrm{m^3/s^2})$$

由式(10-43)得:

$$\left(\frac{\mathrm{d}Q}{\mathrm{d}t}\right)_{max,k}=-\frac{\mu^2\omega^2 g}{\Omega}=\frac{0.633^2\times(2\times8.25)^2\times9.81}{5\,070}$$

$$=-0.211(\mathrm{m^3/s^2})$$

10.5 门下输水方式灌泄水的水力计算

门下输水方式多用于上闸首及多级船闸的中间闸首,作为灌水设备其特点是在灌水开始时闸室内的水面比孔口位置为低(图 10-18),因而在灌水过程中的开始阶段为自由泄流。在此阶段,有效水头与闸室内的水位无关,可以认为有效水头是一常数。考虑到消能室中水面在闸室水面以上的壅高,可近似地认为当闸室中的水面升高到孔口下沿时即转为淹没泄流阶段,这实际上可认为此壅高值 $\Delta H=0.5h_0$,h_0为闸门的开度。

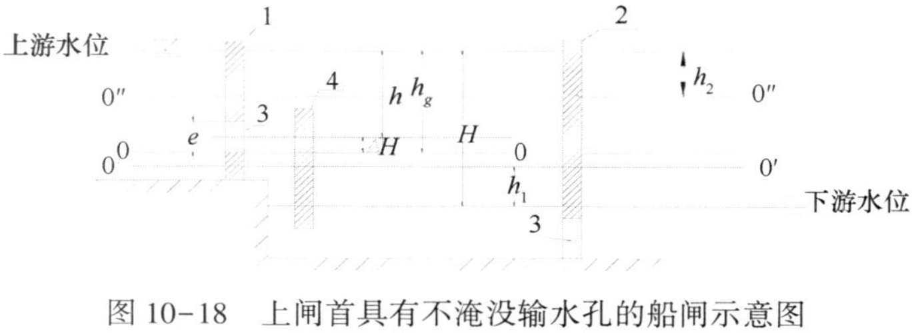

图 10-18　上闸首具有不淹没输水孔的船闸示意图

如图 10-18 这样布置的孔口，输水过程可分两个不同的阶段：第一阶段泄流为自由出流，有效水头与闸室水面变化无关，而仅决定于阀门的开启大小；第二阶段则为淹没泄流。

在充水的过程中，消能室中的水位总比闸室中水位高出 ΔH 值，此 ΔH 值一般很小，计算中常假定 $\Delta H=0.5e$，即假定闸室中水位升到输水孔下缘的瞬间即为第二阶段的开始。

试验证明，当孔口为均匀开启时，$\mu_t=f(t)$ 与水平线偏差不超过 3%～4%，故可假定在阀门开启过程中 μ_t 是常数。

10.5.1　阀门开启 3 种情况下灌水时间计算

当阀门为均匀开启时，其全开的瞬间可能有 3 种情况：一是阀门全开的瞬间即输水孔刚被淹没的瞬间；二是阀门全开后孔口尚未淹没；三是阀门还未全开孔口已淹没泄流。以下分别按此 3 种情况来推求灌水时间。

1）第一种情况：$t_0=t_0'$

t_0为阀门全开所需要时间；t_0'为闸室内水面由起始水面上升到孔口下缘线 0-0（即消能室内水面升到孔口中心线）所需要的时间；ω 输水孔口面积；ω_t为阀门开启过程中，任意瞬时孔口过水面积。

阀门全开以前，孔口系自由出流，有效水头不随时间变化，故流量可按孔口自由出流公式计算：

$$Q_t=\mu_t\omega_t\sqrt{2gh} \tag{10-49}$$

因为阀门系均匀开启，$\omega_t=\omega t/t_0$；又假定 $\mu_t=\mu$，所以

$$Q_t=\mu\omega\frac{t}{t_0}\sqrt{2gh}$$

在 t_0时间段内，由上游入闸室的水量为

$$\Delta V=\Omega h_b=\int_0^{t_0}Q_t\mathrm{d}t=\frac{\mu\omega}{t_0}\sqrt{2gh}\int_0^{t_0}t\mathrm{d}t$$

$$=\frac{\mu\omega t_0\sqrt{2gh}}{2}$$

$$t_0=\frac{2\Omega h_b}{\mu\omega\sqrt{2gh}}=\frac{2\Omega(H-H_g)}{\mu\omega\sqrt{2gh}} \tag{10-50}$$

阀门全开以后灌水所需时间 t_e可按以下公式计算：

$$t_e=\frac{2\Omega h_b\sqrt{H_g}}{\mu\omega\sqrt{2g}} \tag{10-51}$$

故全部灌水时间

$$T=t_0+t_e=\frac{2\Omega(H-H_g)}{\mu\omega\sqrt{2gh}}+\frac{2\Omega\sqrt{H_g}}{\mu\omega\sqrt{2g}} \tag{10-52}$$

若闸室无消能遮墙，则式(10−50)及式(10−51)中的 H_g 应为 h，于是

$$T=\frac{2\Omega(H-h)}{\mu\omega\sqrt{2gh}}+\frac{2\Omega\sqrt{h}}{\mu\omega\sqrt{2g}}=\frac{2\Omega H}{\mu\omega\sqrt{2gh}} \tag{10-53}$$

2)第二种情况：$t_0<t_0'$

此时，为便于计算，将输水过程分作 3 个特征阶段，分别求其水面变化过程。

(1)室水由起始位置上升到阀门全开时的水面 0′−0′($t=t_0$)。在此期间的泄流为自由出流，但阀门开度是变化的。照前法可证明，此时

$$t_0=\frac{2\Omega h_1}{\mu\omega\sqrt{2gh}} \tag{10-54}$$

(2)室中水面由 0′−0′上升到孔口下缘 0−0。出流仍为自由出流，作用水头 h 为常数，而此时阀门已全开，故流量可按下式计算

$$Q_t=\mu\omega\sqrt{2gh}$$

在此时段内，流入室中水量为

$$\Delta V=\Omega(H-H_0-h_1)=\int_{t_0}^{t'_0}Q_t\mathrm{d}t=\mu\omega\sqrt{2gh}\,(t'_0-t_0)$$

故灌水历时

$$\Delta t'=t'_0-t_0=\frac{\Omega(H-H_g-h_1)}{\mu\omega\sqrt{2gh}} \tag{10-55}$$

(3)水面由 0′−0′上升至与上游水面齐平，即淹没出流阶段。

故灌水历时 $\Delta t''$ 为

$$\Delta t''=\frac{2\Omega\sqrt{H_g}}{\mu\omega\sqrt{2g}} \tag{10-56}$$

全部灌水时间则为

$$\begin{aligned}T&=t_0+\Delta t'+\Delta t''\\&=\frac{\Omega}{\mu\omega\sqrt{2g}}\left[\frac{2h_1}{\sqrt{h}}+\frac{(H-H_g-h_1)}{\sqrt{h}}+2\sqrt{H_g}\right]\end{aligned} \tag{10-57}$$

若无消能遮墙，则

$$\begin{aligned}T&=\frac{\Omega}{\mu\omega\sqrt{2g}}\left[\frac{2h_1}{\sqrt{h}}+\frac{(H-h-h_1)}{\sqrt{h}}+2\sqrt{h}\right]\\&=\frac{\Omega(H+h+h_1)}{\mu\omega\sqrt{2gh}}\end{aligned} \tag{10-58}$$

或

$$T=\frac{t_0}{2}+\frac{\Omega(H+h)}{\mu\omega\sqrt{2gh}} \tag{10-59}$$

3）第三种情况：$t_0 > t_0'$

为便于计算也把它分为 3 个阶段来论述（并设无消能遮墙）。

（1）闸室水面由起始位置上升至孔口中心线（系自由出流，但孔口过水面积是变化的），灌水历时 t 为

$$t = \frac{2\Omega(H - h)}{\mu\omega\sqrt{2gh}} \tag{10-60}$$

（2）室水面由孔口中心线上升至 0″–0″位置（即阀门全开时室中水面位置）。在此期间，泄流系淹没出流，孔口尚未全部打开。其泄流量为

$$Q_t = \mu\omega \frac{t}{t_0}\sqrt{2gz}$$

在 $\mathrm{d}t$ 时段内泄入闸室中的水量为

$$\mathrm{d}V = -\Omega\mathrm{d}z = Q_t\mathrm{d}t = \mu\omega\sqrt{2gz}\,\frac{t}{t_0}\mathrm{d}t - \int_h^{h_0}\frac{\Omega\mathrm{d}z}{\sqrt{z}}$$

$$= \int_{t_1}^{t_0}\frac{\mu\omega\sqrt{2g}\,t\mathrm{d}t}{t_0}$$

积分并简化后得

$$\sqrt{h_2} = \sqrt{h} - \frac{\mu\omega\sqrt{2g}}{4\Omega t_0}(t_0^2 - t_1^2) \tag{10-61}$$

（3）由 0″–0″至终止水面。在这段时间内已完全开启，且为淹没泄流。其灌水历时 Δt 为

$$\Delta t = \frac{2\Omega\sqrt{h_2}}{\mu\omega\sqrt{2g}} \tag{10-62}$$

故全部灌水历时为

$$T = t_1 + (t_0 - t_1) + \Delta t = t_0 + \Delta t$$

$$= t_0 + \frac{2\Omega\sqrt{h_2}}{\mu\omega\sqrt{2g}} \tag{10-63}$$

利用式（10–61）可算出 h_2 值，代入式（10–63）后，则可求 T。

10.5.2　水力特征值 Q_{max}、$(\mathrm{d}Q/\mathrm{d}t)_{max}$ 及 N_{max} 的确定

在孔口全开的瞬间，早于或正当闸室水位升到输水孔的情况，最大流量发生在孔口全开的瞬间，并等于

$$Q_{max} = \mu\omega\sqrt{2gh} \tag{10-64}$$

在这种情况下，当 H_t（上游水位与闸室水位差）= $2H/3$ 时，阀门开启内水流功率将达到最大值，它等于

$$N_{max} = 5.35\sqrt{\frac{\mu\omega\sqrt{2gh\Omega}}{t_0}}H^{3/2} \tag{10-65}$$

在这种情况下,流量随时间的增长速度保持为一常数,其值如下:

(1)在阀门开启的全部时间内为正值

$$\left(\frac{dQ}{dt}\right)_0=\frac{\mu\omega\sqrt{2gh}}{t_0} \tag{10-66}$$

(2)在水位升到孔口中心以后的全部灌水时间内为负值

$$\left(\frac{dQ}{dt}\right)_h=-\frac{\mu^2\omega^2 g}{\Omega} \tag{10-67}$$

在阀门开启以前,输水孔早就被淹没的情况下,要得到 Q_{max} 的一般公式是困难的。在这种情况下,可绘出 $Q_t=f(t)$ 曲线以求最大流量,比较方便。又计算证明,水流能量的最大值一般发生在水位升到孔口中心以前,所以在任何情况下,都可用式(10-64)来求得。同时流量的增值也可按式(10-66)和式(10-67)来计算。

10.6 分散式输水系统灌泄水的水力计算

在近代大型船闸的建设中,多采用分散式的输水系统,如三峡船闸等,是将水流分散而均匀地流入闸室,如图 10-19 所示,这样可以大大改善过闸船舶的停泊条件。

分散式输水系统的水流现象比较复杂,水力计算结果一般仅可作为初步选择输水系统型式及其尺寸时的参考,问题的解决在很大程度上仍然要借助于模型试验。

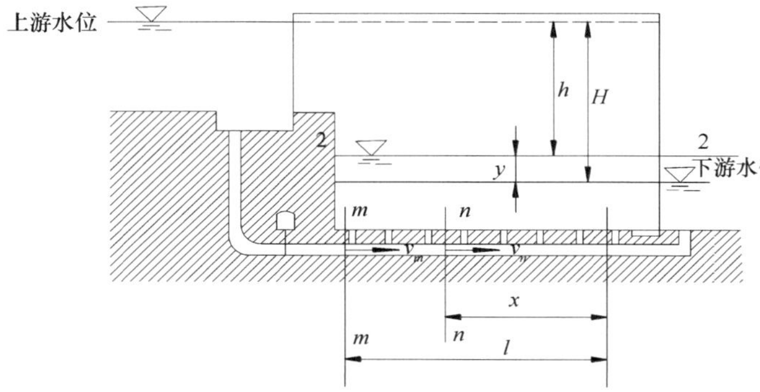

图 10-19　闸室灌水时纵向廊道及其出水口的工作示意图

分散式输水系统的水力计算,主要是确定输水廊道断面面积、出水口的位置及其断面大小,以保证在允许的灌泄历时情况下,整个闸室是均匀地供水。

若整个闸室灌泄水不均匀,就可使闸室水面产生波浪和纵比降,从而有纵向流速产生,过闸船只会沿倾斜面滑动,系缆力增大,致使过闸船只的停泊条件恶化。因此,如果闸室的出水孔越多或各个孔口的出流越均匀,更确切地说是各个出水孔流量是相等的,则船只的泊稳条件就越良好。

在设计输水系统时,船闸的输水时间根据通过能力大小是预先给定的,并且通常各个出水孔之间的距离相等,在闸室长度已知的情况下,各个出水孔的位置都是确定的。输水廊道

断面积 ω 的计算与出水孔的面积有关，而出水孔面积是未知的，因此不可能直接求解。

关于输水系统的水力计算，首先必须确定输水廊道的断面积，通常将阀门段上廊道断面作为计算断面。输水时，廊道断面积可由式(10-32)确定，即

$$\omega = \frac{2\Omega\sqrt{H}}{\mu T\sqrt{2g(1 - \alpha k)}}$$

式中，$k=t_0/T$ 为阀门开启的相对时间。

在第一次近似计算时，可以采用 $\alpha=0.5$ 或参照表 10-1 的经验数值来选择。廊道断面确定后，则可进一步计算各出水孔面积 δ(出水孔等间距布置)，从而可算出每一瞬间系统的流量系数 $\mu_t=f(t)$ 及系数 α 值，检验 μ 及 α 值否则重复上述计算。最后即可绘制 $h=f(t)$，$Q_t=f(t)$，……等的水力特性曲线。

关于纵向廊道出水孔面积的确定，过去曾进行了很多的研究，这些研究说明：各出水孔的间距相同、面积相等，但各出水孔的流量并不相等。因此，必须采用某种方法计算出能保证各出水孔流量相等的情况下，各出水孔的面积大小(各出水孔间距相同)。

实践得出：船闸运用中，最不利的过闸水力条件，是发生在闸室灌水过程中(在闸室灌泄水相等的情况下)。因此通常采用灌水过程作为确定出水孔尺寸的计算条件。

根据第 4 章所讲的基本原理，忽略惯性力的影响，则出水孔面积可按下式确定：

$$q = \mu\delta\sqrt{2gz} \tag{10-68}$$

式中，$q=Q_m/m$ 通过一个出孔的流量；Q_m为有出水孔段开始处的总流量；m 为出水孔的数目；μ 为出水孔的流量系数；δ 为一个出水孔的面积；z 为所研究出水孔前断面的有效总水头(即所研究的出水口前断面的总水头与闸室水之差)。

对任一出水孔 $n-n$ 断面上的有效总水头可写成

$$z = \xi_n \frac{v_m^2}{2g} = \frac{\xi_n}{2g\omega^2}Q_m^2 \tag{10-69}$$

将式(10-69)代入式(10-68)中，则

$$\delta = \frac{\omega q}{\mu Q_m \sqrt{\xi_n}} \tag{10-70}$$

或

$$\delta = \frac{\omega}{\mu m \sqrt{\xi_n}} \tag{10-71}$$

式中，ω 为输水廊道的断面积(设整个廊道的 ω 为常数)；ξ_n为所研究的出水孔断面内系统的总阻力系数，是以输水廊道开始处的流速来表示的。

沿输水廊道长度方向系统的水头损失由下列几部分组成：

(1)输水廊道的沿程摩擦损失；

(2)与每一个出水孔分配流量有关的局部水头损失；

(3)出水孔本身的损失。

在下面的水力计算中，把输水廊道出水孔的流动视之为并联系统来考虑。对每一出水孔的水流，在 $m-m$ 与 2-2 断面间的总能头差（即全部水头损失）是相等的。且每一出水孔的流量为常数。

在以上假设前提下，以 2-2 断面为基准线，应用伯努利方程式计算通过最后一个出水孔的水流，可写出在输水廊道任意断面 $n-n$ 处的有效压头为

$$z_p = (\xi_0 + \xi_f + \xi_\omega)\frac{v_m^2}{2g} - \frac{\alpha v_n^2}{2g} \tag{10-72}$$

式中，z_p为断面 $n-n$ 在闸室水面 2-2 以上的压力水头；v_m为输水廊道开始断面的平均流速；v_n为 $n-n$ 断面的平均流速；ξ_0为廊道最后一个水孔进口与出口的阻力系数；ξ_f为廊道的摩擦阻力系数；ξ_ω为由于水流沿出水孔分配流量而产生的分流阻力系数。

以上所有阻力系数均以流速 v_m来表示。下面分别来研究这些阻力系数如何确定。

（1）出水孔的阻力系数 ξ_0

根据水力学知识，淹没出水孔的阻力系数为

$$\xi_0 = \frac{1}{\mu_0^2} \tag{10-73}$$

其中，μ_0为最后一个出水孔的流量系数，可按具体情况确定之，通常将出水孔作为管嘴来研究。

（2）摩擦阻力系数 ξ_0

在《水力学》（白玉川，2007）中曾讲到，在有压管路流量连续分配的情况下，所需的水头损失是通过同一集中流量时水头损失的 1/3 倍，所以输水廊道内的沿程水头损失为

$$h_f = \frac{1}{3}Q_n^2\frac{l}{K^2}$$

式中，$K^2=\omega^2C^2R, l=x$；Q_n即 $n-n$ 断面处的总流量，$Q_n=\omega v_n$。

则

$$h_f = \frac{1}{3}\frac{\omega^2 v_n^2 x}{\omega^2 C^2 R}\cdot\frac{2g}{2g} = \frac{2gx}{3C^2R}\cdot\frac{v_n^2}{2g} \tag{10-74}$$

分布廊道断面 $n-n$ 处流速

$$v_n = \frac{q_1 x}{\omega} = \frac{q_1 x}{\omega}\cdot\frac{l}{l} = v_m\frac{x}{l} \tag{10-75}$$

式中，q_1为分布廊道单位长度上的流量；x 为由最后一个出水孔至研究断面 $n-n$ 的距离；ω 为分布廊道的断面积；l 为分布廊道的总长。

将式（10-75）代入式（10-74）则得

$$h_f = \frac{2gx}{3C^2R}\frac{v_m^2}{2g}\left(\frac{x}{l}\right)^2 = \frac{2gl}{3C^2R}\left(\frac{x}{l}\right)^3\frac{v_m^2}{2g}$$

所以

$$\xi_f = \frac{2gl}{3C^2R}\left(\frac{x}{l}\right)^3 \tag{10-76}$$

(3)由于分配流量而产生的分流阻力系数 $\xi_{\omega 0}$

对分流的水头损失曾提出不同的确定方法,这里我们按假设这些水头损失等于水流突然扩大时的水头损失来确定,这样,水流通过一个出水孔的分流水头损失为

$$h'_w = \frac{(v_n - v_{n-1})^2}{2g} = \frac{(Q_n - Q_{n-1})^2}{\omega^2 \cdot 2g} = \frac{q^2}{\omega^2 \cdot 2g}$$

$$= \frac{Q^2}{m^2\omega^2 \cdot 2g} = \frac{1}{m^2}\frac{v_m^2}{2g}$$

在 x 段内所有出水孔的这种水头损失为

$$h_w = \frac{n-1}{m^2}\frac{v_m^2}{2g}$$

所以

$$\xi_\omega = \frac{n-1}{m^2} \tag{10-77}$$

将式(10−77)、式(10−76)及式(10−73)代入式(10−72)中,则得

$$z_p + \frac{\alpha v_n^2}{2g} = \left[\frac{1}{\mu_0^2} + \frac{2gl}{3C^2R}\left(\frac{x}{l}\right)^3 + \frac{n-1}{m^2}\right]\frac{v_m^2}{2g}$$

即总水头

$$z = \left[\frac{1}{\mu_0^2} + \frac{2gl}{3C^2R}\left(\frac{x}{l}\right)^3 + \frac{n-1}{m^2}\right]\frac{v_m^2}{2g}$$

所以

$$\xi_n = \frac{1}{\mu_0^2} + \frac{2gl}{3C^2R}\left(\frac{x}{l}\right)^3 + \frac{n-1}{m^2} \tag{10-78}$$

最后将式(10−78)代入式(10−71)中可求出任意出水孔的面积 δ。

最后必须说明的是,以上计算均未考虑惯性力的影响,即在不恒定流情况下,出水孔计算是复杂的。也就是说,按照上述方法确定的出水口面积,仅在恒定流条件下,才能保持各出水孔均匀出流,在灌泄水过程中,这个条件只有当进入闸室的流量通过其最大值的瞬间才存在。由于闸室灌水时船舶的停泊条件要比泄水时严峻,因此一般都以在灌水过程中当流量最大时,使整个出水孔出流相等的条件下,按上述方法来选择出水孔的面积和布置。但是,船闸灌泄过程中,其流动均为非恒定流,惯性力对出水孔的流量有影响,因此,一般很难通过选择出水孔的面积,使之在整个灌水过程中,均能保持各出水孔均匀工作。所以,对于分散式输水系统,为了改善过闸船舶的停泊条件,同样也需要采取控制开始灌泄水时阀门的开启速度等措施。

第 11 章　竖井闸阀灌水方式设计的水力学理论

船坞的短廊道灌水形式在国内外的应用十分广泛,竖井闸阀灌水是其中有代表性的一种形式。廊道中的水流属非恒定流,边界条件复杂,局部阻力占主导因素,廊道水力特性很难有解析解,本章结合深圳孖洲岛友联船厂,对特大型船坞灌水流道复杂水力特性进行理论计算。

招商局深圳孖洲岛友联船厂的 35 万吨级修船坞采用单侧短廊道灌水方式,空坞灌水时间 2.5 h,灌水流道负压值控制在 3.0 m 水柱以上,即(h_V>3.0 m)。校核高潮位 4.21 m,设计高潮位 2.91 m,船舶进出坞正常潮位 1.76 m,设计低潮位 0.41 m ,校核低潮位-0.29 m。坞室长 400 m,宽 83 m,坞深 13.5 m,有效水深 10 m,船坞空坞灌水量约 33.7×10^4 m^3。坞室设有横坡与纵坡,自坞门向后纵坡坡度为 1/400,船坞底中心线在坞艏处(坞口处)标高-8.5 m,坞艉处为-7.5 m,如图 11-1 所示。

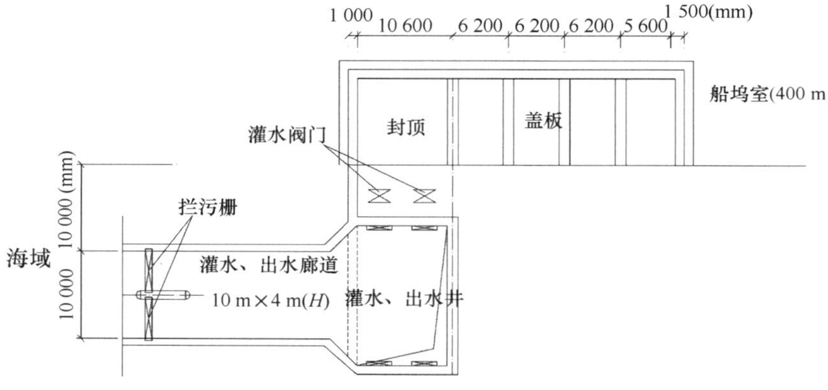

图 11-1　灌水流道平面布置

11.1　流量系数的计算

11.1.1　由海到坞室整个过程段

能量方程

$$H_s = H_w + \sum \xi_i \frac{v_i^2}{2g} + \sum \lambda_i \frac{l_i}{4R_i} \frac{v_i^2}{2g} + \alpha \frac{v^2}{2g} \tag{11-1}$$

连续方程

$$Q = v_i A_i \tag{11-2}$$

由式(11-1)、式(11-2)得:

$$Q = \mu \sqrt{2g(H_s - H_w)} \tag{11-3}$$

$$\lambda_i = \frac{8g}{C_i^2}; C_i = \frac{1}{n} R_i^{\frac{1}{6}}$$

式中,H_s为海水位;H_w为坞室水位;A_i、ξ_i、v_i、λ_i、l_i、R_i分别为廊道各段断面面积、局部阻力系数、流速、沿程阻力系数、流段长度、水力半径;v 为坞室断面平均流速;n 为糙率;μ 为流量系数。

11.1.2 水头损失计算

考虑廊道双管灌水,阀门全开。将整个灌水廊道细分为几个典型段:外海到井段;阀门段;盖板六米段;盖板四米段和大明沟段,其水头损失分别为 h_1、h_2、h_3、h_4、h_5,具体计算如下。

1)外海到井段

对外海到井段廊道有:进口阻力系数 ξ_1;拦污栅阻力系数 ξ_2;沿程阻力系数 ξ_3;出口阻力系数 ξ_4。

进口阻力系数 ξ_1,查《水力学》(白玉川,2007)局部阻力系数表,得 $\xi_1 = 0.5$;

拦污栅阻力系数:

$$\xi_2 = 2.42\left(\frac{S}{D}\right) \approx 2.34$$

沿程阻力系数:

$$\xi_3 = \frac{2gL}{C^2 R}$$

式中,L 为沿程长度,单位 m;C 为谢才系数,$C = \frac{1}{n} R^{\frac{1}{6}}$,其中 R 为水力半径;$R = \frac{\omega}{\chi}$,其中 ω 为断面面积,χ 为湿周长。而 $R = \frac{\omega}{\chi} = \frac{4 \times 4.5}{2 \times 4 + 2 \times 4.5} = 1.06$;$C = \frac{1}{n} R^{\frac{1}{6}} = \frac{1}{0.014} \times 1.06^{\frac{1}{6}} = 72.13$;

所以

$$\xi_3 = \frac{2gL}{C^2 R} = \frac{2 \times 9.8 \times 25}{72.13^2 \times 1.06} \approx 0.09$$

出口阻力系数 ξ_4,查表,得 $\xi_4 = 0.81$。因此,海到井过程的这一段廊道总的阻力系数为

$$\sum \xi_i = 2 \times (\xi_1 + \xi_2 + \xi_3 + \xi_4) = 7.48$$

由该段引起的水头损失为 $h_1 = 7.48 \dfrac{v_1^2}{2g}$。

2)阀门段

在阀门段主要考虑的阻力系数有:阀门入口阻力系数 ξ_5、阀门阻力系数 ξ_6、阀门出口阻力系数 ξ_7。

阀门入口处是切角型式,查局部阻力系数表可得:$\xi_5 = 0.25$。

阀门采用的是蝶阀,当阀门全开的时候,查局部阻力系数表得:$\xi_6 = 0.24$。

阀门出口阻力系数通过公式计算:

$$\xi_7 = \left(1 - \frac{\omega_1}{\omega_2}\right)^2$$

阀门出口直径 $d = 3$ m,断面面积 $\omega_1 = \dfrac{\pi d^2}{4} = 7.07\ (\mathrm{m}^2)$,$\omega_2 = 4.5 \times 10.6 = 47.7\ (\mathrm{m}^2)$。

则,$\xi_7 = \left(1 - \dfrac{\omega_1}{\omega_2}\right)^2 = \left(1 - \dfrac{7.07}{47.7}\right)^2 \approx 0.726$。

由于所采用的是双蝶阀,双管,阀门全开,因此这一段总的阻力系数是这 3 部分阻力系数的两倍,即

$$\sum \xi_i = 2(\xi_5 + \xi_6 + \xi_7) = 2 \times (0.25 + 0.24 + 0.726) = 2.432$$

阀门段引起的水头损失为

$$h_2 = 2.432 \frac{v_2^2}{2g}$$

3)盖板六米段

这一段主要考虑进口阻力系数 ξ_8 和出口阻力系数 ξ_9。

进口阻力系数等于阀门出口阻力系数,即 $\xi_8 = \xi_7 = 0.805$。

出口由于收缩,其阻力系数为:

$$\xi_9 = 0.5\left(1 - \frac{\omega_2}{\omega_1}\right)$$

其中,$\omega_1 = 4.5 \times 10.6 = 47.7(\mathrm{m}^2)$;$\omega_2 = 2.5 \times 10.6 = 26.5(\mathrm{m}^2)$。

则有 $\xi_9 = 0.5\left(1 - \dfrac{\omega_2}{\omega_1}\right) = 0.5 \times \left(1 - \dfrac{26.5}{47.7}\right) = 0.22$。

在盖板六米段的进口阻力系数已考虑在引起阀门段的水头损失里,因此在这一段只需考虑由于收缩引起的出口阻力系数,其水头损失为

$$h_3 = 0.22 \frac{v_4^2}{2g}$$

4)盖板四米段

这段是六米段的延伸,因此在这一段的阻力系数只考虑出口阻力系数 ξ_{10} 和转角阻力系

数 ξ_{11}。

出口突然扩张，其阻力系数

$$\xi_{10} = \left(1 - \frac{\omega_1}{\omega_2}\right)^2$$

式中，$\omega_1 = 3.5 \times 4 = 14(m^2)$；$\omega_2 = 5 \times 10 = 50(m^2)$。

所以，$\xi_{10} = \left(1 - \frac{\omega_1}{\omega_2}\right)^2 = \left(1 - \frac{14}{50}\right)^2 \approx 0.52$

直转角阻力系数：

$$\begin{aligned}\xi_{11} &= 0.946\left(\sin\frac{TU}{4}\right)^2 + 2.05 \times \sin^4\frac{TU}{4} \\ &= 0.946 \times 0.5 + 2.05 \times 0.25 \\ &= 0.985\ 5\end{aligned}$$

该段水头损失为

$$h_4 = (0.52 + 0.985\ 5)\frac{v_4^2}{2g} = 1.505\ 5\frac{v_4^2}{2g}$$

5）大明沟段

大明沟段采用分散出水方式，主要考虑分散出水阻力系数：

$$\xi_{12} = \frac{1}{\sin^2\left(k_f\frac{\sum\omega_B}{\omega}\right)}$$

式中，查局部阻力系数表得 $k_f = 0.75$；而 $\omega = 5 \times 10 = 50(m^2)$；$\sum\omega_B = 27(m^2)$；

所以，$\xi_{12} = \frac{1}{\sin^2\left(k_f\frac{\sum\omega_B}{\omega}\right)} = \frac{1}{\sin^2(0.75 \times 0.54)} = 6.43$

大明沟段的水头损失为

$$h_5 = 6.43\frac{v_5^2}{2g}$$

由水流连续性方程，可得

$$A_1v_1 = 2A_2v_2 = A_3v_3 = A_4v_4 = A_5v_5$$

式中：海到井过程段灌水廊道的横截面积 $A_1 = 4 \times 10 = 40(m^2)$；阀门段的出口横截面积 $A_2 = 3.14 \times 2.5^2/4 \approx 4.906(m^2)$；盖板段的平均横截面积 $A_3 = A_4 = 14(m^2)$；大明沟段的平均横截面积 $A_5 = 50(m^2)$

所以，$v_1 = \frac{2A_2}{A_1}v_2 = 0.246v_2$；$v_3 = v_4 = \frac{2A_2}{A_4}v_2 = 0.7v_2$；$v_5 = \frac{2A_2}{A_5}v_2 = 0.196v_2$。

表 11-1 中列出了阀门直径为 2.5 m 时各个典型段的水头损失。

表 11-1　阀门直径为 2.5 m 时各个典型段的水头损失

各典型段	海到井段	阀门段	盖板六米段	盖板四米段	大明沟段
水头损失	$h_1 = 7.48\dfrac{v_1^2}{2g}$	$h_2 = 2.432\dfrac{v_2^2}{2g}$	$h_3 = 0.22\dfrac{v_4^2}{2g}$	$h_4 = 1.5055\dfrac{v_4^2}{2g}$	$h_5 = 6.43\dfrac{v_5^2}{2g}$
代入 v_2	$h_1 = 0.453\dfrac{v_2^2}{2g}$	$h_2 = 2.432\dfrac{v_2^2}{2g}$	$h_3 = 0.108\dfrac{v_2^2}{2g}$	$h_4 = 0.738\dfrac{v_2^2}{2g}$	$h_5 = 0.247\dfrac{v_2^2}{2g}$

坞室断面平均流速与廊道内水流速度相比可不计,由式(11-1),可得

$$\begin{aligned} H_s - H_w &= \sum h_i + h = h_1 + h_2 + h_3 + h_4 + h_5 \\ &= (0.453 + 2.432 + 0.108 + 0.738 + 0.247)\frac{v_2^2}{2g} \\ &= 3.978\frac{v_2^2}{2g} \end{aligned}$$

则有

$$v_2 = \frac{1}{\sqrt{3.978}}\sqrt{2g(H_s - H_w)}$$

即流量系数 $\mu = 0.501$。

11.2　灌水流量、时间及坞室水位计算

11.2.1　灌水时间计算公式

由灌水连续条件:

$$dV = Q_t \cdot dt = \mu_t \omega \sqrt{2gh} \cdot dt$$

$$dV = -\Omega \cdot dh$$

由以上两式得

$$dt = -\frac{\Omega}{\mu_t \omega \sqrt{2g}} \cdot \frac{dh}{\sqrt{h}} \tag{11-4}$$

式中,μ_t 为 t 时刻流量系数; h 为 t 时刻作用水头;ω 为阀门处断面面积;Ω 为坞室面积。

设从坞室水深为零开始灌水,不考虑底坡度,坞室面积为 Ω,则灌水时间为

$$T = \int_0^T dt = \int_H^0 -\frac{\Omega}{\mu_t \omega \sqrt{2g}} \cdot \frac{dh}{\sqrt{h}} = \frac{2\Omega\sqrt{H}}{\mu\omega\sqrt{2g}} \tag{11-5}$$

式中:T 为灌水总时间;H 为 $t=0$ 时刻作用水头;μ 为流量系数,取 0.429。

管道出口直径 $d=3$ m,阀门段出口面积为

$$\omega = 2 \times \frac{\pi d^2}{4} = 2 \times \frac{\pi \times 3^2}{4} = 14.13(\mathrm{m}^2)$$

坞室面积为：$\Omega = 400 \times 83 = 33\ 200(\mathrm{m}^2)$

由计算式(11-5)对不同工况，即潮位(4.0 m；3.0 m；2.0 m；1.0 m；0.00 m)进行计算(不考虑底坡度)。坞室的灌水时间如表 11-2 所示。

表 11-2　坞室灌水时间(阀门直径为 2.5 m)

潮位/m	水头 H/m	理论计算灌水时间/h	实验测得灌水时间/h
4.0	12.50	2.43	2.48
3.0	11.5	2.33	2.38
2.0	10.5	2.22	2.27
1.0	9.5	2.12	2.16
0.0	8.5	2.01	2.05

11.2.2　作用水头 h、灌水流量 Q_t、坞室水深 H_{wt} 计算

根据式(11-4)，有

$$\int_0^t \mu_t \mathrm{d}t = -\frac{\Omega}{\omega\sqrt{2g}} \cdot \int_H^h \frac{1}{\sqrt{h}} \mathrm{d}h = \frac{2\Omega}{\omega\sqrt{2g}}(\sqrt{H} - \sqrt{h})$$

式中，H 为开始时刻作用水头，阀门全开其流量系数为常数 $\mu_t = \mu = 0.58$。

作用水头：

$$h = \left(\sqrt{H} - \frac{\mu\omega\sqrt{2g}}{2\Omega}t\right)^2 \tag{11-6}$$

则 t 时刻流量：

$$Q_t = \mu\omega\sqrt{2gh} = \mu\omega\sqrt{2g}\left(\sqrt{H} - \frac{\mu\omega\sqrt{2g}}{2\Omega}t\right) \tag{11-7}$$

t 时刻坞室水深：

$$H_{wt} = \frac{\int_0^t Q_t \mathrm{d}t}{\Omega} = \frac{\mu\omega\sqrt{2g}}{\Omega}\left(\sqrt{H} \cdot t - \frac{\mu\omega\sqrt{2g}}{4\Omega}t^2\right) \tag{11-8}$$

灌水时流量、坞室水深、作用水头与时间的关系是工程中所关心的问题，经计算分别给出在外海水位为 0.0 m、2.0 m、4.0 m 的工况下，坞双管灌水过程中各特征量(流量、坞室水深及作用水头)与时间的关系曲线，如图 11-2 至图 11-4 所示。

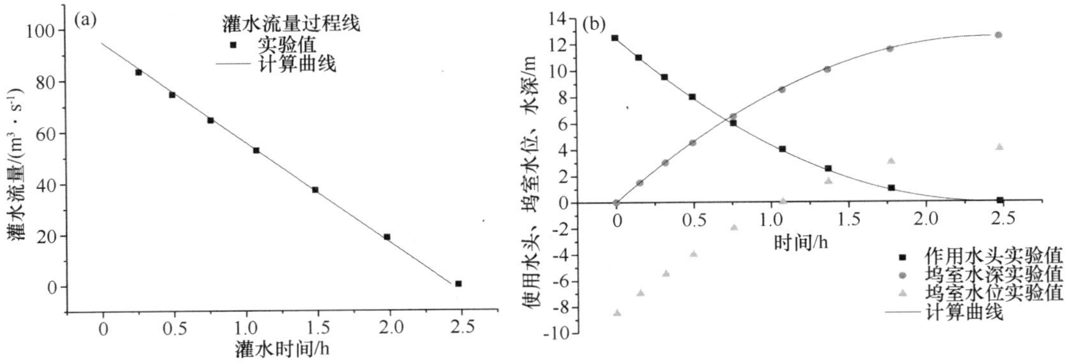

图 11-2　外海水位为 4.0 m 情况灌水流量(a)及作用水头、坞室水位、水深(b)与时间的关系

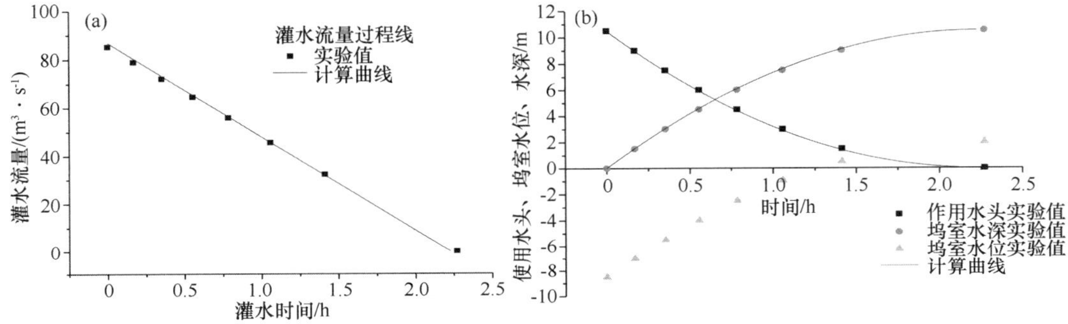

图 11-3　外海水位为 2.0 m 情况灌水流量(a)及作用水头、坞室水位、水深(b)与时间的关系

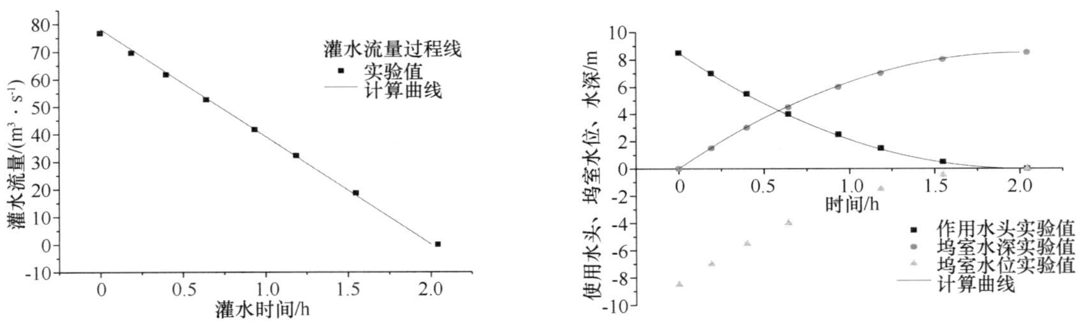

图 11-4　外海水位为 0.0 m 情况灌水流量(a)及作用水头、坞室水位、水深(b)与时间的关系

11.3　小结

船坞竖井闸阀灌水是短廊道灌水中具有代表性的一种形式。廊道中的水流属非恒定流,边界条件复杂,局部阻力占主导因素,廊道水力特性很难有解析解,课题组结合深圳孖洲岛友联船厂竖井闸阀灌水廊道,对其水力特性进行了完整的模型试验研究,并建立了灌水流道复杂水力特性的计算理论。

第 12 章　灌水廊道水动力数学模型

在模型试验中较难获得水流流速、压强和湍流动能等变量在全廊道的三维分布，而数值模拟作为研究和设计工具在水利工程中已得到了大量应用，并在此方面显示出其优越性。因此本章使用数值模拟的方法研究了修船坞虹吸灌水廊道的驼峰压强特性。

12.1　灌水廊道数值模拟的数学模型

数值模拟的基础是求解 Navier-Stokes(N-S)方程，由于方程的非线性和计算区域复杂的边界条件，直接求解瞬时 N-S 方程解决工程问题是不现实的。目前普遍使用的方法是雷诺平均法，即对瞬时 N-S 方程进行时均化处理，将脉动量通过湍流模型在时均化的方程中体现出来，并构造适当的数值计算方法以解决工程技术问题。

12.1.1　控制方程

根据雷诺应力处理方式的不同，湍流模型可分为雷诺应力模型和涡粘模型。涡粘模型根据确定涡粘系数 μ_T 需求解微分方程的数目，分为零方程模型、一方程模型和两方程模型等。目前，使用较多的是两方程模型中的 $k-\varepsilon$ 模型及其改进型，本节使用 $k-\varepsilon$ 模型封闭时均 N-S 方程，控制方程如下：

连续方程：

$$\frac{\partial u_i}{\partial x_i} = 0 \tag{12-1}$$

雷诺时均 N-S 方程：

$$\rho\frac{\partial U_i}{\partial t} + \rho U_j\frac{\partial U_i}{\partial x_j} = -\frac{\partial P}{\partial x_i} + \frac{\partial}{\partial x_j}(2\mu S_{ij} - \rho\overline{u'_i u'_j}) \tag{12-2}$$

湍流动能 k 方程：

$$\frac{\partial k}{\partial t} + \rho U_j\frac{\partial k}{\partial x_j} = \frac{\partial}{\partial x_j}\left[(\mu + \mu_T/\sigma_k)\frac{\partial k}{\partial x_j}\right] + P_k - \rho\varepsilon \tag{12-3}$$

耗散率 ε 方程：

$$\rho\frac{\partial \varepsilon}{\partial t} + \rho U_j\frac{\partial \varepsilon}{\partial x_j} = \frac{\partial}{\partial x_j}\left[(\mu + \mu_T/\sigma_\varepsilon)\frac{\partial \varepsilon}{\partial x_j}\right] + C_{1\varepsilon}\frac{\varepsilon}{k}P_k - C_{2\varepsilon}\rho\frac{\varepsilon^2}{k} \tag{12-4}$$

RNG $k-\varepsilon$ 模型中的系数：

$$
\begin{cases}
C_{1\varepsilon}^{*} = C_{1\varepsilon} - \dfrac{C_{\mu}\eta^{3}(1-\eta/\eta_{0})}{1+\beta\eta^{3}} \\
\eta = Sk/\varepsilon \\
S = (2S_{ij}S_{ij})^{1/2} \\
S_{ij} = \left(\dfrac{\partial U_{i}}{\partial x_{j}} + \dfrac{\partial U_{j}}{\partial x_{i}}\right) \\
C_{\mu} = 0.0845 \\
\sigma_{k} = 0.7149 \\
\sigma_{\varepsilon} = 0.7149 \\
C_{\varepsilon 1} = 1.42 \\
C_{\varepsilon 2} = 1.68 \\
\eta_{0} = 4.38 \\
\beta = 0.012
\end{cases}
\tag{12-5}
$$

12.1.2　边界条件

在数学上求解控制方程组还需给出初始条件和边界条件。对于非定常流动应规定初始条件，即在时刻 $t=t_0$时，变量 φ 沿空间的分布为

$$
\varphi(x,\ y,\ z,\ t_0) = \varphi_0(x,\ y,\ z) \tag{12-6}
$$

由于本章研究的是灌水廊道初始时刻的流场，可将其简化为定常问题。一般可用工程估算的方法求出近似解作为初始条件，或令变量 φ 分布为常数。

边界条件按其数学性质主要可分为 3 类：①狄利克雷边界，边界上的变量 φ 分布已知；②冯诺依曼边界，变量 φ 在边界上的法向导数值已知；③洛平边界，边界上变量 φ 及其法向导数线性组合的值已知。

边界条件按物理规律的不同又可分为：①进口边界；②出口边界；③对称面或对称轴；④固壁边界。上述边界均可归入数学定解问题的 3 类边界条件中。

1）固壁边界及近壁区域处理

虹吸灌水廊道壁面为固壁边界。在固壁边界上采用无滑移条件，壁面上法向速度及其导数为零。由于 k-ε 模型是针对充分发展湍流的高 Re 数模型，而近壁区域 Re 数较低，湍流发展并不充分，本文使用壁函数法对近壁区域进行了处理，其基本思想是不在壁面粘性底层布置节点，将与壁面相邻的第一个控制体的节点 P 布置在充分发展的湍流区域，定义无量纲参数 u^{+}和 y^{+}以表示速度和距离：

$$
u^{+} = \frac{u}{u_{\tau}} \tag{12-7}
$$

$$
y^{+} = \frac{\Delta y \rho u_{\tau}}{\mu} = \frac{\Delta y}{\nu}\sqrt{\frac{\tau_{w}}{\rho}} \tag{12-8}
$$

式中，u 为流体的时均流速；u_τ 为壁面摩擦速度 $u_\tau=(\tau_w/\rho)^{\frac{1}{2}}$；$\tau_w$ 是壁面切应力；Δy 是到壁面的距离。

当 $60<y^+<300$ 时，流动处于对数律层，这时无量纲速度 u^+ 沿壁面法线方向服从对数律分布：

$$u^+=\frac{1}{\kappa}\ln y^+ + B \tag{12-9}$$

式中，κ 为卡门常数，$\kappa=0.40\sim0.42$；B 为与表面粗糙度有关的系数，$B=5.0\sim5.5$。

为了反映湍流脉动的影响，假定边界层内流动是局部平衡的，即湍流动能的产生与耗散相平衡，将 u^+、y^+ 的定义作一扩展：

$$u^+=\frac{u_P C_\mu^{\frac{1}{4}} k_P^{\frac{1}{2}}}{\tau_w/\rho} \tag{12-10}$$

$$y^+=\frac{\rho C_\mu^{\frac{1}{4}} k_P^{\frac{1}{2}} y_P}{\mu} \tag{12-11}$$

式中，u_P、k_P 分别为流体在 P 点的时均速度和湍流动能；y_P 为 P 点到壁面的距离。

采用上述定义后，u^+ 的对数律分布可表示为

$$u^+=\frac{1}{\kappa}\ln(Ey^+) \tag{12-12}$$

式中，$\ln(E)/\kappa=B$。

控制体节点 P 与壁面间的涡粘系数 u_T 按下列方式确定，壁面切应力 τ_w 由对数分布律规定：

$$\tau_w=\mu_T\frac{u_P-u_W}{y_P} \tag{12-13}$$

将式（12-10）和式（12-11）代入式（12-12），可建立起 P 点平行壁面方向的流速关系式：

$$\frac{u_P C_\mu^{\frac{1}{4}} k_P^{\frac{1}{2}}}{\tau_w/\rho}=\frac{1}{\kappa}\ln\left(E\frac{\rho C_\mu^{\frac{1}{4}} k_P^{\frac{1}{2}} y_P}{\mu}\right) \tag{12-14}$$

联立式（12-13）和式（12-14）可求得 P 点与壁面间的涡粘系数 u_T 表达式：

$$\mu_T=\frac{y_P^+}{u_P^+}\mu \tag{12-15}$$

通过式（12-14）确定壁面切应力 τ_w 后，还需确定节点 P 的 k_P 和 ε_P，由于 P 点布置在湍流发展区，控制体内湍流动能 k 的产生和耗散要比向壁面的扩散大得多，因此 k 在壁面处的边界条件可取为

$$\left(\frac{\partial k}{\partial n}\right)_{\text{wall}}\approx 0 \tag{12-16}$$

湍流动能在近壁区的生成项为 G_k：

$$G_k = \tau_w \frac{\partial u_P}{\partial y} = \tau_w \frac{\tau_w}{\kappa \rho C_\mu^{\frac{1}{4}} k_P^{\frac{1}{2}} y_P} \tag{12-17}$$

由于壁面上的 ε 赋值困难，P 点的 ε 值可根据混合长度理论计算：

$$\varepsilon_P = \frac{C_\mu^{\frac{3}{4}} k_P^{\frac{3}{2}}}{\kappa y_P} \tag{12-18}$$

2）进口边界

灌水廊道的进口边界使用速度进口边界条件，它属于狄利克雷边界，即边界上的变量 φ 分布已知，从而可直接得到边界单元面的对流通量，边界面上的扩散通量可采用与内部控制体相同的离散格式。由于边界单元面的速度已知，不需要再引入压力修正 p'，可令压力修正方程中的系数为 0。进口处的 k 和 ε 使用下列公式估算：

$$k = \frac{3}{2}(\bar{u} I)^2 \tag{12-19}$$

$$\varepsilon = \frac{C_\mu^{\frac{3}{4}} k^{\frac{3}{2}}}{l} \tag{12-20}$$

式中，$\bar{u}$ 为平均速度；I 为湍流强度，定义为脉动速度 $\bar{u}$ 与平均速度 u'的比值：$I = u'/\bar{u} = 0.16\,(Re_{D_H})^{-1/8}$，$Re_{D_H}$ 是按水力直径 D_H计算得到的 Re 数；l 为湍流长度尺度，$l = 0.07L$，L 为关联尺寸，对于充分发展的湍流可取 L 等于水力直径。

3）出口边界的 VOF 方法处理

在虹吸灌水廊道流场的数值模拟中，出口边界设置在距廊道出口有一定距离的坞室内，使用压力出口边界条件。可认为在出口断面的法向方向 n 上变量 φ 已充分发展，其数学表达式为

$$\left(\frac{\partial \varphi}{\partial n}\right)_{\text{outlet}} = 0 \tag{12-21}$$

这样会对廊道内部流场的计算产生影响。而使用 VOF（Volume of Fluid Method）方法对廊道出口进行处理可避免这个缺点，在物理上也更为接近初始时刻廊道出口涌水的情形。

VOF 方法是目前水利工程研究中广泛使用的一种自由水面处理技术，于 1975 年由 Hirt 和 Nichols 提出。该方法的基本思想是，对于水气两相流场，假设在同一计算区域的水、气或者二者的混合体具有相同的速度，即服从同一组动量方程，但它们的体积分数在整个流场中都作为单独变量。在每个单元中，水和气的体积分数之和为 1。在一个单元中，如果 a_w 表示水的体积分数，则气体的体积分数为 $1-a_w$。a_w 有 3 种情形 $a_w=0$，$0<a_w<1$ 和 $a_w=1$，分别表示该单元内充满气、包含水气界面和充满水。只要流场中各处的水和气的体积分数都已知，其他水和气共有的变量如流速、流量、压力都可用体积分数的加权平均值来表示。水气界面的追踪可通过下面的方程实现：

$$\frac{\partial a_w}{\partial t} + u_i \frac{\partial a_w}{\partial x_i} = 0 \tag{12-22}$$

引入 VOF 方法的 $k-\varepsilon$ 模型与单相流的 $k-\varepsilon$ 模型形式完全相同，只是式（12-3）和式（12-4）中的 ρ 和 μ 是由体积分数的加权平均值给出，即：

$$\rho = a_w \rho_w + (1 - a_w)\rho_a \tag{12-23}$$

$$\mu = a_w \mu_w + (1 - a_w)\mu_a \tag{12-24}$$

12.2 计算域和网格划分

12.2.1 计算域的确定

完整的灌水廊道计算域应该包括进水口、灌水廊道和坞室 3 个部分。但是考虑到流动阻力损失主要集中在廊道的消能段，廊道进水口流态对廊道内部流动影响较小，在模型试验中也未观测到进水口有吸气漩涡形成，因此未将进水口划入计算区域。而本节的研究对象是灌水初始时刻的流场，在初始时刻作用水头最大，各项水力条件处于最不利状况，但此时可近似认为坞室没有海水流入；另外，考虑坞室水流将耗费太多计算机硬件资源，360 m×50 m 坞室自由水面的数值模拟也存在诸多问题。所以本节为便于设置出口边界条件只将部分坞室划入计算区域。

本节研究的是灌水初始时刻的廊道水力特性，此时驼峰底负压等水力指标处于最不利工况，而坞室可近似认为没有海水流入。另外，原型坞室尺寸为 360 m×65 m×13.3 m，考虑坞室流态将耗费太多计算机硬件资源，坞室的泊稳状况不在研究范畴内，所以为便于加载出口边界，仅将出口上方高 2 m 以内的坞室区域划入计算域。计算区域按原型尺度建立，定义 X 向与海水流入方向相同，Y 向垂直向上，Z 向与海水流出方向一致。原型灌水廊道在 X、Y 和 Z 向的长度分别为 24.0 m、16.5 m 和 26.3 m。

12.2.2 网格划分

灌水廊道计算域使用 Gambit 6.3 进行几何建模和网格划分，其中几何模型为龙穴 1 # 坞虹吸灌水廊道原型尺寸。由于灌水廊道结构较为复杂，网格生成质量的优劣直接影响到计算的精度和收敛。为了提高网格划分质量和效率，本节对廊道段分区划分网格。如图 12-1所示，具体做法是将廊道分为进口段、驼峰段、下降段、过渡段、消能段和出口段，其中进口段和下降段是长方体，将消能段前端作为过渡段，出口段和含有消能立柱的消能段部分可以划分为多个长方体。通过分区划分网格，整个灌水廊道除驼峰段和消能段前端外皆为规则的长方体。对于具有长方体形状的分区，使用 Map 或 Submap 方案划分六面体结构网格，驼峰段和消能段前端使用 Cooper 方案生成六面体非结构网格，各分区网格划分方案和数量见表 12-1。Gambit 中的网格参数 Interval Size 统一使用 100 mm，在灌水廊道计算域共生成六面体单元 1 419 571 个。虹吸段和消能段网格示意图可见图 12-2 和图 12-3。

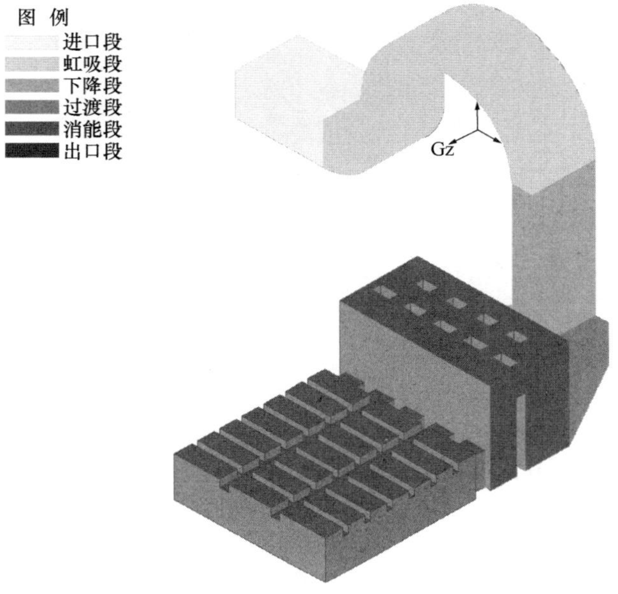

图 12-1　廊道段示意图

表 12-1　廊道网格分区划分方案列表

分区	划分方案	单元类型
进口段	Map	Hex
虹吸段	Cooper	Hex/Wedge
下降段	Map	Hex
过渡段	Cooper	Hex/Wedge
消能段	Map/Submap	Hex
出口段	Map/Submap	Hex

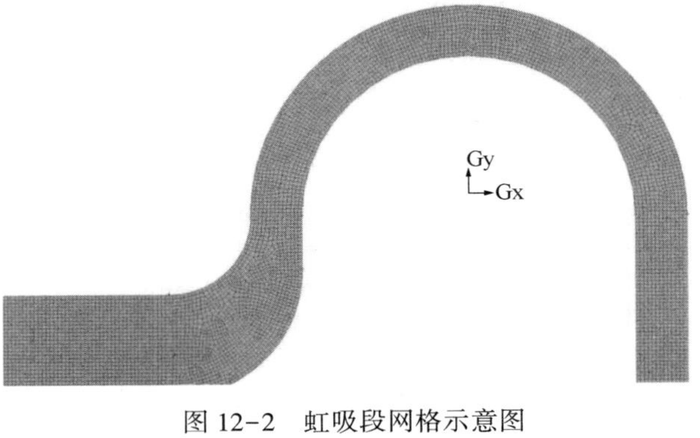

图 12-2　虹吸段网格示意图

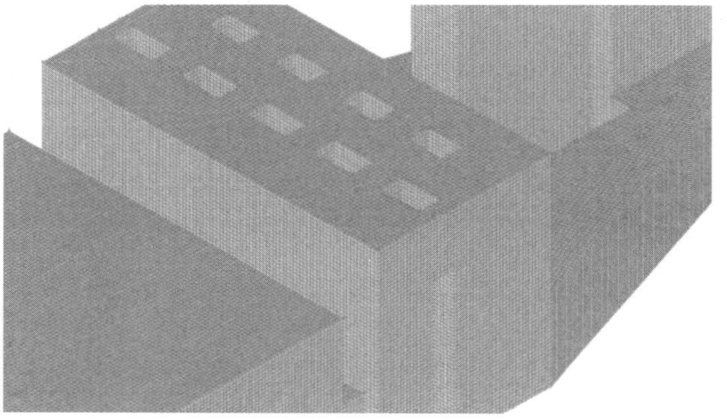

图 12-3　消能段网格示意图

12.3　控制方程的离散及求解

12.3.1　控制方程组在非结构网格的离散

本节使用有限体积法在非结构网格上对控制方程组进行了离散，所研究的虹吸廊道灌水过程简化为定常流动，不涉及时间域的离散。

有限体积法的基本思想是将计算域划分为一系列互不重叠的控制体，并确定每个控制体的节点从而生成计算网格，再将控制方程对每一个控制体积分别导出一组代数方程。在代数方程导出过程中，需要对控制面上的变量及其一阶导数做出假设，采用何种假设即是有限体积法中的离散格式问题。

1）通用控制方程

尽管 k 方程和 ε 方程与连续方程和 N-S 方程的因变量不同，但它们均反映了单位体积内物理量的守恒性质。用 φ 表示通用因变量，则上述方程可写为通用控制方程的形式：

$$\underbrace{\frac{\partial(\rho\varphi)}{\partial t}}_{\text{瞬态项}} + \underbrace{\nabla\cdot(\rho u_i\varphi)}_{\text{对流项}} = \underbrace{\nabla\cdot(\Gamma \mathrm{grad}\varphi)}_{\text{扩散项}} + \underbrace{q_\varphi}_{\text{源项}} \tag{12-25}$$

式中各项依次为瞬态项、对流项、扩散项和源项。φ 为通用变量；Γ 为广义扩散系数；q_φ 为广义源项。表 12-2 为 3 个符号在不同方程中的具体形式。

表 12-2　通用控制方程中各符号的具体形式

	φ	Γ	q_φ
连续方程	1	0	0
时均 N-S 方程	U_i	$\mu+\mu_T$	$-\frac{\partial P}{\partial x_i}+\frac{\partial}{\partial x_j}\left[(\mu+\mu_T)\frac{\partial U_j}{\partial x_i}\right]-\frac{\partial}{\partial x_j}\left(\frac{2}{3}\rho k\delta_{ij}\right)$

续表

	φ	Γ	q_φ
k 方程	k	$\mu+\mu_T/\sigma_k$	$P_k-\rho\varepsilon$
ε 方程	ε	$\mu+\mu_T/\sigma_\varepsilon$	$C_{1\varepsilon}\dfrac{\varepsilon}{k}P_k-C_{2\varepsilon}\rho\dfrac{\varepsilon^2}{k}$

由 Guass 定理通用控制方程式（12−25）也可写成以下形式：

$$\frac{\partial}{\partial t}\iint_\Omega\rho\varphi\mathrm{d}\Omega+\int_S\rho u\varphi\cdot n\mathrm{d}S=\int_S\Gamma\mathrm{grad}\varphi\cdot n\mathrm{d}S+\int_\Omega q_\varphi\mathrm{d}\Omega \tag{12-26}$$

2）控制方程的离散

（1）对流项的离散

对流项的离散使用中心近似法则进行，即认为控制面中心的值代表整个面的平均值：

$$\int_S\rho u\varphi\cdot n\mathrm{d}S\approx\sum_f(\rho u\varphi\cdot n)_f S_f \tag{12-27}$$

式中，φ 为通用变量；S_f为第 f 个控制面的面积。

控制体任意面的质量流量 F 可写为

$$F=\rho(S^x u_x+S^y u_y+S^z u_z) \tag{12-28}$$

式（12−27）可写为如下形式：

$$\int_S\rho u\varphi\cdot n\mathrm{d}S\approx\sum_f\varphi_f S_f \tag{12-29}$$

式中，φ_f和 F_f为第 f 个面的通用变量和质量流量。

为加强计算的稳定性，使用带延迟修正的中心差分格式确定 φ_f：

$$\varphi_f=\varphi_f^{\mathrm{UDS}}+\gamma(\varphi_f^{\mathrm{CDS}}-\varphi_f^{\mathrm{UDS}}) \tag{12-30}$$

式中，UDS 表示一阶迎风格式；CDS 表示二阶中心差分格式；γ 为混合因子，$0\leqslant\gamma\leqslant 1$；$\varphi_f^{\mathrm{UDS}}$做隐式处理用于计算系数矩阵；$\gamma(\varphi_f^{\mathrm{CDS}}-\varphi_f^{\mathrm{UDS}})$ 做显式处理并入源项。

（2）扩散项的离散

扩散项的离散同样使用中心法则进行：

$$\int_S\Gamma\mathbf{grad}\varphi\cdot n\mathrm{d}S\approx\sum_f(\Gamma\mathbf{grad}\cdot n)_f S_f \tag{12-31}$$

由于在当地正交坐标系中，只有变量 φ 的法向导数产生扩散作用，则任意控制面的扩散通量：

$$F^d=\Gamma\left(\frac{\partial\varphi}{\partial n}\right)S \tag{12-32}$$

式中，F^d为扩散通量；S 为控制面的面积。

当邻近控制体的节点连线与公共面接近正交时，Muzaferija 建议使用式（12−33）近似计算公共面的扩散通量。如图 12−4 所示，公共面 e 上的扩散通量计算如下：

$$F_e^d=\Gamma_e S_e\left(\frac{\partial\varphi}{\partial\xi}\right)_e=\Gamma_e S_e\frac{\varphi_E-\varphi_P}{L_{P,E}} \tag{12-33}$$

式中，ξ 为 P、E 点连线方向；$(\partial\varphi/\partial\xi)_e$ 是 $(\partial\varphi/\partial\xi)_e$ 用中心差分格式计算，$L_{P,E}$ 为 E 点与 P 点的距离，$L_{P,E}=|\gamma_E-\gamma_P|$。当 P、E 连线与面 e 正交时，$\partial\varphi/\partial\xi=\partial\varphi/\partial n$，式（12-29）具有二阶精度。网格非正交时，则需引入变量 φ 在 ξ 向与 n 向的梯度差对上式进行延迟修正：

$$F_e^d = \Gamma_e S_e \left(\frac{\partial\varphi}{\partial\xi}\right)_e + \Gamma_e S_e \left[\overline{\left(\frac{\partial\varphi}{\partial n}\right)_e} - \overline{\left(\frac{\partial\varphi}{\partial\xi}\right)_e}\right]^{\text{old}} \tag{12-34}$$

式中，old 表示使用上次迭代的计算结果，做显式处理；方括号中的延迟修正量可使用 P、E 两点的 φ 梯度在 n 和 ξ 向插值得到：

$$\overline{\left(\frac{\partial\varphi}{\partial n}\right)_e} = \overline{(\text{grad}\varphi)_e} \cdot n \tag{12-35}$$

$$\overline{\left(\frac{\partial\varphi}{\partial\xi}\right)_e} = \overline{(\text{grad}\varphi)_e} \cdot i_\xi \tag{12-36}$$

式中，上划线表示插值计算；i_ξ 为 ξ 向单位向量。

通用控制方程的扩散项在控制面 e 上的最终离散形式为

$$F_e^d = \Gamma_e S_e \frac{\varphi_E - \varphi_P}{L_{P,E}} + \Gamma_e S_e \overline{(\text{grad}\varphi)_e^{\text{old}}} \cdot (n - i_\xi) \tag{12-37}$$

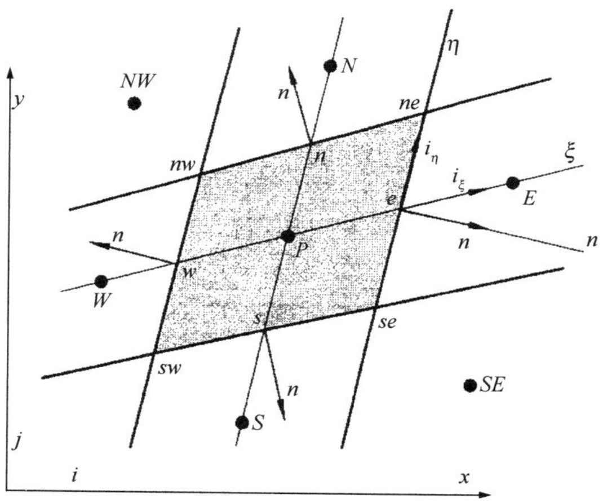

图 12-4　二维控制体示意图

（3）源项的离散

源项 q_φ 是一广义变量，表示通用控制方程中不能归入瞬态项、对流项和扩散项的方程项。源项一般是待求变量 φ 的函数，应用较广泛的处理方法是局部线性化，即假定在变量微小的变动范围内，源项可以表示为该变量的函数，其在控制体 P 内可写为

$$q_\varphi = S_C + S_P\varphi_P \tag{12-38}$$

式中，S_C 为常数部分；S_P 为 q_φ 随 φ 变化的曲线在 P 点的斜率。

（4）雷诺时均 N-S 方程

以 X 方向雷诺时均 N-S 方程为例，其源项为

$$\int_{\Omega} q_{\varphi} \mathrm{d}\Omega = -\int_{\Omega} \frac{\partial p}{\partial x} \mathrm{d}\Omega + \int_{S} \left[(\mu + \mu_T) \frac{\partial U}{\partial x} \right] \cdot n \mathrm{d}S - \frac{2}{3} \int_{\Omega} \frac{\partial k}{\partial x} \mathrm{d}\Omega \tag{12-39}$$

式中右端依次为压力项Q_{φ}^{P}、粘性扩散项 Q_{φ}^{Γ} 和湍流动能项 Q_{φ}^{k}，分别计算如下：

$$Q_{\varphi}^{P} = \int_{\Omega} \frac{\partial p}{\partial x} \mathrm{d}\Omega = -\int_{S} p i \cdot n \mathrm{d}S \approx \sum_{f} p_f S_f^x \tag{12-40}$$

$$Q_{\varphi}^{\Gamma} = \int_{S} \left[(\mu + \mu_T) \frac{\partial U}{\partial x} \right] \cdot n \mathrm{d}S = \sum_{f} \left[(\mu + \mu_T) \frac{\partial U}{\partial x} \right] \cdot S_f \tag{12-41}$$

$$Q_{\varphi}^{k} = \int_{\Omega} \frac{\partial k}{\partial x} \mathrm{d}\Omega = \int_{S} k i \cdot n \mathrm{d}S \approx \sum_{f} k_f S_f^x \tag{12-42}$$

压力项 Q_{φ}^{P} 和湍流动能项 Q_{φ}^{k} 的计算方法为：当μ_T为常数时，由导数互换规则和连续方程，粘性扩散项 Q_{φ}^{Γ} 为 0，在低速情况μ_T下梯度较小，粘性扩散项不为 0 但要比扩散项小得多，可做显示处理。

（5）k 方程

对于湍流动能 k 方程，其源项为

$$\int_{\Omega} q_{\Omega} \mathrm{d}\Omega = \int_{\Omega} (P_k - \rho\varepsilon) \mathrm{d}\Omega = S_C^k + S_P^k k \tag{12-43}$$

式中，

$$S_C^k = P_k \Delta\Omega \tag{12-44}$$

$$S_P^k = -\frac{\rho\varepsilon\Delta\Omega}{k} \tag{12-45}$$

（6）ε 方程

对于湍流动能 k 方程，其源项为

$$\int_{\Omega} q_{\varphi} \mathrm{d}\Omega = \int_{\Omega} \left(C_{1\varepsilon}^{*} \frac{\varepsilon}{k} P_k - C_{2\varepsilon} \rho \frac{\varepsilon^2}{k} \right) \mathrm{d}\Omega = S_C^{\varepsilon} + S_P^{\varepsilon} \varepsilon \tag{12-46}$$

式中，

$$S_C^{\varepsilon} = C_{1\varepsilon}^{*} \frac{\varepsilon}{k} P_k \Delta\Omega \tag{12-47}$$

$$S_P^{\varepsilon} \varepsilon = -C_{2\varepsilon} \rho \frac{\varepsilon^2}{k} \Delta\Omega \tag{12-48}$$

式（12-43）和式（12-46）中 S_P部分恒大于 0，可使相邻两次迭代 k 和 ε 的变化减小，有利于克服迭代过程的发散；P_k则需在控制体进一步离散。

3）网格偏斜校正

当控制面中心的变量 φ 及其梯度的计算具有二阶精度时，使用中心近似法则计算的面积分也具有二阶精度。如图 12-5 所示的结构网格，P、E 为邻近控制体的中心点，两点的连线垂直于公共面且经过中心点 e，使用线性分布假设计算的 φ_e和（$\partial\varphi / \partial n$）$_e$具有二阶精

度，则此面上使用中心近似法则离散的对流项和扩散项也具有二阶精度。但当网格非正交时，P、E 两点的连线就不一定经过 e 点，如图 12-6 所示的 3 种网格偏斜情况在计算网格中就经常出现。

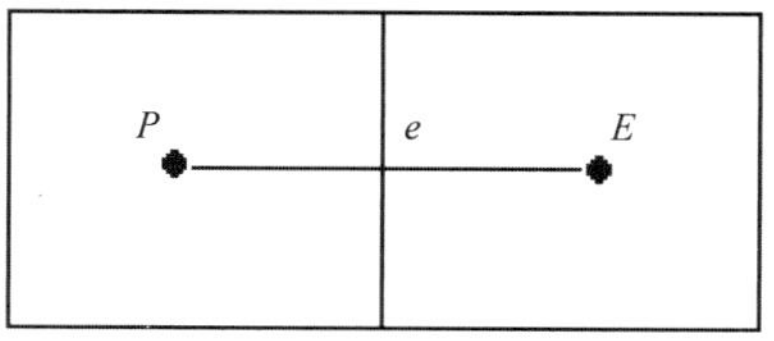

图 12-5　二维正交网格示意图

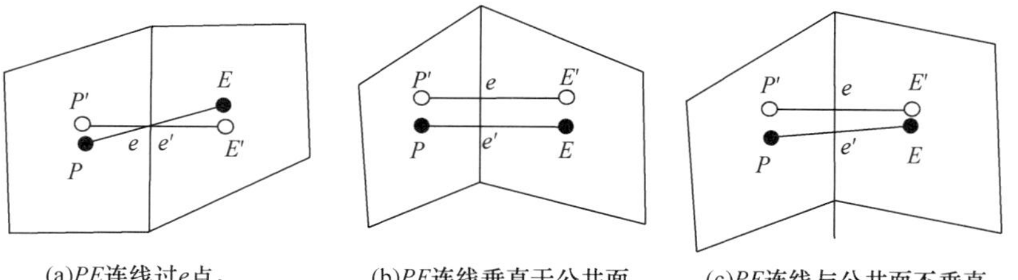

图 12-6　网格偏斜的 3 种情况

对于第一类网格偏斜情况，P、E 点连线过 e 点但与公共面不垂直，扩散项可使用式（12-34）修正，对流项则不需要进行修正；更一般的情况是后两类偏斜网格，P、E 点连线与公共面的交点 e' 皆偏离了 e 点，使得用 $\varphi_{e'}$ 和 $(\partial\varphi/\partial n)_{e'}$ 计算的扩散项和对流项不再具有二阶精度，此时可使用辅助点法对扩散项和对流项进行网格偏斜校正。

定义辅助点 P'、E'，使其连线垂直于公共面且经过中心点 e，辅助点位置使用下式确定：

$$r_P' = r_e - [(r_e - r_P)\cdot \boldsymbol{n}]\boldsymbol{n} \tag{12-49}$$

$$r_E' = r_e - [(r_e - r_E)\cdot \boldsymbol{n}]\boldsymbol{n} \tag{12-50}$$

控制面变量 φ 的法向梯度可使用中心差分格式计算：

$$\left(\frac{\partial\varphi}{\partial n}\right)_e \approx \Gamma_e S_e \frac{\varphi_E' - \varphi_P'}{|r_E' - r_P'|} = \frac{\varphi_E' - \varphi_P'}{(r_E' - r_P')\cdot \boldsymbol{n}} \tag{12-51}$$

式中，$|r'_E - r'_P|$ 为 E'、P' 两点间的距离；φ'_E 和 φ'_P 使用控制体中心点 E、P 的梯度计算：

$$\varphi_E' = \varphi_E + (\mathrm{grad}\varphi)_E \cdot (\boldsymbol{r}_E' - \boldsymbol{r}_E) \tag{12-52}$$

$$\varphi_P' = \varphi_P + (\mathrm{grad}\varphi)_P \cdot (\boldsymbol{r}_P' - \boldsymbol{r}_P) \tag{12-53}$$

将式（12-52）和式（12-53）代入式（12-51）可得校正后的扩散项为

$$F_e^d = \Gamma_e\left(\frac{\partial\varphi}{\partial n}\right)S_e = \Gamma_e S_e\left[\frac{\varphi_E - \varphi_P}{(\boldsymbol{r}_E - \boldsymbol{r}_P)\cdot \boldsymbol{n}}\right] + \Gamma_e S_e\left[\frac{(\mathrm{grad}\varphi)_E\cdot(r_E' - r_E) - (\mathrm{grad}\varphi)_P\cdot(r_P' - r_P)}{(\boldsymbol{r}_E - \boldsymbol{r}_P)\cdot \boldsymbol{n}}\right] \tag{12-54}$$

同理可得对流项的网格偏斜校正式为：

$$\varphi_e = \varphi_e' + \overline{(\mathrm{grad}\varphi)}_e' \cdot (\boldsymbol{r}_e' - \boldsymbol{r}_e) \tag{12-55}$$

12.3.2　基于非正交同位网格的 SIMPLE 算法

目前，工程上广泛使用的流场数值计算方法是压力修正法，其实质是迭代法。在对N-S方程的离散形式进行迭代求解的任一层次上，先给定一个压力场，它可以是猜测值或是上一层次的计算值。但是据给定的压力场计算而得的速度场未必能满足连续方程，因此需要对给定的压力场进行修正，修正原则是：修正后的压力场对应的速度场能够满足这一迭代层次的连续方程。据此导出压力和速度的修正值，并以修正后的压力和速度开始下一层次的迭代计算。压力修正法有多种实现方式，其中以 SIMPLE 算法应用最为广泛，也是各种商用 CFD 软件普遍采用的算法。

1）速度修正值的计算

N-S 方程在控制体离散后的代数方程组可写为

$$A_P^{u_i} u_{i,P} + \sum_l A_l^{u_i} u_{i,l} = Q_{i,P} \tag{12-56}$$

式中，P 为控制体的速度节点；l 为邻近控制体的速度节点；$Q_{i,P}$为包含压力梯度的源项。

代数方程组（12-56）的迭代求解可分为“外部迭代”和“内部迭代”两部分。“外部迭代”是指方程组系数矩阵和源项的更新计算；“内部迭代”指在确定的系数及源项下方程组本身的迭代计算。第 m 次“外部迭代”的代数方程组为

$$A_P^{u_i} u_{i,P}^{m*} + \sum_l A_P^{u_i} u_{i,l}^{m*} = Q_{u_i}^{m-1} - \Delta\Omega \left(\frac{\delta p^{m-1}}{\delta x_i}\right)_P \tag{12-57}$$

式中，压力梯度项已从源项中分离出来；$*$ 表示速度 u 在第 m 次迭代的计算值；右端源项使用 $m-1$ 次“外部迭代”的计算值。

由式（12-57）求解节点 P 速度的代数方程组可写为：

$$u_{i,P}^{m*} = \frac{Q_{u_i}^{m-1} - \sum_l A_P^{u_i} u_{i,l}^{m*}}{A_P^{u_i}} - \frac{\Delta\Omega}{A_P^{u_i}} \left(\frac{\delta p^{m-1}}{\delta x_i}\right)_P \tag{12-58}$$

将上式右端第一项记为 $u_{i,P}^{m*}$，式（12-58）简化为

$$u_{i,P}^{m*} = \tilde{u}_{i,P}^{m*} - \frac{\Delta\Omega}{A_P^{u_i}} \left(\frac{\delta p^{m-1}}{\delta x_i}\right)_P \tag{12-59}$$

由于在迭代计算中的压力场来自前一次“外部迭代”，所以通过式（12-59）计算出的速度场一般不满足连续方程。

设第 m 次迭代中压力场为 p^m，将其代入式（12-59）可计算出速度场 u_i^m：

$$u_{i,P}^{m} = \tilde{u}_{i,P}^{m*} - \frac{\Delta\Omega}{A_P^{u_i}} \left(\frac{\delta p^{m}}{\delta x_i}\right)_P \tag{12-60}$$

令速度场 u_i^m 满足连续方程：

$$\frac{\partial(\rho u_i^m)}{\partial x_i}=0 \tag{12-61}$$

上式可写为压力泊松方程的形式：

$$\frac{\delta}{\delta x_i}\left[\frac{\rho\Delta\Omega}{A_P^{u_i}}\left(\frac{\delta p^m}{\delta x_i}\right)\right]_P=\left[\frac{\delta(\rho\widetilde{u_{i,P}^{m*}})}{\delta x_i}\right]_P \tag{12-62}$$

将式（12-62）计算出的压力场代入式（12-60）可得到满足连续方程的速度场 u_i^m。但此时的速度场和压力场并不满足 N-S 方程，需进行下一步压力校正直到其满足连续方程和动量方程为止。

在 SIMPLE 算法中是计算压力修正值而不求解压力场：定义速度修正值 u' 和压力修正值 p'，以联系速度、压力场的计算值 u_i^{m*}、p^{m-1} 和正确值 u_i^m、p^m。

$$u_i^m=u_i^{m*}+u' \tag{12-63}$$

$$p_i^m=p_i^{m-1}+p' \tag{12-64}$$

将其代入式（12-57）可得到压力修正值和速度修正值之间的关系：

$$u'_{i,P}=\frac{\sum_l A_l^{u_i}u'_{i,l}}{A_P^{u_i}}-\frac{\Delta\Omega}{A_P^{u_i}}\left(\frac{\delta p'}{\delta x}\right)_P \tag{12-65}$$

式中，$\sum_l A_l^{u_i}u'_{i,l}/A_P^{u_i}$ 代表点速度校正的影响，在 SIMPLE 算法中将其略去，式（12-65）写为

$$u'_{i,P}=-\frac{\Delta\Omega}{A_P^{u_i}}\left(\frac{\delta p'}{\delta x}\right)_P \tag{12-66}$$

控制面的速度修正可以通过插值的方法来确定。由于在修正速度的插值计算中包含了修正压强梯度的插值，插值后控制面 e 上的修正速度与修正压强梯度依然保持式（12-66）的关系，即

$$u'_e=-\overline{\frac{\Delta\Omega}{A_P^u}\left(\frac{\delta p'}{\delta x}\right)_e} \tag{12-67}$$

2）压力修正方程的建立

为避免在同位网格上求解 N-S 方程出现压力波动问题，可使用动量插值法以防止不合理压力场的出现。由于只有控制面的法向速度分量产生质量流量，以控制面 e 为例使用动量插值法的控制面法向流速可写为

$$u_{n,e}^{m*}=\overline{(u_n^{m*})_e}-\Delta\Omega_e\overline{\left(\frac{1}{A_P^{u_n}}\right)_e}\left[\left(\frac{\delta p}{\delta n}\right)_e-\overline{\left(\frac{\delta p}{\delta n}\right)_e}\right]^{m-1} \tag{12-68}$$

非正交网格控制面的压力法向导数使用 12.3 节中的辅助点法进行偏斜校正：

$$\left(\frac{\delta p}{\delta n}\right)_e\approx\frac{p_E'-p_P'}{|\boldsymbol{r}_E'-\boldsymbol{r}_P'|}=\frac{p_E'-p_P'}{(\boldsymbol{r}_E-\boldsymbol{r}_P)\cdot\boldsymbol{n}} \tag{12-69}$$

式中 $p_{E'}$ 和 $p_{P'}$ 由式（12-70）和式（12-71）确定：

$$p_{E'}=p_E+(\mathbf{grad}p)_E\cdot(\boldsymbol{r}_{E'}-\boldsymbol{r}_E) \tag{12-70}$$

$$p_{P'}=p_P+(\mathbf{grad}p)_P\cdot(\boldsymbol{r}_{P'}-\boldsymbol{r}_P) \tag{12-71}$$

将式（12-70）和式（12-71）代入式（12-69）可得到带有网格偏斜校正的控制面压力法向导数表达式：

$$\left(\frac{\delta p}{\delta n}\right)_e\approx\frac{p_E-p_P}{(r_E-r_P)\cdot n}-\frac{(\mathbf{grad}p)_E\cdot(\boldsymbol{r}_{E'}-\boldsymbol{r}_E)-(\mathbf{grad}p)_P\cdot(\boldsymbol{r}_{P'}-\boldsymbol{r}_P)}{(\boldsymbol{r}_E-\boldsymbol{r}_P)\cdot\boldsymbol{n}} \tag{12-72}$$

当 P、E 连线与控制面 e 正交时，上式右端的校正项即可省略。非正交网格控制面的法向流速可写为

$$u_{n,e}^{m*}=\overline{(u_n^{m*})_e}-\frac{\Delta\Omega_e}{(\boldsymbol{r}_E-\boldsymbol{r}_P)\cdot\boldsymbol{n}}\overline{\left(\frac{1}{A_P^{u_n}}\right)}$$

$$[(p_E-p_P)+(\mathbf{grad}p)_E\cdot(\boldsymbol{r}_{E'}-\boldsymbol{r}_E)-(\mathbf{grad}p)_P\cdot(\boldsymbol{r}_{P'}-\boldsymbol{r}_P)-\overline{(\mathbf{grad}p)_e}\cdot(\boldsymbol{r}_{E'}-\boldsymbol{r}_{P'})] \tag{12-73}$$

在迭代计算未收敛时，控制体的质量通量并不满足连续方程，会出现由于不正确的速度场导致的非平衡项 Δm：

$$\sum_l m_f^*=\Delta m \tag{12-74}$$

引入控制面的质量流量修正量：

$$m'_e=\rho_e u'_{n,e}S_e=-(\rho\Delta\Omega S)_e\overline{\left(\frac{1}{A_P^{u_n}}\right)_e}\left(\frac{\delta p'}{\delta n}\right)_e\approx-(\rho\Delta\Omega S)_e\overline{\left(\frac{1}{A_P^{u_n}}\right)_e}\left(\frac{\delta p'}{\delta n}\right)_e$$

$$\left[\frac{p'_E-p'_P}{(\boldsymbol{r}_E-\boldsymbol{r}_P)\cdot\boldsymbol{n}}-\frac{(\mathbf{grad}p')_E\cdot(\boldsymbol{r}_{E'}-\boldsymbol{r}_L)-(\mathbf{grad}p')_P\cdot(\boldsymbol{r}_{P'}-\boldsymbol{r}_P)}{(\boldsymbol{r}_E-\boldsymbol{r}_P)\cdot\boldsymbol{n}}\right] \tag{12-75}$$

由连续方程 $\sum\limits_l(m_f^*+m'_f)=0$ 可知非平衡项和质量流量修正量满足下列关系式：

$$\sum_l m'_f+\Delta m=0 \tag{12-76}$$

代入式（12-65），上式就转化为关于压力校正值 p' 的代数方程组。由于控制面质量流量修正使用了网格偏斜校正，压力校正方程不能直接使用隐式方法求解。为此可使用延迟校正技术，将网格偏斜校正项做显式处理并入源项，使用前一次迭代值做近似计算。离散形式的压力校正代数方程组为

$$A_P^p p'_P+\sum_l A_l^p p'_l=-\Delta m+(Q_P^p)^{m-1} \tag{12-77}$$

式中，

$$A_E^p=-(\rho\Delta\Omega S)_e\overline{\left(\frac{1}{A_P^{u_n}}\right)_e}\frac{1}{(\boldsymbol{r}_E-\boldsymbol{r}_P)\cdot\boldsymbol{n}} \tag{12-78}$$

A_W^p、A_N^p、A_S^p、A_T^p 和 A_B^p 表达式类似；

$$A_P^p = - \sum_l A_l^p \tag{12-79}$$

$$(Q_P^p)^{m-1} = \sum_l \overline{\left(\frac{1}{A_P^{u_n}}\right)_l} \frac{(\text{grad}p')_L \cdot (\boldsymbol{r}_L' - \boldsymbol{r}_L) - (\text{grad}p')_P \cdot (\boldsymbol{r}_P' - \boldsymbol{r}_P)}{(\boldsymbol{r}_L - \boldsymbol{r}_P) \cdot \boldsymbol{n}} \tag{12-80}$$

当迭代计算收敛时，压力校正项趋于 0，所以在网格偏斜不严重的情况下，将式（12-65）方括号内的网格偏斜校正项省略并不会影响计算结果，但会对收敛速度造成影响。由于本书在大部分灌水廊道计算域使用六面体结构网格，网格偏斜并不严重，因此在压力校正中没有考虑网格偏斜校正。

3）亚松弛处理

由于在 SIMPLE 算法中忽略了邻点速校正 $\sum_l A_l^{u_i} u'_{i,l} / A_P^{u_i}$ 的影响，p'的修正被夸大了，应予以亚松弛处理。引入亚松弛后第 m 次迭代中压力场的解为

$$p^m = p^{m-1} + a_p p' \tag{12-81}$$

式中，a_p为压力压松弛因子。

为限制变量在相邻迭代层次间的变化以利于非线性问题的收敛，对于其他变量也应做亚松弛处理，但是实施方式不同，一般将压松弛过程组织到代数方程组的求解过程中。通用控制方程的离散代数方程组可写为

$$A_P \varphi_P^m + \sum_l A_l \varphi_l^m = Q_P \tag{12-82}$$

式中不能由 φ^m显式计算的方程项归入右端源项 Q_P。

引入亚松弛后通用变量 φ 的计算式为

$$\varphi^m = \varphi^{m-1} + a_\varphi (\varphi^{new} - \varphi^{m-1}) \tag{12-83}$$

式中，a_φ为变量 φ 的松弛因子；φ^{new}为式（12-72）第 m 次迭代的计算结果，以控制体 P 为例，

$$\varphi_P^{\text{new}} = \frac{Q_P - \sum_l A_l \varphi_l^m}{A_P} \tag{12-84}$$

控制体 P 上整合亚松弛处理的离散代数方程组可写为

$$\frac{A_P}{a_\varphi} \varphi_P^m + \sum_l A_l \varphi_l^m = Q_P + \frac{1 - a_\varphi}{a_\varphi} A_P \varphi_P^{m-1} \tag{12-85}$$

对于正交网格及非正交网格但是偏斜不严重的情况，建议速度亚松弛因子 a_u与 a_P满足 $a_u + a_P = 1$，此时 SIMPLE 算法的外部迭代收敛速度与 SIMPLEC 算法相当。

各变量的亚松弛因子为：$a_P = 0.3$，$a_u = 0.7$，$a_k = 0.7$，$a_\varepsilon = 0.7$。SIMPLE 算法的计算流程可表述为图 12-7 所示流程。

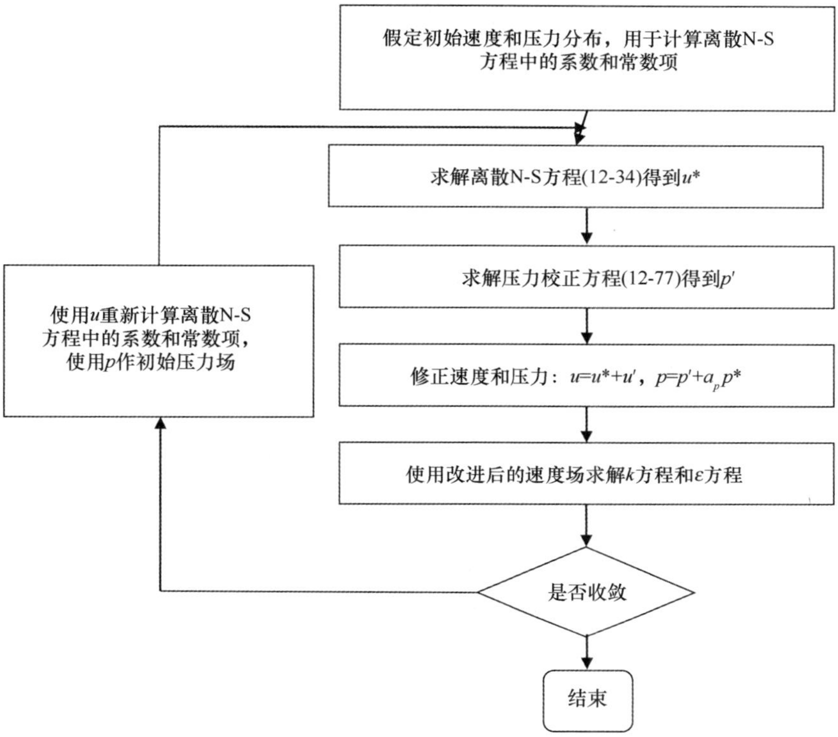

图 12-7　SLMPLE 算法流程图

12.4　虹吸灌水廊道流场的数值模拟

由于离心力作用驼峰段底部压强降低，为了避免廊道壁面遭受空蚀破坏，驼峰段的负压值应符合规范要求，因此驼峰断面负压一般作为廊道水力模型试验的重要内容。灌水廊道消能段的消能特性则影响到坞室内的泊稳条件。在灌水初始时刻灌水流量最大，驼峰断面负压和坞室泊稳条件等水力指标处于最不利状况。本章使用雷诺平均法和标准 $k-\varepsilon$ 两方程模型，对广州中船龙穴造船有限公司 1#修船坞初始时刻的灌水廊道流场进行了数值模拟研究。

12.4.1　驼峰断面压强分布分析

为便于与试验值对比，更好地分析不同水位的灌水廊道流场，进口边界条件的流速值使用龙穴 1#坞虹吸灌水廊道水力模型试验的实测值，图 12-8 和图 12-9 为不同水位下驼峰顶部和底部压强值与模型试验值的对比。

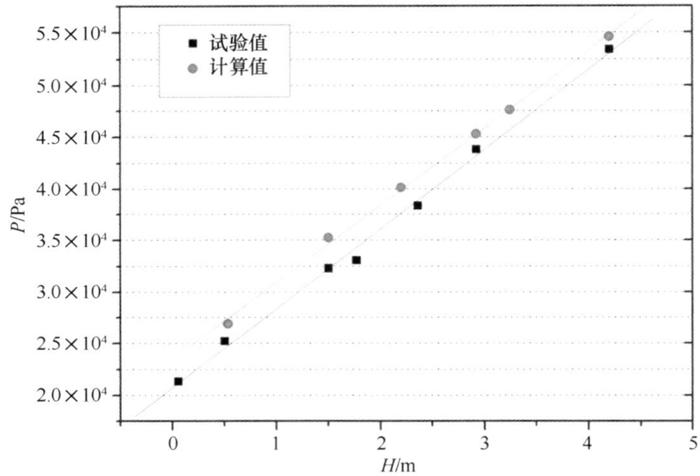

图 12-8　不同水位驼峰顶压强计算值与试验值对比

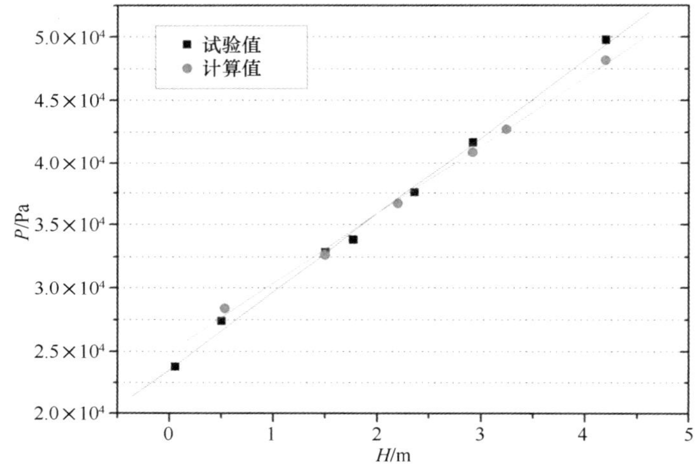

图 12-9　不同水位驼峰底压强计算值与试验值对比

从图 12-8 和图 12-9 可以看出，不同水位的驼峰压强计算值与实测值吻合较好，忽略进水口流态没有对驼峰断面压强绝对值产生较大影响。在灌水廊道最易发生空化现象的设计低水位 0.53 m，驼峰底压强计算值为 $P=2.84\times10^4$ Pa，与水力模型试验值偏差小于$\Delta P=1.0\times10^3$ Pa。因此，在灌水流量已知的情况下，数值模拟能够较好地预测空化的发生。

通过数值模拟计算出的驼峰断面压强分布见图 12-10 至图 12-15，其中 2.2 m 为龙穴 1#修船坞进出坞水位。

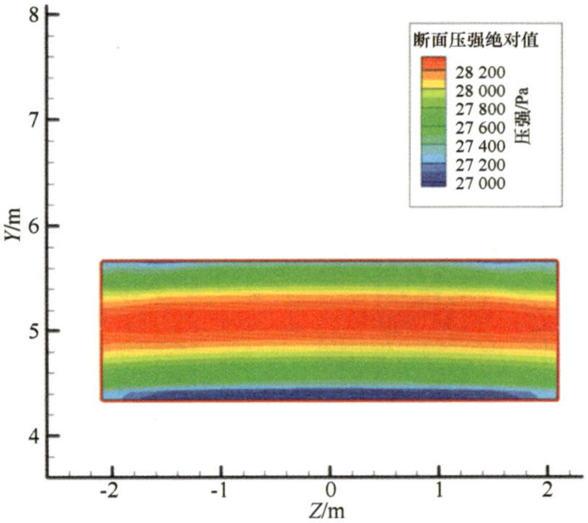

图 12-10　0.53 m 水位驼峰断面压强分布

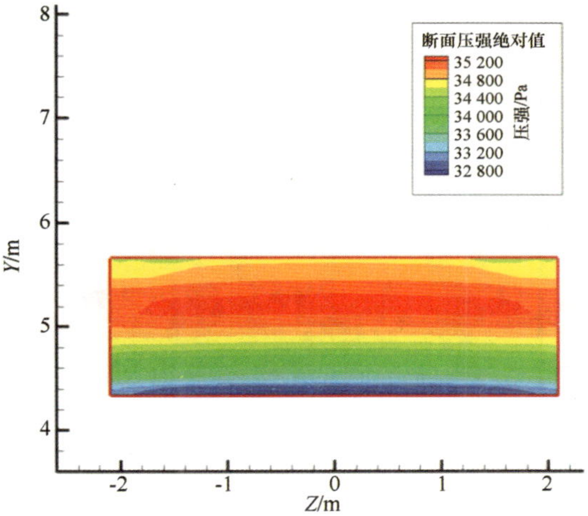

图 12-11　1.5 m 水位驼峰断面压强分布

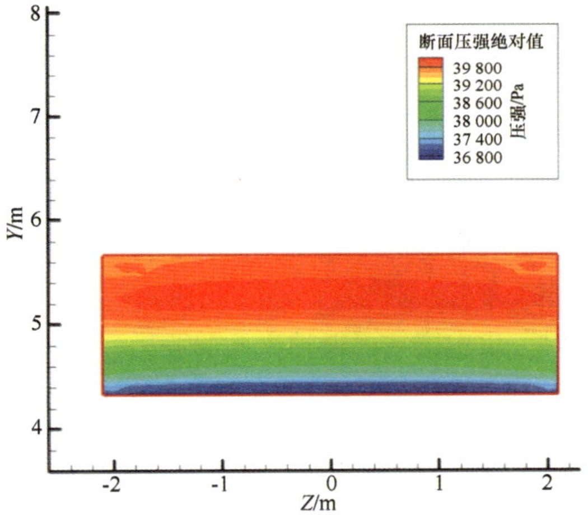

图 12-12　2.2 m 水位驼峰断面压强分布

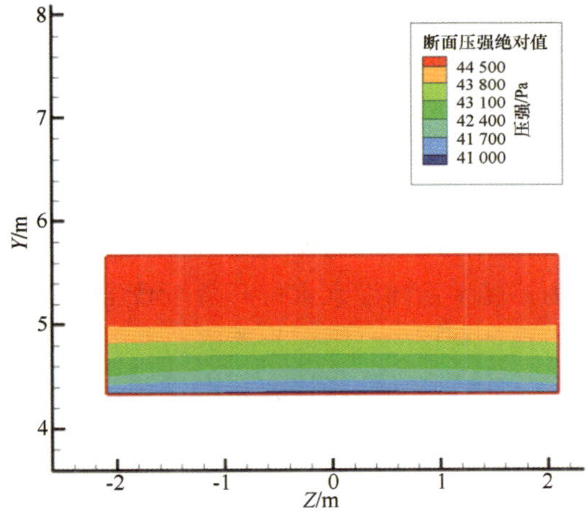

图 12-13　2.92 m 水位驼峰断面压强分布

灌水廊道驼峰段的流体主要受重力和离心力作用，离心力方向沿驼峰段半径向外，因此驼峰顶部流体受离心力作用而压强增大；相反，离心力在驼峰底部起减小压强的作用。重力作用则使驼峰段顶部势能大而压能小，底部势能小而压能大，即驼峰顶部压强减小而底部压强增大。在图 12-10 至图 12-15 不同水位的驼峰断面压强中，由于离心力作用的影响，峰顶压强均大于峰底压强，而由于重力作用的影响高水位断面压强总体上大于低水位断面压强。因为在低水位时离心力作用相对较小，重力作用使峰底压强大于峰顶压强，抵消掉一部分离心力作用，在图 12-10 中 0.53 m 水位，驼峰断面压强分布中出现了中间大，上下小的情况。

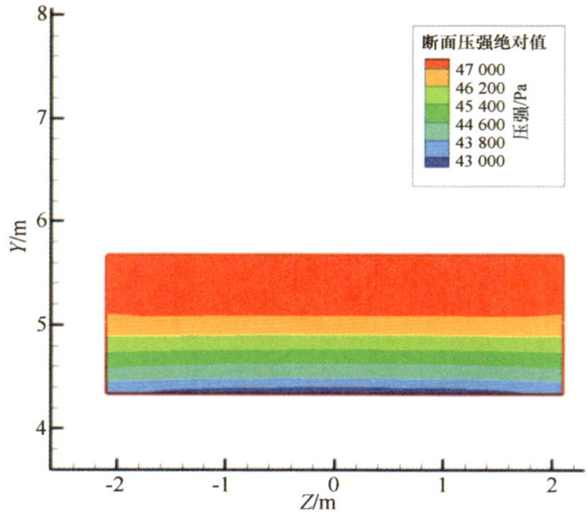

图 12-14　3.24 m 水位驼峰断面压强分布

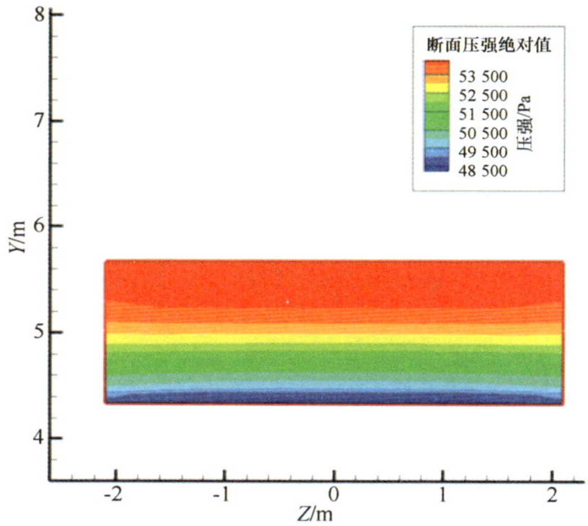

图 12-15　4.20 m 水位驼峰断面压强分布

由于在高水位时作用水头增大，灌水流量增加，驼峰处距海面高差减小，所以不同灌水水位下离心力和重力对驼峰压强的影响不同。离心力对驼峰压强的影响趋势是：高水位时离心力作用更强，驼峰顶部压强增加值和底部压强减小值相对低水位时都要更大；不同水位下重力对驼峰压强的影响趋势是：随着灌水水位的升高，驼峰处压强值增加。在图 12-10至图 12-15 中，随着灌水水位的升高，虽然重力作用有使驼峰处压强增大的趋势，但是高水位时离心力作用进一步增强，使得驼峰顶部和底部的压差继续增大，进一步说明重力不能平衡随灌水水位升高而增强的离心力作用。

设计合理的虹吸灌水流道在进出坞水位运行时，重力应尽可能地平衡离心力作用的影响，使驼峰断面的压强分布趋于均匀。在图 12-16 试验水位为 0.75 m 时，断面压差 ΔP 处于最小值，此时重力能够较好地平衡离心力作用的影响。而从图 12-12 可以看出，广州

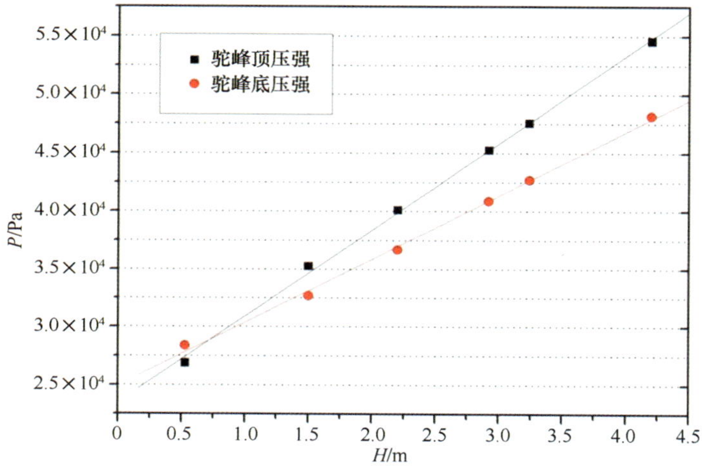

图 12-16　不同水位驼峰断面压强计算值

中船龙穴造船有限公司 1#修船坞水力模型在 2.2 m 进出坞水位时，驼峰断面压差 $\Delta P = 3.4\times10^3$ Pa，灌水廊道的设计应进一步优化以减小驼峰断面压差。

12.4.2　速度场计算结果及分析

在船坞虹吸灌水廊道的水力模型试验中，主要验证灌水时间和驼峰断面负压两个水力指标，由于受试验条件和观测手段的限制，一般很少关注灌水廊道消能段的设计是否合理。事实上，消能段内隔墙、消能立柱和出口等的布置将直接影响到出水口流态，进而影响坞室内船舶的泊稳条件。数值模拟则不受试验条件和观测手段等的限制，可以更好地对廊道内部流场进行研究。

图 12-17 为在 2.2 m 水位使用 $Z=0$ 面将灌水廊道纵向剖开得到的速度场分布。由于没有考虑进水口流态，进口段和虹吸段的速度分布较为均匀。

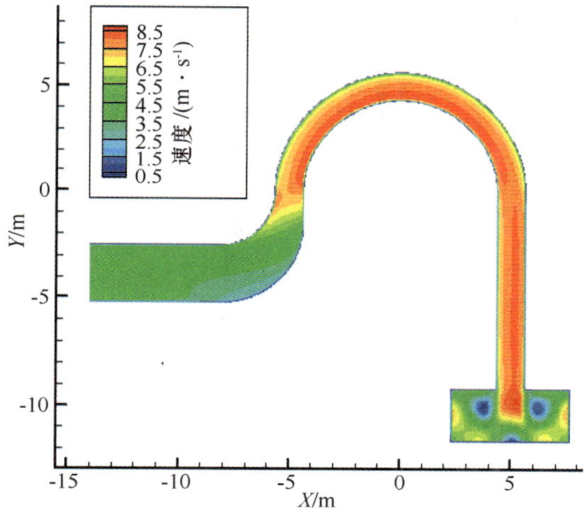

图 12-17　2.2 m 水位灌水廊道纵断面速度分布

在图 12-18 和图 12-19 中，水流在虹吸下行段以 7~8 m/s 的速度下泄，但进入消能段前端后并没有在出口下方的底板中部处形成较大流速，而是在底板两侧和边墙处形成 7~8 m/s 的流速，这是由于水流从虹吸下行段流出后首先冲击坞底板，由于水垫作用分向两边，受到底板和边墙的限制形成两个水平轴向的漩涡。为了分析灌水廊道在进出坞水位 2.2 m 运行时消能段的速度分布，分别在高程−5.62 m、−6.77 m、−7.92 m、−9.07 m、−10.27 m和−11.47 m 将灌水廊道水平剖开，各高程水平面速度分布见图 12-19 至图 12-24。图 12-24 为距坞底板 0.2 m 的水平面，可以看到漩涡与底板相切形成高速区。漩涡向后发展依次撞击消能立柱底部和隔墙后形成回流，与来流掺混后向上通过隔墙上方的立柱。由于隔墙立柱间隙较小，水流以较大速度向后喷射，从图 12-19、图 12-20 和图 12-21 可以看出，水流以 8~9 m/s 的流速同消能段后墙碰撞后向下通过消能段出口进入廊道出口段。如图 12-23 和图 12-24 所示，廊道出口段底部水流条件较为稳定，流速分布均匀，流速集中在 4~5 m/s，出口段则被隔栅分为 21 个小出口，水流到达出口段边墙后向上涌出，在图 12-22 中，顶部的 3 个出口流速要明显大于其他出口。

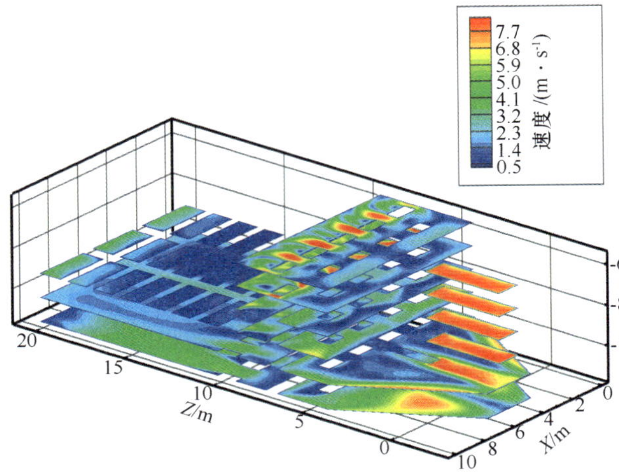

图 12-18　2.2 m 水位灌水廊道水平面速度分布

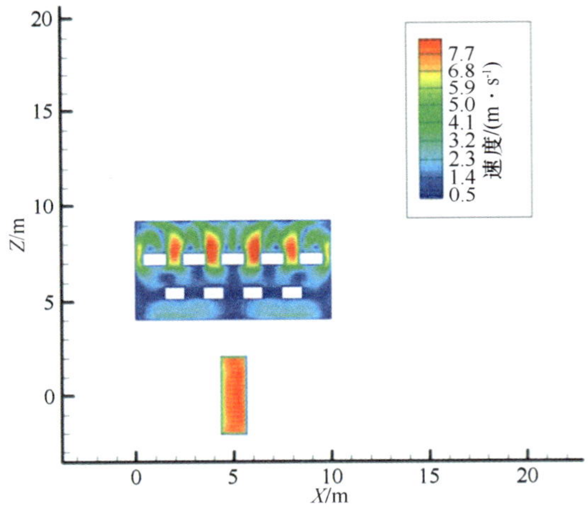

图 12-19　-5.62 m 水平面速度分布

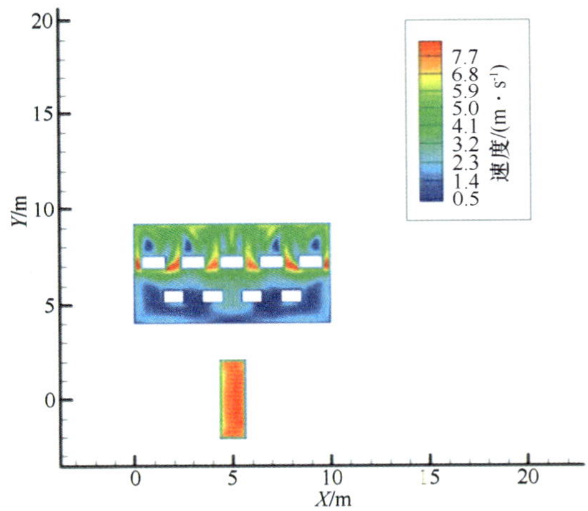

图 12-20　-6.77 m 水平面速度分布

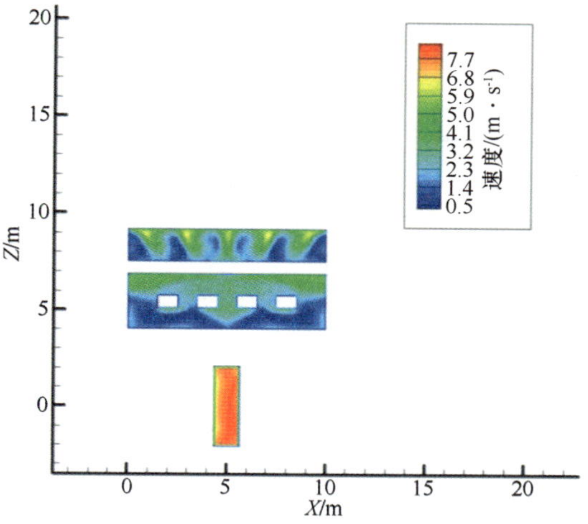

图 12-21　-7.92 m 水平面速度分布

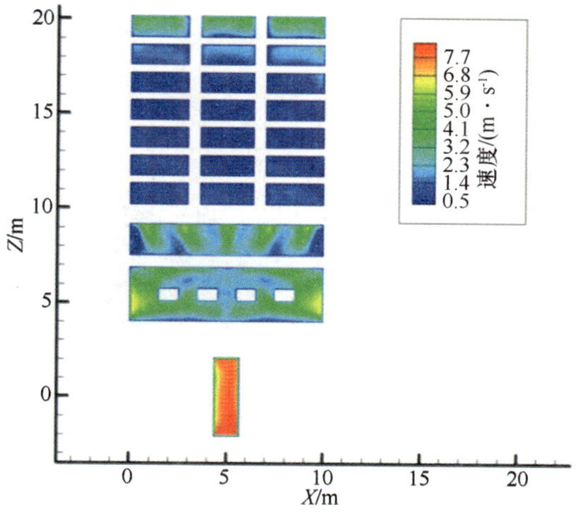

图 12-22　-9.07 m 水平面速度分布

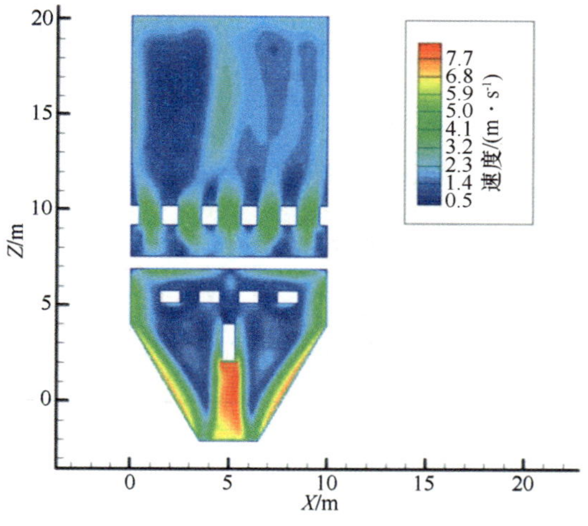

图 12-23　-10.27 m 水平面速度分布

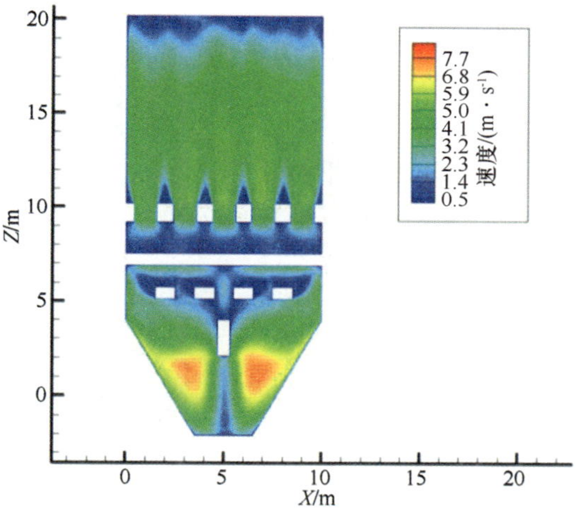

图 12-24　-11.47 m 水平面速度分布

为更好地研究广州中船龙穴造船有限公司 1#修船坞灌水廊道消能段的消能特性，本书对廊道内的湍流动能分布进行了分析，图 12-25 为灌水廊道在进出坞水位 2.2 m 运行时消能段的湍流动能分布，湍流动能在-5.62 m、-6.77 m、-7.92 m、-9.07 m、-10.27 m 和-11.47 m 水平面的分布见图 12-26 至图 12-31。

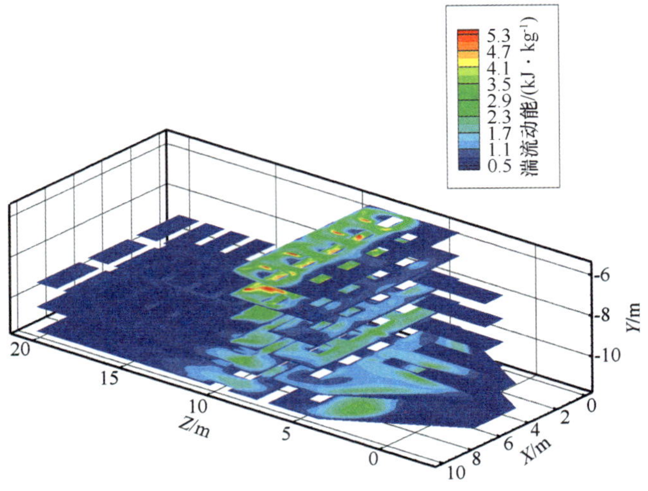

图 12-25　2. 2 m 水位灌水廊道水平面湍流动能分布

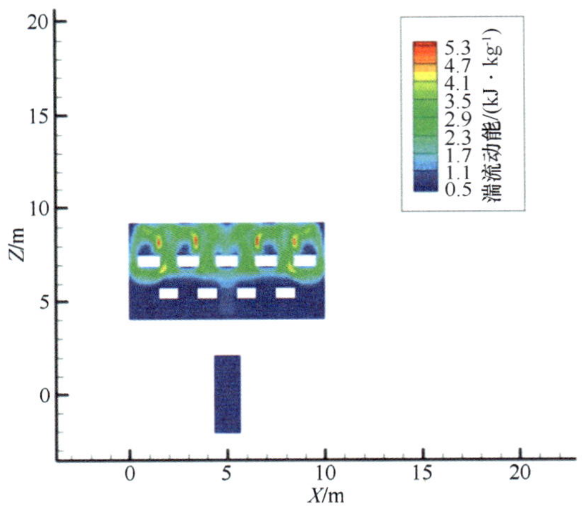

图 12-26　-5. 62 m 水平面湍流动能分布

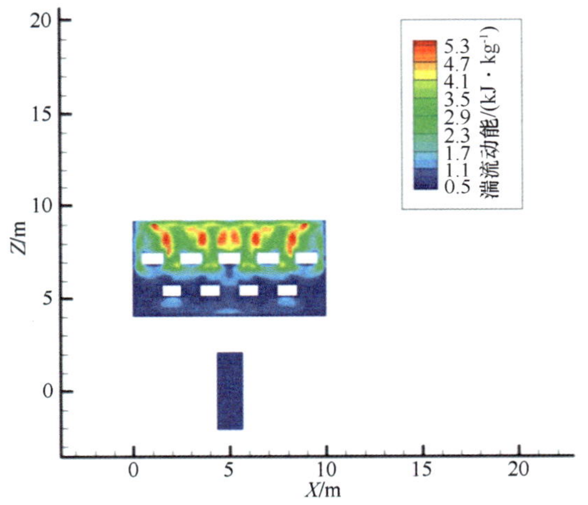

图 12-27　-6. 77 m 水平面湍流动能分布

在图 12-26 至图 12-31 灌水廊道各水平面的湍流动能分布可以看出，湍流动能主要集中在消能段，进入廊道出口段后则沿程递减。首先水流冲击底板形成的漩涡向后发展，如图 12-30 和图 12-31 所示，在漩涡的后方湍流动能为 1～3 kJ/kg。而后水流撞击消能立柱和隔墙向上通过隔墙立柱间隙，从图 12-26 和图 12-27 可以看出，此时湍流动能达到峰值。在图 12-30 和图 12-31 中，水流通过消能段出口进入廊道出口段后湍流动能值逐渐减小，在大部分区域小于 1 kJ/kg。廊道出口面的湍流动能分布则较为均匀。从图 12-22 灌水廊道出口流速分布和图 12-29 廊道出口湍流动能分布来看，灌水水流的大部分动能在消能段耗散，廊道出口出流较为稳定，不会引起广州中船龙穴造船有限公司 1#修船坞坞室水面过强波动。

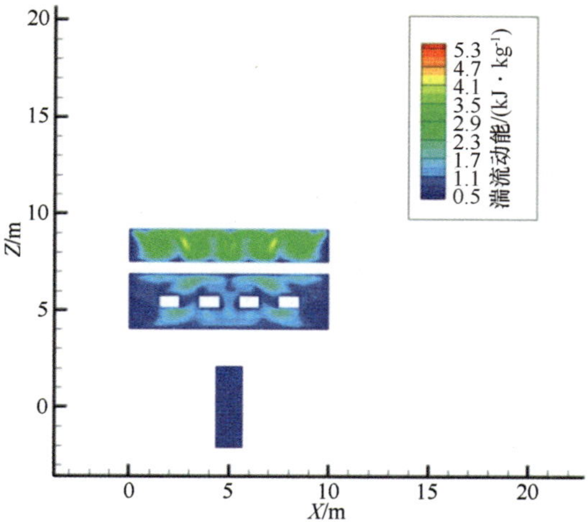

图 12-28　-7.92 m 水平面湍流动能分布

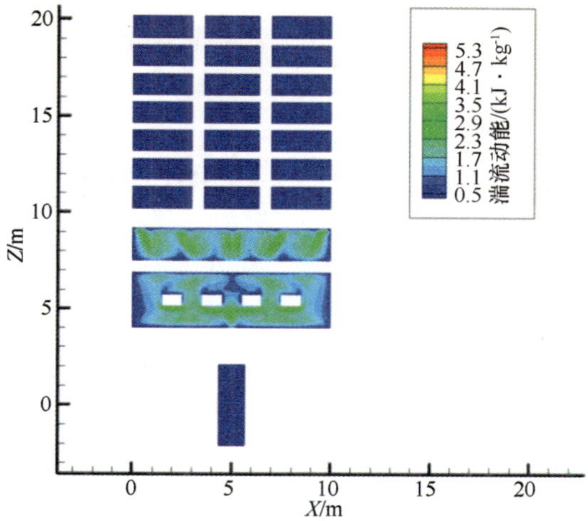

图 12-29　-9.07 m 水平面湍流动能分布

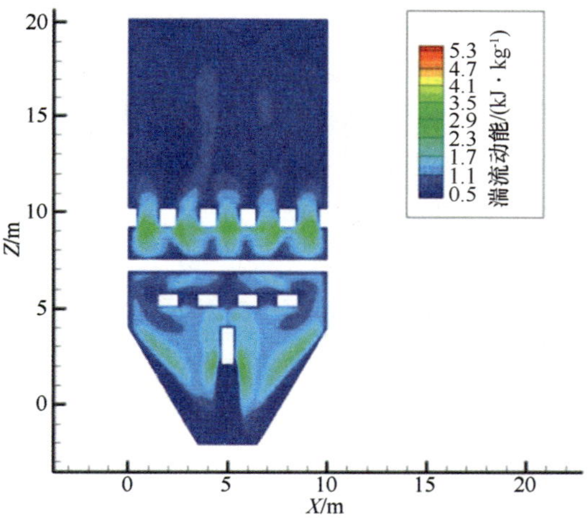

图 12-30　-10.27 m 水平面湍流动能分布

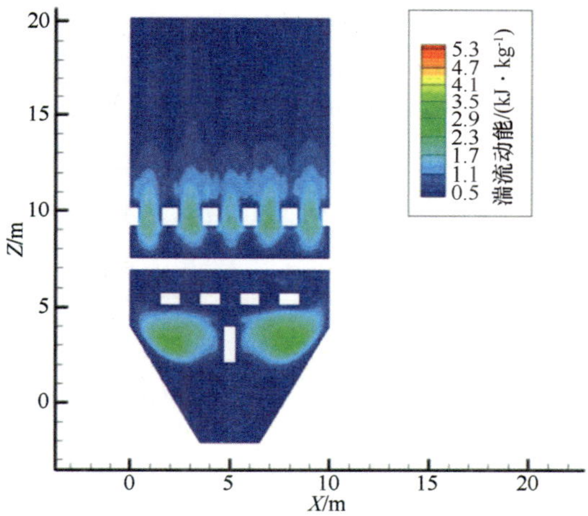

图 12-31　-11.47 m 水平面湍流动能分布

12.5　小结

本章建立了船坞虹吸灌水流道三维流动的数学模型，使用数值模拟的方法研究了灌水流道速度和压强分布等水力特性，使水流流速、压强和湍流动能等变量的三维分布容易获得。本章以广州中船龙穴造船有限公司 1#坞虹吸灌水廊道为工程实例，通过分析流速等在流道内如消能段的分布，可为优化设计方案及改进流道水力特性提供支持。

第 13 章　大型船坞灌水过程泊稳数学模型

在特大型船坞灌水过程中，坞室水面波动对坞室坞墩的稳定性的影响，关系着所修船舶的安全，是工程人员关心的问题之一。因此对船坞灌水过程中坞室泊稳情况的研究具有重要意义。

与传统的波浪不同，坞室水面波动是由灌泄水流道出流，导致流量与动量变化而产生波浪。本章考虑坞室底部灌水流道出流情况，开发了“大型船坞灌水过程泊稳数学模型”。

13.1　理论模型的建立

如图 13-1 所示，建立含源（汇）流体单元的欧拉方程，q_0^* 为单元体内源的流量，u_q^*，v_q^*，w_q^* 分别为单位质量源在 x^*，y^*，z^* 方向上的速度，u^*，v^*，w^* 分别为流体质点在 x^*，y^*，z^* 方向上的速度，坐标系统见图 13-2，则欧拉方程为

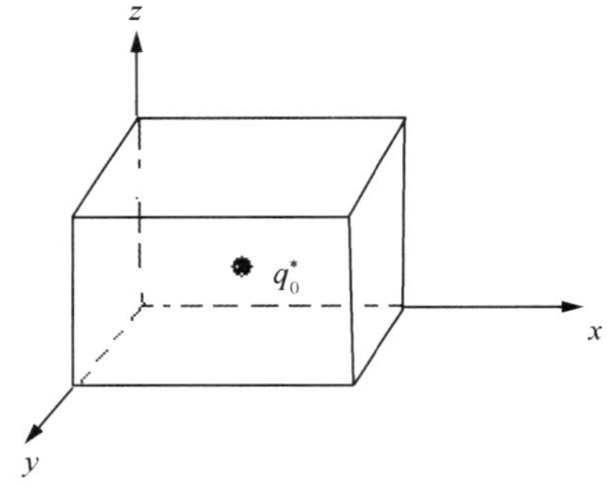

图 13-1　含源（汇）流体单元

$$\frac{\partial u^*}{\partial x^*}+\frac{\partial v^*}{\partial y^*}+\frac{\partial w^*}{\partial z^*}=q_0^* \tag{13-1}$$

$$\rho\frac{\mathrm{d}u^*}{\mathrm{d}t^*}=F_x^*-\rho q_0^*(u^*-u_q^*) \tag{13-2}$$

$$\rho\frac{\mathrm{d}v^*}{\mathrm{d}t^*}=F_y^*-\rho q_0^*(v^*-v_q^*) \tag{13-3}$$

$$\rho\frac{\mathrm{d}w^*}{\mathrm{d}t^*}=F_z^*-\rho q_0^*(w^*-w_q^*) \tag{13-4}$$

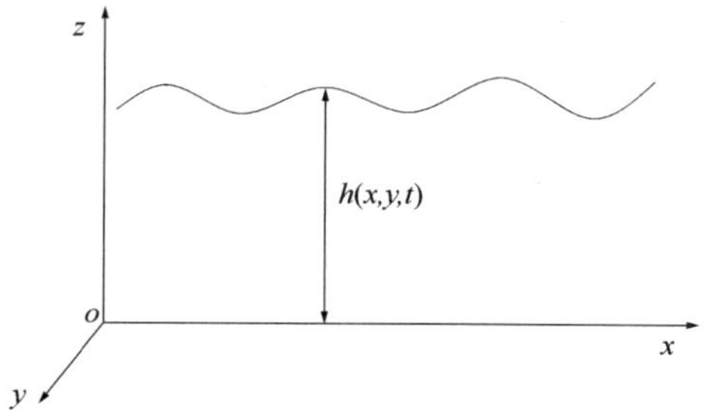

图 13-2　坐标示意图

式中，F_x^*，F_y^*，F_z^*为流体质点在x^*，y^*，z^*方向上的压力梯度与合力。

为了研究问题的方便，对上述含源（汇）流体单元的欧拉方程进行无量纲化，其无量纲变量取：

$$\begin{aligned}&(x,\ y,\ z)=h_0^{-1}(x^*,\ y^*,\ z^*)\\&t=t^*\ (g/h_0)^{1/2}\\&p=p^*/(\rho g h_0)\\&(u,\ v,\ w)=(gh_0)^{-1/2}(u^*,\ v^*,\ w^*)\end{aligned}\tag{13-5}$$

式中，＊表示有量纲量；h_0为水深特征量。

自由表面为$z=\xi$（x，y，t），底部为$z=-D$（x，y），用二维向量$\vec{u}=(u,\ v)$，$\vec{x}=(x,\ y)$，$\vec{u_q}=(u_q,\ v_q)$和二维算子$\nabla=(\partial/\partial x,\partial/\partial y)$表示，则无量纲化后的方程为

$$\frac{\partial w}{\partial z}+\nabla\cdot\vec{u}=q_0\tag{13-6}$$

$$\frac{\partial\vec{u}}{\partial t}+(\vec{u}\cdot\nabla)\vec{u}+w\frac{\partial\vec{u}}{\partial z}+\nabla p=-\rho q_0(\vec{u}-\vec{u_q})\tag{13-7}$$

$$\frac{\partial w}{\partial t}+(\vec{u}\cdot\nabla)w+w\frac{\partial w}{\partial z}+\frac{\partial p}{\partial z}+1=-\rho q_0(w-w_q)\tag{13-8}$$

边界条件为

$$\begin{aligned}&p\,|_{z}=\xi(\bar{x},t)=0\\&\frac{\partial\xi}{\partial t}+(\bar{u}\cdot\nabla)D\,|_{z=\xi(\bar{x},t)}=w\,|_{z=\xi(\bar{x},t)}\\&\left[(\bar{u}\cdot\nabla)D+\frac{\partial D}{\partial t}\right]|_{z=-D}=0\end{aligned}\tag{13-9}$$

首先考虑$q_0=0$情况，此时沿水深积分式（13-6），得：

$$\frac{\partial\xi}{\partial t}+\nabla\cdot\int_{-D}^{\xi}\bar{u}\mathrm{d}z=0\tag{13-10}$$

上式可写为

$$\frac{\partial \xi}{\partial t} + \nabla \cdot \overline{Q} = 0 \tag{13-11}$$

$$\overline{Q} = \int_{-D}^{\xi} \overline{u} \mathrm{d}z \tag{13-12}$$

假设为无旋运动，则有：

$$\frac{\partial u}{\partial y} = \frac{\partial v}{\partial x}, \frac{\partial \vec{u}}{\partial z} = \nabla \cdot w$$

在长波中相对水深 $\mu = h/\lambda \ll 1$，对有限振幅理论相对波高 $\varepsilon = O\ (1)$，对于孤立波和卜辛涅斯克波 $O\ (\varepsilon) = O\ (\mu^2)$

将变量 ε，p，$\overline{u}$，$\overline{Q}$ 展开为

$$f = f_0 + \varepsilon f_1 + \varepsilon^2 f_2 + \cdots \tag{13-13}$$

对 w 展开为：

$$w = \mu(w_0 + \varepsilon w_1 + \varepsilon^2 w_2 + \cdots) \tag{13-14}$$

将其代入式（13-6）至式（13-8），取二阶解得到有量纲的卜辛涅斯克方程：

$$\frac{\partial \vec{U}}{\partial t} + (\vec{U} \cdot \nabla)\vec{U} + g\nabla\eta = \frac{1}{2}D\frac{\partial}{\partial t}\nabla[\nabla \cdot (D\vec{U})] - \frac{1}{6}D^2\frac{\partial}{\partial t}[\nabla(\nabla \cdot \vec{U})] \tag{13-15}$$

$$\frac{\partial \eta}{\partial t} + \nabla \cdot (H \cdot \vec{U}) = 0 \tag{13-16}$$

$$p = \rho g(\eta - z) - \frac{1}{2}[H^2 - (z + D)^2]\nabla \cdot \vec{U}_t \tag{13-17}$$

式中，$\vec{U}$ 为平均流速向量；D 为静水深；η 为水位；H 为水深，$H = \eta + D$。

当 $q_0 \neq 0$ 时，考虑简单情形：底部为平底，水流为均匀一元无旋流。假定竖向速度在底部为 0，按线性增加到表面达到最大值。基本方程为

$$\frac{\partial u}{\partial x} + \frac{\partial v}{\partial y} + \frac{\partial w}{\partial z} = q_0 \tag{13-18}$$

$$\frac{\partial u}{\partial t} + u\frac{\partial u}{\partial x} + v\frac{\partial u}{\partial y} + w\frac{\partial u}{\partial z} = -\frac{1}{\rho}\frac{\partial p}{\partial x} - q_0(u - u_q) \tag{13-19}$$

$$\frac{\partial v}{\partial t} + u\frac{\partial v}{\partial x} + v\frac{\partial v}{\partial y} + w\frac{\partial v}{\partial z} = -\frac{1}{\rho}\frac{\partial p}{\partial y} - q_0(v - v_q) \tag{13-20}$$

$$\frac{\partial w}{\partial t} + u\frac{\partial w}{\partial x} + v\frac{\partial w}{\partial y} + w\frac{\partial w}{\partial z} = -\frac{1}{\rho}\frac{\partial p}{\partial z} - g - q_0(w - w_q) \tag{13-21}$$

自由表面运动学条件为

$$w|_{z=h} = \frac{\partial h}{\partial t} + u\frac{\partial h}{\partial x} + v\frac{\partial h}{\partial y} \tag{13-22}$$

底部边界条件：

$$w|_{z=0} = 0 \tag{13-23}$$

$$w(z) = w|_{z=0} + w|_{z=h} \cdot \frac{z}{h} = \left(\frac{\partial h}{\partial t} + u\frac{\partial h}{\partial x} + v\frac{\partial h}{\partial y}\right) \cdot \frac{z}{h} \tag{13-24}$$

不计对流项，则有：

$$w(z) = w|_{z=0} + w|_{z=h} \cdot \frac{z}{h} = \left(\frac{\partial h}{\partial t}\right) \cdot \frac{z}{h} \tag{13-25}$$

对式（13-21）忽略对流项，则有：

$$\frac{\partial w}{\partial t} = -\frac{1}{\rho}\frac{\partial p}{\partial z} - g - q_0(w - w_q) \tag{13-26}$$

将式（13-25）代入式（13-26）：

$$\frac{z}{h}\frac{\partial^2 h}{\partial t^2} - \frac{z}{h^2}\left(\frac{\partial h}{\partial t}\right)^2 = -\frac{1}{\rho}\frac{\partial p}{\partial z} - g - q_0\left(\frac{\partial h}{\partial t} \cdot \frac{z}{h} - w_q\right) \tag{13-27}$$

根据卜辛涅斯克假定，导数的乘方与导数本身相比可忽略不计，上式简化为

$$\frac{z}{h}\frac{\partial^2 h}{\partial t^2} = -\frac{1}{\rho}\frac{\partial p}{\partial z} - g - q_0\left(\frac{\partial h}{\partial t} \cdot \frac{z}{h} - w_q\right) \tag{13-28}$$

从 z 到 h 积分上式，自由表面处压强为 0，可得：

$$\frac{p(z)}{\rho} = (g - q_0 w_q)(h - z) + \frac{1}{2h}\left(\frac{\partial^2 h}{\partial t^2} + q_0\frac{\partial h}{\partial t}\right)(h^2 - z^2) \tag{13-29}$$

则：

$$\frac{1}{\rho}\frac{\partial p}{\partial x} = (g - q_0 w_q)\frac{\partial h}{\partial x} + \frac{h^2 - z^2}{2h}\left(\frac{\partial^3 h}{\partial t^2 \partial x} + q_0\frac{\partial^2 h}{\partial t \partial x}\right) \tag{13-30}$$

从 0 到 h 积分上式可得：

$$\int_0^h \frac{1}{\rho}\frac{\partial p}{\partial x} = (g - q_0 w_q)\frac{\partial h}{\partial x} + \frac{h^2}{3}\left(\frac{\partial^3 h}{\partial t^2 \partial x} + q_0\frac{\partial^2 h}{\partial t \partial x}\right) \tag{13-31}$$

将式（13-25）沿水深积分得：

$$\frac{\partial h}{\partial t} + \frac{\partial (Uh)}{\partial x} + \frac{\partial (Vh)}{\partial y} = q_0 h \tag{13-32}$$

其中，$U = \frac{1}{h}\int_0^h u\mathrm{d}z$，$V = \frac{1}{h}\int_0^h v\mathrm{d}z$。

则有：

$$\frac{\partial h}{\partial t} = -\left[\frac{\partial (Uh)}{\partial x} + \frac{\partial (Vh)}{\partial y}\right] + q_0 h \tag{13-33}$$

$$\begin{aligned}\frac{\partial^3 h}{\partial t^2 \partial x} + q_0\frac{\partial^2 h}{\partial t \partial x} = {} & \frac{\partial^2}{\partial t \partial x}\left(-\left[\frac{\partial (Uh)}{\partial x} + \frac{(Vh)\partial}{\partial y}\right] + q_0 h\right) + \\ & q_0\frac{\partial}{\partial x}\left(-\left[\frac{\partial (Uh)}{\partial x} + \frac{\partial (Vh)}{\partial y}\right] + q_0 h\right) \\ = {} & -\frac{\partial^3 (Uh)}{\partial t \partial x^2} - \frac{\partial^3 (Vh)}{\partial t \partial x \partial y} + q_0\frac{\partial^2 h}{\partial t \partial x} - q_0\frac{\partial^2 (Uh)}{\partial x^2} -\end{aligned}$$

$$q_0\frac{\partial^2(Vh)}{\partial y\partial x}+q_0^2\frac{\partial h}{\partial x} \tag{13-34}$$

式（13-31）化为

$$\begin{aligned}\int_0^h\frac{1}{\rho}\frac{\partial p}{\partial x}&=(g-q_0w_q)\frac{\partial h}{\partial x}\\&+\frac{h^2}{3}\left[-\frac{\partial^3(Uh)}{\partial t\partial x^2}-\frac{\partial^3(Vh)}{\partial t\partial x\partial y}+q_0\frac{\partial^2 h}{\partial t\partial x}-\right.\\&\left.q_0\frac{\partial^2(Uh)}{\partial x^2}-q_0\frac{\partial^2(Vh)}{\partial y\partial x}+q_0^2\frac{\partial h}{\partial x}\right]\end{aligned} \tag{13-35}$$

将式（13-19）沿水深积分并将上式代入，得

$$\begin{aligned}&\frac{\partial\ (Uh)}{\partial t}+\frac{\partial\ (U^2h)}{\partial x}+\frac{\partial(UVh)}{\partial y}+(g-q_0\omega_q)h\frac{\partial h}{\partial x}\\&=-\frac{h^2}{3}\left[-\frac{\partial^3(Uh)}{\partial t\partial x^2}-\frac{\partial^3(Vh)}{\partial t\partial x\partial y}+q_0\frac{\partial^2 h}{\partial t\partial x}\right.\\&\left.-q_0\frac{\partial^2(Uh)}{\partial x^2}-q_0\frac{\partial^2(Vh)}{\partial y\partial x}+q_0^2\frac{\partial h}{\partial x}\right]+q_0u_qh\end{aligned} \tag{13-36}$$

同理可得式（13-3）：

$$\begin{aligned}&\frac{\partial(Vh)}{\partial t}+\frac{\partial(UVh)}{\partial x}+\frac{\partial(V^2h)}{\partial y}+(g-q_0\omega_q)h\frac{\partial h}{\partial y}\\&=-\frac{h^2}{3}\left[-\frac{\partial^3(Vh)}{\partial t\partial y^2}-\frac{\partial^3(Uh)}{\partial t\partial x\partial y}+q_0\frac{\partial^2 h}{\partial t\partial y}\right.\\&\left.-q_0\frac{\partial^2(Vh)}{\partial y^2}-q_0\frac{\partial^2(Uh)}{\partial y\partial x}+q_0^2\frac{\partial h}{\partial y}\right]+q_0v_qh\end{aligned} \tag{13-37}$$

令 $p=Uh$ 为 x 方向的单宽流量，$q=Vh$ 为 y 方向的单宽流量，则二维有源浅水方程为

$$\frac{\partial h}{\partial t}+\frac{\partial p}{\partial x}+\frac{\partial q}{\partial y}=q_0h \tag{13-38}$$

$$\begin{aligned}&\frac{\partial p}{\partial t}+\frac{\partial}{\partial x}\left(\frac{p^2}{h}\right)+\frac{\partial}{\partial y}\left(\frac{pq}{h}\right)+(g-q_0\omega_q)h\frac{\partial h}{\partial x}\\&=-\frac{h^2}{3}\left[-\frac{\partial^3 p}{\partial t\partial x^2}-\frac{\partial^3 q}{\partial t\partial x\partial y}+q_0\frac{\partial^2 h}{\partial t\partial x}-q_0\frac{\partial^2 p}{\partial x^2}-q_0\frac{\partial^2 q}{\partial y\partial x}+q_0^2\frac{\partial h}{\partial x}\right]+q_0u_qh\end{aligned} \tag{13-39}$$

$$\begin{aligned}&\frac{\partial q}{\partial t}+\frac{\partial}{\partial x}\left(\frac{pq}{h}\right)+\frac{\partial}{\partial y}\left(\frac{q^2}{h}\right)+(g-q_0\omega_q)h\frac{\partial h}{\partial y}\\&=-\frac{h^2}{3}\left[-\frac{\partial^3 q}{\partial t\partial y^2}-\frac{\partial^3 p}{\partial t\partial x\partial y}+q_0\frac{\partial^2 h}{\partial t\partial y}-q_0\frac{\partial^2 q}{\partial y^2}-q_0\frac{\partial^2 p}{\partial y\partial x}+q_0^2\frac{\partial h}{\partial y}\right]+q_0v_qh\end{aligned} \tag{13-40}$$

其一维控制方程为：

$$\frac{\partial h}{\partial t}+\frac{\partial p}{\partial x}=q_0h \tag{13-41}$$

$$\frac{\partial p}{\partial t}+\frac{\partial}{\partial x}\left(\frac{p^2}{h}\right)+gh\frac{\partial h}{\partial x}=\frac{h^2}{3}\frac{\partial^3 p}{\partial t\partial x^2}+q_0u_qh \quad (13-42)$$

考虑风、潮、紊动和地球自转等因素的影响，二维短波方程可写成：

$$\frac{\partial h}{\partial t}+\frac{\partial p}{\partial x}+\frac{\partial q}{\partial y}=q_0h \quad (13-43)$$

$$\frac{\partial p}{\partial t}+\frac{\partial}{\partial x}\left(\frac{p^2}{h}\right)+\frac{\partial}{\partial y}\left(\frac{pq}{h}\right)+(g-q_0\omega_q)h\frac{\partial h}{\partial x}+\frac{h}{\rho}\frac{\partial B}{\partial x}-\Omega Vh+\frac{\tau_{bx}}{\rho}+\frac{\tau_{wx}}{\rho}-E\left(\frac{\partial^2 p}{\partial x^2}+\frac{\partial^2 p}{\partial y^2}\right)$$
$$=-\frac{h^2}{3}\left[-\frac{\partial^3 p}{\partial t\partial x^2}-\frac{\partial^3 q}{\partial t\partial x\partial y}+q_0\frac{\partial^2 h}{\partial t\partial x}-q_0\frac{\partial^2 p}{\partial x^2}-q_0\frac{\partial^2 q}{\partial y\partial x}+q_0^2\frac{\partial h}{\partial x}\right]+q_0u_qh \quad (13-44)$$

$$\frac{\partial q}{\partial t}+\frac{\partial}{\partial x}\left(\frac{pq}{h}\right)+\frac{\partial}{\partial y}\left(\frac{q^2}{h}\right)+(g-q_0\omega_q)h\frac{\partial h}{\partial y}+\frac{h}{\rho}\frac{\partial B}{\partial y}-\Omega Uh+\frac{\tau_{by}}{\rho}-\frac{\tau_{wy}}{\rho}-E\left(\frac{\partial^2 q}{\partial x^2}+\frac{\partial^2 q}{\partial y^2}\right)$$
$$=-\frac{h^2}{3}\left[-\frac{\partial^3 q}{\partial t\partial y^2}-\frac{\partial^3 p}{\partial t\partial x\partial y}+q_0\frac{\partial^2 h}{\partial t\partial y}-q_0\frac{\partial^2 q}{\partial y^2}-q_0\frac{\partial^2 p}{\partial y\partial x}+q_0^2\frac{\partial h}{\partial y}\right]+q_0v_qh \quad (13-45)$$

式中，B 为大气压力；Ω 为柯氏力常数；τ_b 为底摩擦力；τ_w 为风应力；E 为有效应力系数。

不计高阶项，方程简化为

$$\frac{\partial h}{\partial t}+\frac{\partial p}{\partial x}+\frac{\partial q}{\partial y}=q_0h \quad (13-46)$$

$$\frac{\partial p}{\partial t}+\frac{\partial}{\partial x}\left(\frac{p^2}{h}\right)+\frac{\partial}{\partial y}\left(\frac{pq}{h}\right)+gh\frac{\partial h}{\partial x}+\frac{h}{\rho}\frac{\partial B}{\partial x}-\Omega Vh+\frac{\tau_{bx}}{\rho}+\frac{\tau_{wx}}{\rho}-E\left(\frac{\partial^2 p}{\partial x^2}+\frac{\partial^2 p}{\partial y^2}\right)$$
$$=-\frac{h^2}{3}\left[-\frac{\partial^3 p}{\partial t\partial x^2}-\frac{\partial^3 q}{\partial t\partial x\partial y}\right]+q_0u_qh \quad (13-47)$$

$$\frac{\partial q}{\partial t}+\frac{\partial}{\partial x}\left(\frac{pq}{h}\right)+\frac{\partial}{\partial y}\left(\frac{q^2}{h}\right)+gh\frac{\partial h}{\partial y}+\frac{h}{\rho}\frac{\partial B}{\partial y}-\Omega Uh+\frac{\tau_{by}}{\rho}-\frac{\tau_{wy}}{\rho}-E\left(\frac{\partial^2 q}{\partial x^2}+\frac{\partial^2 q}{\partial y^2}\right)$$
$$=-\frac{h^2}{3}\left[-\frac{\partial^3 q}{\partial t\partial y^2}-\frac{\partial^3 p}{\partial t\partial x\partial y}\right]+q_0v_qh \quad (13-48)$$

13.2　方程的离散

在含源浅水方程所适应的 $O(\varepsilon)=O(\mu^2)\ll 1$ 情况下，将对方程起主要影响的非线性对流项与色散项分裂开，分别选用合适的计算方法，从而使计算简便。

1）前半时间步为线性色散波方程

$$\begin{cases}\dfrac{1}{2}\dfrac{\partial p}{\partial t}+gh\dfrac{\partial z}{\partial x}+g\dfrac{\sqrt{p^2+q^2}}{c^2h^2}p+\dfrac{h\cdot D}{3}\left[-\dfrac{\partial^3 p}{\partial t\partial x^2}-\dfrac{\partial^3 q}{\partial t\partial x\partial y}\right]-q_0u_qh=0\\ \dfrac{1}{2}\dfrac{\partial q}{\partial t}+gh\dfrac{\partial z}{\partial y}+g\dfrac{\sqrt{p^2+q^2}}{c^2h^2}q+\dfrac{h\cdot D}{3}\left[-\dfrac{\partial^3 q}{\partial t\partial y^2}-\dfrac{\partial^3 p}{\partial t\partial x\partial y}\right]-q_0v_qh=0\\ \dfrac{\partial z}{\partial t}+\dfrac{\partial p}{\partial x}+\dfrac{\partial q}{\partial y}-q_0h=0\end{cases}\tag{13-49}$$

2）后半时间步对流方程

$$\begin{cases}\dfrac{1}{2}\dfrac{\partial p}{\partial t}+\dfrac{\partial}{\partial x}\left(\dfrac{p^2}{h}\right)+\dfrac{\partial}{\partial y}\left(\dfrac{pq}{h}\right)=0\\ \dfrac{1}{2}\dfrac{\partial q}{\partial t}+\dfrac{\partial}{\partial y}\left(\dfrac{q^2}{h}\right)+\dfrac{\partial}{\partial x}\left(\dfrac{pq}{h}\right)=0\end{cases}\tag{13-50}$$

此处水位 η 用 z 表示，假设为定常水深，只计地摩阻力。

在差分方程中，每项差分都采用跳跃格式，对应得网格分布如图 13-3 所示。

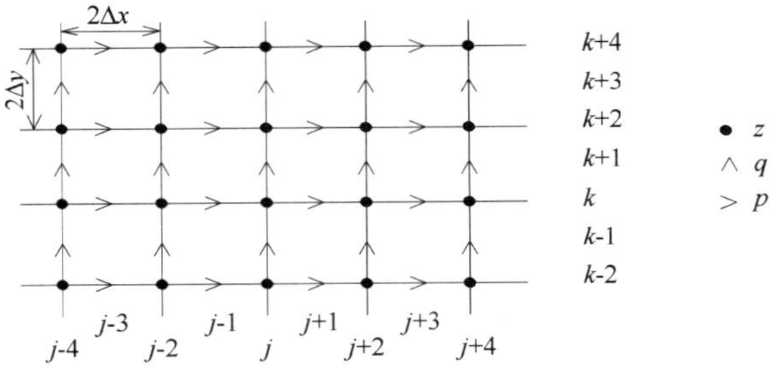

图 13-3　网格分布

对相应节点进行缩简：$z_{j,k}$，$p_{j,k}$，$q_{j,k}$ 分别代表相邻点的 $z_{j,k}$，$p_{j+1,k}$，$q_{j,k+1}$；$z_{j+1,k}$，$p_{j+1,k}$，$q_{j+1,k}$ 代表 $z_{j+2,k}$，$p_{j+3,k}$，$q_{j+2,k+1}$；$z_{j-1,k}$，$p_{j-1,k}$，$q_{j-1,k}$ 代表 $z_{j-2,k}$，$p_{j-1,k}$，$q_{j-2,k+1}$；$z_{j,k+1}$，$p_{j,k+1}$，$q_{j,k+1}$ 代表 $z_{j,k+2}$，$p_{j+1,k+2}$，$q_{j,k+3}$；$z_{j,k-1}$，$p_{j,k-1}$，$q_{j,k-1}$ 代表 $z_{j,k-2}$，$p_{j+1,k-2}$，$q_{j,k-1}$。

3）色散方程差分格式

采用交替方向法将线性色散波方程分为两个坐标方向的方程组。

Y 方向：

$$\frac{1}{2}\frac{\partial q}{\partial t}+gh\frac{\partial z}{\partial y}+g\frac{\sqrt{p^2+q^2}}{c^2h^2}q+\frac{h\cdot D}{3}\left[-\frac{\partial^3 q}{\partial t\partial x^2}-\frac{\partial^3 p}{\partial t\partial x\partial y}\right]-q_0v_qh=0\tag{13-51}$$

$$\frac{1}{2}\frac{\partial z}{\partial t}+\frac{\partial q}{\partial y}-\frac{1}{2}q_0h=0\tag{13-52}$$

X 方向：

$$\frac{1}{2}\frac{\partial p}{\partial t}+gh\frac{\partial z}{\partial x}+g\frac{\sqrt{p^2+q^2}}{c^2h^2}p+\frac{h\cdot D}{3}\left[-\frac{\partial^3 p}{\partial t\partial x^2}-\frac{\partial^3 q}{\partial t\partial x\partial y}\right]-q_0u_qh=0 \quad (13-53)$$

$$\frac{1}{2}\frac{\partial z}{\partial t}+\frac{\partial p}{\partial x}-\frac{1}{2}q_0h=0 \quad (13-54)$$

令δ_t，δ_x，δ_y分别代表对 t，x，y 的一阶中心差分算子；δ_{xx}，δ_{yy}分别代表对 x，y 的二阶中心差分算子；δ_{xxt}，δ_{yyt}，δ_{xyt}分别代表对 t，x，y 的混合三阶中心差分算子，取：

$$\delta_t f_{j,k}^n=(f_{j,k}^{n+1/4}-f_{j,k}^{n-1/4})/(\Delta t/2)$$

$$\delta_x f_{j,k}^n=(f_{j+1,k}^n-f_{j-1,k}^n)/(2\Delta x)$$

$$\delta_y f_{j,k}^n=(f_{j,k+1}^n-f_{j,k-1}^n)/(2\Delta y)$$

$$\delta_{xx} f_{j,k}^n=(f_{j+2,k}^n-2f_{j,k}^n+f_{j-2,k}^n)/(2\Delta x)^2$$

$$\delta_{yy} f_{j,k}^n=(f_{j,k+2}^n-2f_{j,k}^n+f_{j,k-2}^n)/(2\Delta y)^2$$

$$\delta_{xxt} f_{j,k}^n=[(f_{j+2,k}^{n+1/4}-2f_{j,k}^{n+1/4}+f_{j-2,k}^{n+1/4})-(f_{j+2,k}^{n-1/4}-2f_{j,k}^{n-1/4}+f_{j-2,k}^{n-1/4})]\Big/\left(4\Delta x^2\cdot\frac{\Delta t}{2}\right)$$

$$\delta_{yyt} f_{j,k}^n=[(f_{j,k+2}^{n+1/4}-2f_{j,k}^{n+1/4}+f_{j,k-2}^{n+1/4})-(f_{j,k+2}^{n-1/4}-2f_{j,k}^{n-1/4}+f_{j,k-2}^{n-1/4})]\Big/\left(4\Delta y^2\cdot\frac{\Delta t}{2}\right)$$

$$\delta_{xyt} f_{j,k}^n=\{[(f_{j+1,k+1}^{n+1/4}-f_{j-1,k+1}^{n+1/4})-(f_{j+1,k-1}^{n+1/4}-f_{j-1,k-1}^{n+1/4})]-[(f_{j+1,k+1}^{n-1/4}-f_{j-1,k+1}^{n-1/4})-(f_{j+1,k-1}^{n-1/4}-f_{j-1,k-1}^{n-1/4})]\}\Big/\left(4\Delta x\Delta y\cdot\frac{\Delta t}{2}\right)$$

对上述方程进行差分离散得 Y 向方程组为

$$\frac{1}{2}\delta_t q_{j,k+1}^{n+\frac{1}{4}}+\left(-\frac{\Delta t^2}{96}gD+\frac{\Delta y^2}{6}-\frac{D\bar{h}}{3}\right)\delta_{yyt}q_{j,k+1}^{n+\frac{1}{4}}-\frac{D\bar{h}}{3}\delta_{xyt}q_{j,k+1}^{n-\frac{1}{4}}+\left(g-q_0\omega_q+\frac{Dq_0^2}{3}\right)\bar{h}\frac{1}{2}\times$$

$$(\delta_y z_{j,k+1}^{n+\frac{1}{2}}+\delta_y z_{j,k+1}^n)+\frac{g\sqrt{\bar{p}^2+(q_{j,k+1}^n)^2}}{c^2\bar{h}^2}q_{j,k+1}^{n+\frac{1}{4}}+$$

$$\frac{Dq_0\bar{h}}{3}(\delta_{yt}z_{j,k+1}^{n+\frac{1}{4}}-\delta_{yy}q_{j,k+1}^{n+\frac{1}{4}}-\delta_{xy}p_{j,k+1}^{n-\frac{1}{4}})-q_0v_q\bar{h}=0 \quad (13-55)$$

$$\frac{1}{2}\delta_t z_{j,k}^{n+\frac{1}{4}}+\frac{1}{2}(\delta_y q_{j,k}^{n+\frac{1}{2}}+\delta_y q_{j,k}^n)-\frac{1}{2}q_0\bar{h}=0 \quad (13-56)$$

$$\bar{h}=\frac{1}{2}(h_{j,k}^n+h_{j,k+2}^n) \quad (13-57)$$

$$\bar{p}=\frac{1}{4}(p_{j-1,k}^n+p_{j+1,k}^n+p_{j-1,k+2}^n+p_{j+1,k+2}^n) \quad (13-58)$$

式中，$\left(-\frac{\Delta t^2}{96}gD+\frac{\Delta y^2}{6}-\frac{D\bar{h}}{3}\right)\delta_{yyt}q_{j,k+1}^{n+\frac{1}{4}}$ 为考虑了动量方程中 $\frac{\partial q}{\partial t}$、$\frac{\partial z}{\partial y}$ 两项泰勒展开式的三阶导数项整理所得。

X 方向：

$$\frac{1}{2}\delta_t p_{j+1,\ k}^{n+\frac{1}{4}} + \left(-\frac{\Delta t^2}{96}gD + \frac{\Delta y^2}{6} - \frac{D\bar{h}}{3}\right)\delta_{xxt} p_{j+1,\ k}^{n+\frac{1}{4}} - \frac{D\bar{h}}{3}\delta_{xyt} q_{j+1,\ k}^{n+\frac{1}{4}} + \left(g - q_o\omega_q + \frac{Dq_0^2}{3}\right)\bar{h}\cdot\frac{1}{2}$$

$$(\delta_x z_{j+1,\ k}^{n+1} + \delta_x z_{j+1,\ k}^{n+1/2}) + \frac{g\sqrt{\bar{q}^2 + (p_{j+1,\ k}^{n})^2}}{c^2\bar{h}^2}p_{j,\ k+1}^{n+\frac{1}{4}}$$

$$+\frac{Dq_0\bar{h}}{3}(\delta_{xt} z_{j+1,\ k}^{n+\frac{3}{4}} - \delta_{xx} p_{j+1,\ k}^{n+\frac{1}{4}} - \delta_{xy} q_{j+1,\ k}^{n+\frac{1}{4}}) - q_0 u_q \bar{h} = 0 \tag{13-59}$$

$$\frac{1}{2}\delta_t z_{j,\ k}^{n+\frac{3}{4}} + \frac{1}{2}(\delta_x p_{j,\ k}^{n+\frac{1}{2}} + \delta_x p_{j,\ k}^{n}) - \frac{1}{2}q_0\bar{h} = 0 \tag{13-60}$$

$$\bar{h} = \frac{1}{2}(h_{j,\ k}^{n+1/2} + h_{j+2,\ k}^{n+1/2}) \tag{13-61}$$

$$\bar{q} = \frac{1}{4}(q_{j+2,\ k+1}^{n+1/2} + p_{j+2,\ k-1}^{n+1/2} + p_{j,\ k+1}^{n+1/2} + p_{j,\ k-1}^{n+1/2}) \tag{13-62}$$

式中 $\left(-\frac{\Delta t^2}{96}gD + \frac{\Delta y^2}{6} - \frac{D\bar{h}}{3}\right)\delta_{xxt} p_{j+1,\ k}^{n+\frac{1}{4}}$ 为考虑了动量方程中 $\frac{\partial p}{\partial t}$、$\frac{\partial z}{\partial x}$ 两项泰勒展开式的三阶导数项整理所得。以上两个差分方程的截断误差为 O（Δt^2，Δx^2，Δy^2）。

4）非线性对流方程差分格式

首先将非线性对流方程化为非守恒型：

$$\begin{cases} \frac{1}{2}\frac{\partial p}{\partial t} + u\frac{\partial p}{\partial x} + v\frac{\partial p}{\partial y} = 0 \\ \frac{1}{2}\frac{\partial q}{\partial t} + u\frac{\partial q}{\partial x} + v\frac{\partial q}{\partial y} = 0 \end{cases} \tag{13-63}$$

由上式看出 p、q 满足的方程相同，解法是相同的，因此考虑式（13-63）中的一个方程即可。取：

$$\begin{cases} \delta_t f_{j,k}^{n} = (f_{j,k}^{n+1/8} - f_{j,k}^{n-1/8})/(\Delta t/4) \\ \delta_x f_{j,k}^{n} = (f_{j+2,k}^{n} - f_{j-2,k}^{n})/(4\Delta x) \\ \delta_y f_{j,k}^{n} = (f_{j,k+2}^{n} - f_{j,k-2}^{n})/(4\Delta y) \end{cases} \tag{13-64}$$

将 X 方向对流方程分裂为两个坐标方向方程的差分方程为

$$\frac{1}{4}\delta_t p_{j+1,\ k}^{n+\frac{5}{8}} + \frac{\bar{u}}{2}(\delta_x p_{j+1,\ k}^{n+\frac{3}{4}} + \delta_x p_{j+1,\ k}^{n+\frac{1}{2}}) = 0 \tag{13-65}$$

$$\frac{1}{4}\delta_t p_{j+1,\ k}^{n+\frac{7}{8}} + \frac{\bar{v}}{2}(\delta_y p_{j+1,\ k}^{n+1} + \delta_y p_{j+1,\ k}^{n+\frac{3}{2}}) = 0 \tag{13-66}$$

其中，

$$\bar{u} = \frac{p_{j+1,\ k}^{n+\frac{1}{2}}}{\frac{1}{2}(h_{j,\ k}^{n+\frac{1}{2}} + h_{j+2,\ k}^{n+\frac{1}{2}})} \tag{13-67}$$

$$\bar{v} = \frac{\frac{1}{4}\left(q_{j+1,\ k-1}^{n+\frac{1}{2}} + q_{j+2,\ k-1}^{n+\frac{1}{2}} + q_{j,\ k+1}^{n+\frac{1}{2}} + q_{j+2,\ k+1}^{n+\frac{1}{2}}\right)}{\frac{1}{2}\left(h_{j,\ k}^{n+\frac{1}{2}} + h_{j+2,\ k}^{n+\frac{1}{2}}\right)} \tag{13-68}$$

13.3　模型验证

卜辛涅斯克方程具有椭圆余弦波解，而孤立波是波长 $\lambda \to \infty$ 时的解，连续正弦波是在微小振幅下的解，所以本书选用这两种波进行计算检验。选择计算域为矩形水池 400 m×100 m，按以下两种情况进行考虑：

（1）源产生流量 $q_0 = 0$，水池内波动由边界处输入波所激发，另一端边界为全吸收边界；

（2）考虑实际情况下，水面波动由底部出水所诱发，此时 $q_0 \neq 0$。

13.3.1　孤立波检验

左边界输入孤立波，右边界做开边界处理，所选计算点距入波口距离为 112 m。

$$\eta = H\mathrm{sech}^2\sqrt{\frac{3H}{4D^3}}(x - ct) \tag{13-69}$$

$$c = \left(1 + \frac{1}{2}\frac{H}{D}\right)\sqrt{gD} \tag{13-70}$$

式中，H 为波高，取值 0.5 m；D 为静水深，取值 10 m。图 13-4 中给出了边界处输入波形和特定点的计算波形。

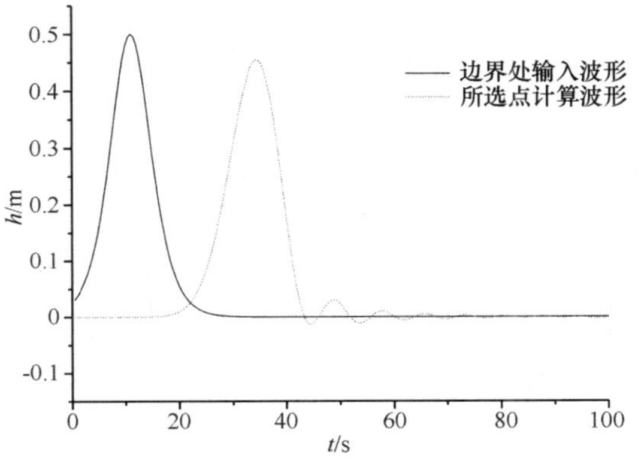

图 13-4　孤立波传播

13.3.2 正弦波检验

水池左边界输入正弦波 $z = 0.5\sin\left(\frac{2\pi}{T} \cdot t\right)$，静水深 $D=10$ m，右边界封闭。图 13-5 为输入波形与计算波形对比。图 13-6 为正弦波三维图形。

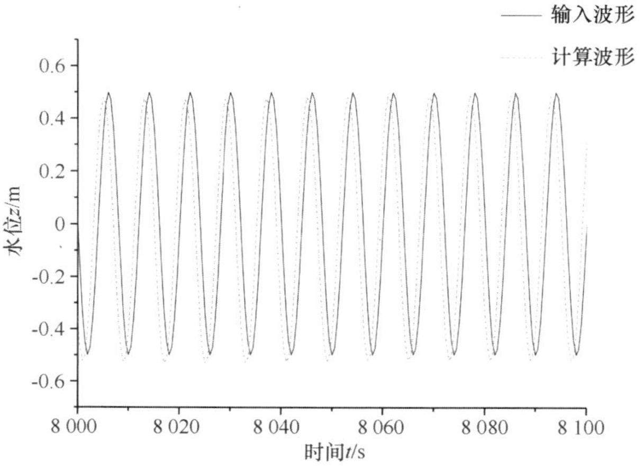

图 13-5　连续正弦波

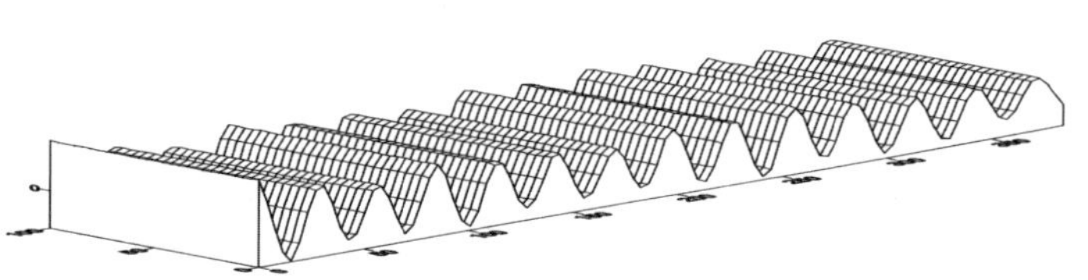

图 13-6　连续正弦波三维图

13.4　工程应用——坞底涌水水面泊稳分析

计算域取 400 m×100 m，水池底部出水面积 10 m×10 m，流量 $Q=0.05$ m³/s，水池内所选点水位随时间变化曲线。图 13-7 为模拟出的水位线。图 13-8 为计算坞室示意图。

实际坞室水面因灌泄水廊道底部出（入）流，导致流量与动量变化而产生波浪。坞室内水位在 2~3 m 时，波浪状况对龙骨墩和刚要离墩的船舶影响最大，可能造成冲墩和船身晃动碰墩。因此，在进行数值模型计算时，假定坞室内已有 3 m 水深，即 $D=3.0$ m。

1）流量的确定

本书中流量随时间变化 $Q=Q(t)$，灌水历时：

$$t = \frac{2A(\sqrt{H} - \sqrt{h})}{\mu\omega\sqrt{2g}} \tag{13-71}$$

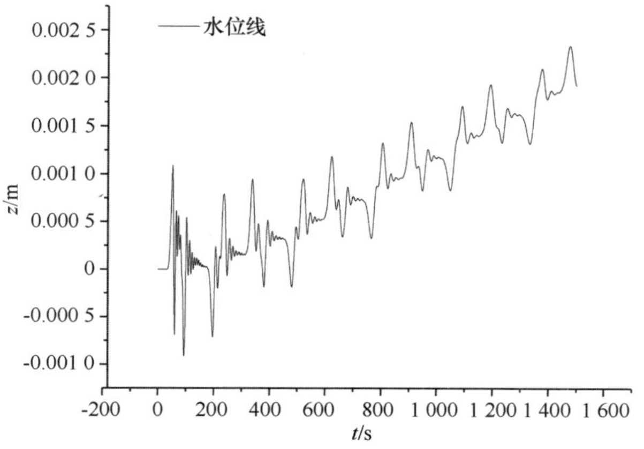

图 13-7　底部涌水数值模拟

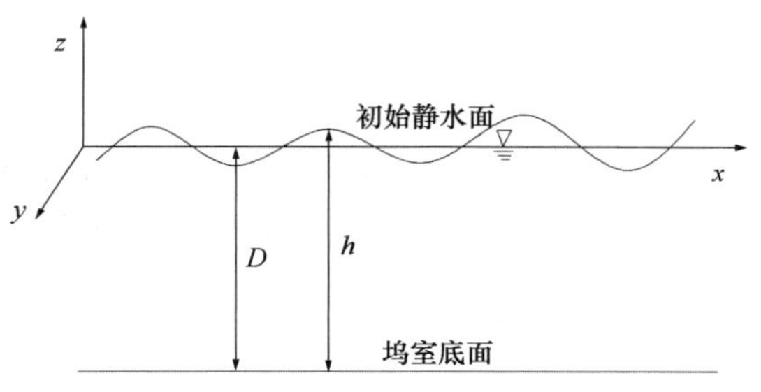

图 13-8　坞室示意图

式中，H 为外海水位；A 为坞室面积；$H=H(t)-D(t)$ 为水头，其中 $D(t)$ 为坞室水深。

流量计算式为

$$Q=Q(t)=\mu\omega\sqrt{2gh}=\mu\omega\sqrt{2g}\left(\sqrt{H}-\frac{\mu\omega\sqrt{2g}}{2A}t\right) \tag{13-72}$$

式中流量系数 $\mu=0.420\,5$。

2）出流速度的确定

初步程序计算假定流量 $Q(t)$，u_q、v_q均为定值，实际船坞室 400 m×83 m，出水区为 35 m×10 m。取 $DX=DY=1$ m，初始时刻船坞室内水位 $D=3.0$ m，令单位时间流入船坞的水量 $Q_0=0.03\times35\times10=10.5$（$m^3/s$）。

图 13-9 显示了计算域内选择点的水面变化情况，可以看出，初始时间段内的波动与实际情况是不符的，之后的计算结果与实际情况吻合。

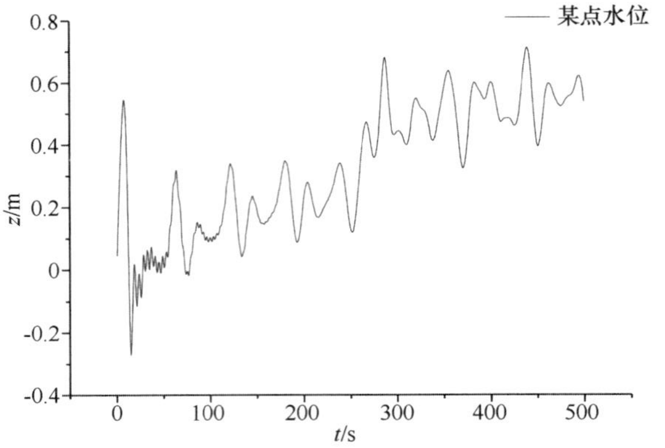

图 13-9　底部出水模拟

13.5　小结

本章开发了“大型船坞灌水过程泊稳数学模型”，可真实模拟确定不同流量下坞室的泊稳特性和坞室表面的波动情况，预测坞室坞墩冲倒情况，使所修船舶安全落墩，为保证灌水过程中坞内船舶安全提供技术支持。

第 14 章　结论

本书结合国家海洋工程发展战略的实施，针对近年（1997 年至今）30 万吨级以上特大型船坞工程建设中所遇到的关键性水力学问题：大型船坞坞门设计及船坞灌泄水流道设计中的水力学问题进行介绍。主要内容如下：

（1）建立了特大型船坞气控式坞门动态设计理论体系，使静态设计控制坞门关闭时能正常卧倒和卧倒时能正常起浮，改进为对设计进行动态验证。通过在设计中既考虑坞门静态设计指标，又考虑坞门的运动状态，可提高坞门运行的平稳度，避免内应力的产生；减小坞门的关门撞击力和卧倒冲击力，增加了坞门运行的稳定性。

（2）建立了气控式坞门操作舱水气交换理论模型，确定了坞门运行过程中操作舱内的水气含量。通过建立水气交换数学模型和进行水气交换物理模型实验，分析了操作舱进气出水和进水出气的水气交换过程，为坞门设计中操作舱含水量的正确估计提供了科学依据。

（3）建立了完整的气控式坞门物理模型模拟的方法，成功地将理论成果转化为实际坞门的设计技术，并应用于多个大型船坞气控式坞门设计中，得到了实际工程运行的检验。

（4）开发了“特大型船坞气控式坞门智能化设计系统”，软件使用 Visual Basic 6.0 编程对其运动特性理论公式求解，从而得到坞门起卧特性曲线；另一方面使 Visual Basic 6.0 跟 AutoCAD 结合，制作程序界面，实现卧倒门相关数据的输入、坞门舱室状态的设置、起卧曲线的绘制和动态模拟。

（5）改进了气控式坞门支铰结构型式，使坞门闭合铰变为开口铰，增加了坞门安装的方便性，避免了坞门运行出现异常从而拉坏门铰基础的事故，该成果已获发明专利《卧倒式坞门的铰支座》（专利权人：中船第九设计研究院工程有限公司）。

（6）建立了虹吸灌水流道水动力学理论模型，针对我国沿海潮位特点及特大型船坞底标高要求等因素，通过理论分析确定了虹吸灌水流道设计的关键参数——驼峰转弯半径的取值，其合理取值应在 5.6 m 左右。在这个范围内可以充分利用水流离心力，减小驼峰负压，放宽流速限制，减小灌水时间，从而提高修船坞的工作效率。

（7）理论分析与模型试验相结合，给出了虹吸流道驼峰前反弧段的合理转弯半径范围，在此范围内可减小驼峰前流道阻力。提出了驼峰后流道出口段的多项增阻措施，这些措施与峰前合理转弯半径综合作用，既能提高虹吸流道的工作效率，又能减小或避免空化空蚀的发生，提高虹吸流道运行的安全度。

（8）针对特大型船坞的另一种灌水方式竖井闸阀灌水系统，建立了相应的水动力特性理论计算模式。通过结合模型试验，给出了竖井吸气漩涡生成和溃灭条件和阀门前后负压的控制指标。

（9）建立了虹吸灌水流道水力特性的数学模型，使水流流速、压强和湍流动能等变量的三维分布容易获得，通过分析流速等在流道内如消能段的分布，为优化设计方案及改进流道水力特性提供支持。

（10）开发了“大型船坞灌水过程泊稳数学模型”，可真实模拟确定不同流量下坞室的泊稳特性和坞室表面的波动情况，预测坞室坞墩冲倒情况，使所修船舶安全落墩，为保证灌水过程中坞内船舶安全提出技术支持。

参考文献

白迎．2007．气控式卧倒门起卧动态模拟软件设计．天津：天津大学．

白玉川，张效先．2003．山海关船厂 15 万吨级修船坞虹吸灌水水力模型试验研究．船舶力学，8（4）：36-49．

白玉川．1996．山海关船厂 15 万吨修船坞灌水与坞门模型实验研究报告．

白玉川．2004．青岛北海船厂海西湾造修船基地 30 万吨船坞灌水和坞门水力模型试验报告．

白玉川．2006．深圳招商局友联船厂 30 万吨级修船坞廊道灌水水力模型试验报告．

白玉川．2007．大连船舶重工 1#、2#修船坞虹吸灌水水力模型试验报告．

白玉川．2007．水力学．天津：天津大学出版社．

白玉川．2007．中船龙穴造船基地 1#、2#修船坞虹吸灌水水力模型试验报告．

补舒棋，唐新军．2010．三种湍流模型在阶梯溢流坝数值模拟中的比较．人民黄河，32（7）：252-257．

陈宝清．2009．气控式坞门水气交换数值模拟研究．天津：天津大学．

陈懋章．2002．粘性流体动力学基础．北京：高等教育出版社：242-288．

陈文学，郭军，刘继广，等．2008．三峡永久船闸输水廊道阻力特性研究．中国水利学会第四届青年科技论坛论文集：338-344．

陈云良，伍超，叶茂，等．2005．水电站进水口水流流态的研究．水动力学研究与进展，20（3）：340-345．

成立，刘超，汤方平，等．2009．基于 RNG 紊流模型的立式轴流泵站三维流动数值模拟及性能预测．机械工程学报，45（3）：252-257．

戴光清，杨永全，吴持恭．1996．水垫塘多层淹没射流数值模拟及消能研究．水利学报，（1）：13-19．

戴会超，王玲玲．2005．三峡永久船闸阀门段廊道水力学数值模拟．水力发电学报，24（3）：88-92．

党媛媛，韩昌海．2009．进水口漩涡问题研究综述．水利水电科技进展，29（1）：90-94

冯建刚，成斌，王晓升．2011．基于 π 定理的虹吸式出水管原型和模型虹吸形成时间的相似分析．清华大学学报（自然科学版），51（4）：503-507．

高传昌，刘新阳，石礼文，等．2011．泵站前池与进水池整流方案数值模拟．水力发电学报，30（2）：54-59．

格里高里耶夫 B И，马尔琴科 Д B，西马科夫 Г B，等．1985．修造船干船坞（设计与施工）．北京：人民交通出版社：2-16．

郭培军．2008．中国船舶产业现状分析及发展思索．中国远洋航务，（1）：68-69．

国务院第二次全国经济普查领导小组办公室．2012．中国船舶工业发展研究报告．北京：中国统计出版社：5-10．

何耘．2004．水泵进水池旋涡研究的主要进展．水力发电学报，23（5）：92-96．

贺昌林，余挺，张建民，等．2007．长泄洪洞模型糙率修正方法研究．四川大学学报（工程科学版），39

（6）：26-29.
贺益英，赵懿珺，孙淑卿，等. 2003. 弯管局部阻力系数的试验研究. 水利学报，34（11）：54-58.
荒谷俊司. 1978. 大型船坞的结构设计和施工. 北京：科学出版社：1-3.
黄涛. 2005. 气控式卧倒门辅助设计软件的研究. 天津：天津大学.
金勇，丁冰洁，吕文舫，等. 1989. 水力摩阻手册. 北京：水力水电规划设计院.
库契良文柯 П Ф，伊万诺夫 Ю П. 1989. 干船坞. 南京：河海大学出版社：3-8.
李百齐. 2003. 虹吸管出水断流装置的流体力学相似分析. 船舶力学，7（5）：39-44.
李玲，陈永灿，李永红. 2007. 三维 VOF 模型及其在溢洪道水流计算中的应用. 水力发电学报，26（2）：83-87.
刘继广. 2007. 水工减压模型试验理论的探讨. 水利水电技术，38（11）：66-70.
罗树焜，李连侠，褥勇伸，等. 2010. 布西水电站泄洪洞阶梯消能布置方案数值模拟研究. 水力发电学报，29（1）：50-56.
马金辉. 2006. 大型船坞流道水力特性及坞室水波的数值模拟研究. 天津：天津大学.
孟昭源. 1983. 我国大中型干船坞工艺现状及存在问题. 水运工程，8（7）：15-20.
牛争鸣，孙静，程庆迎. 2003. 竖井进流水平旋转内消能泄水道流速分布与消能率的试验研究. 水力发电学报，7（1）：61-69.
帕坦卡 S V. 1989. 传热与流动的数值计算. 北京：科学出版社：49-53.
彭小娟，涂星火，罗琬华. 2006. 牛顿第二定律以及变质量问题. 物理教学探讨，24（1）：37-38.
邵天骏. 2007. 海运需求推动船坞建造. 航海，（7）：12-13.
陶文铨. 2001. 数值传热学. 第 2 版. 西安：西安交通大学出版社：353-354.
王常生，陈秀玉. 1985. 干船坞虹吸式输水廊道驼峰负压的特性. 水运工程，10（10）：75-87.
王晓东，巴德纯，张世伟，等. 2006. 真空技术. 北京：冶金工业出版社：82-85.
王宇. 2011. 船坞竖井闸阀灌水廊道水力特性的数值模拟研究. 天津：天津大学.
吴达开，李文玉. 1997. 船坞排、灌水系统试验中若干水力现象的分析. 中国港湾建设，17（3）：20-27.
吴杰康，夏明月. 2012. 侧向进水口立轴旋涡数值模拟. 人民黄河，34（1）：139-141.
习和忠，王常生，陈秀玉. 1987. 虹吸式输水管道驼峰断面上压强分布的计算. 水运工程，12（7）：8-12.
夏毓常，张黎明. 1999. 水工水力学原型观测与模型试验. 北京：中国电力出版社：8-12.
徐慎奇. 2003. 气控式干船坞卧倒门动力学特性分析. 天津：天津大学.
徐挺. 1982. 相似理论与模型试验. 北京：中国农业机械出版社：29-72.
徐宇，吴玉林，王琳. 2011. 水泵进水池内紊流及涡旋的数值模拟. 工程热物理学报，22（6）：33-36.
严振. 1983. 论减压试验的相似性. 水利学报，（3）：31-40.
杨浩俊. 2009. 船坞灌水技术. 水运工程，（8）：108-114.
杨忠超，陈明栋，杨斌，等. 2010. 高水头船闸闸室消能工消能效果实验研究. 重庆交通大学学报（自然科学版），29（3）：461-465.
杨忠超，邓军，杨永全，等. 2004. 多股多层水平淹没射流数值模拟研究. 水利学报，35（5）：31-38.
叶茂，伍超，杨朝晖，等. 2007. 进水口前立轴旋涡的数值模拟及消涡措施分析. 四川大学学报（工程科学版），39（2）：36-40.
张丽. 2010. 船坞气控式卧倒门结构的有限元分析. 天津：天津大学.

张瑞凯，李云. 1991. 船闸水力学模型缩尺影响及其校正方法的研究——兼对三峡多级船闸中间级原型流量系数预测. 水力发电，(8)：52-54.

张效先，杨建华，白玉川. 2006. 修、造船坞虹吸灌水流道的设计方法. 天津大学学报，39（2）：204-208.

章梓雄，董曾南. 1998. 粘性流体力学. 北京：清华大学出版社：243-252.

赵鹏，白玉川. 2011. 船坞虹吸灌水廊道水力特性的数值模拟研究. 天津大学学报，44（10）：920-924.

赵鹏，白玉川. 2012. 基于数值模拟的船坞虹吸灌水廊道流量系数计算. 中国造船，53（1）：123-129.

赵鹏. 2009. 船坞虹吸灌水廊道水力特性的数值模拟研究. 天津：天津大学.

赵鹏. 2012. 船坞虹吸灌水廊道水力特性的研究. 天津：天津大学.

赵莹. 2011. 我国船舶工业企业国际化发展战略研究. 哈尔滨：哈尔滨工程大学：1-2.

郑亚军，王凯，雷兴春，等. 2008. 基于 RNG 湍流模型的泵站进水流道三维数值模拟. 水电能源科学，26（6）：123-125.

中华人民共和国交通部. 1987. JTJ 253-87，干船坞坞门及灌水排水系统设计规范.

周华兴. 1992. 船闸集中输水系统复合阻力系数的试验研究. 水运工程，17（4）：48-54.

周之峰. 2002. 我国最大的船坞——上海外高桥造船基地船坞施工技术. 建筑施工，(1)：7-10.

邹炳生，王召兵. 2002. 双层格栅消能室在中水头短廊道输水船闸中的应用. 水运工程，27（8）：54-62.

Bevins M J，Gilson B S. 2010. Hydrant backflow restriction system：US，US7753065 B1 [P].

Chou P Y. 1945. On velocity correlations and the solutions of the equations of turbulent fluctuation. Quart. Appl. Math，1：33-54.

Davydov B I. 1961. On statistical dynamics of an incompressible turbulent fluid. Dokl. Akad. Nauk. SSSR，6：10-32.

Demirdi I，Muzaferija S. 1994. Finite volume method for stress analysis in complex domains，Int. J. Numer. Methods Engrg，37：3 751-3 766.

Ferziger J H，Perić M. 2002. Computational Methods for Fluid Dynamics，3rd edition. Berlin：Springer：230-252.

Harlow F H，Nakayama P I. 1968. Transport of turbulence energy decay rate. Report LA-3845，Los Alamos Science Lab，University of California.

Hirt C W，Nichols B D. 1981. Volume of fluid（VOF）method for the dynamics of free boundaries.（39）：201-205.

John D. 1995. Anderson，Computational Fluid Dynamics：The Basics with Applications. New York：McGraw-Hill：37-93.

Jordan S A，Ragab S A. 1998. A large-eddy simulation of the near wake of a circular cylinder. ASME. J Fluids Engineering，120：243-252.

Khosla P K，Rubin S G. 1974. A diagonally dominant second-order accurate implicit scheme（finite difference method）. Comput. Fluids，2：207-209.

Kogaki T，Kobayashi T，Taniguchi N. 1997. Large eddy simulation of flow around a rectangular cylinder. Fluid Dynamics Research，20：11-24.

Kolmogorov A N. 1941. The local structure of turbulence in incompressible viscous fluids at very large Reynolds numbers. Dokl. Akad. Nauk. SSSR. 30：301-305. Reprinted in 1991：Proc. R. Soc. Lond. A，434，

9-13.

Launder B E, Spalding D B. 1974. The numerical computation of turbulent flows, Comp. Meth. Appl. Mech. Engineering, 3: 269-289.

Patankar S V, Spalding D B. 1972. A calculation procedure for heat, mass and momentum transfer in three-dimensional parabolic flows, Int. J. Heat Mass Transfer, 15: 1 787-1 806.

Peric' M, Kessler R, Scheuerer G. 1988. Comparison of finite-volume numerical methods with staggered and co-located grids. Computers & fluids, 16: 389-403.

Rainer Ansorge. 2003. Mathematical Models of Fluiddynamics. Berlin: WILEY - VCH GmbH & Co. KGaA: 151-176.

Rhie C M, Chow W L. 1983. Numerical study of the turbulent flow past an airfoil with trailing edge separation. Computers & fluids, 21: 1 525-1 532.

Yakhot V, Orszag S A, Thangam S. 1992. Development of turbulence models for shear flows by a double expansion technique. Physics of Fluids A, 4 (7): 1 510-1 520.